ひと・もの・知の往来

シルクロードの文化学

荒木浩・近本謙介・李銘敬

［編］

勉誠出版

ひと・もの・知の往来
シルクロードの文化学

Ⅱ　仏教伝来とその展開

序文

近本謙介

はじめに――本書の趣旨と構成

シルクロードは古来、文物を往還させる道であると同時にシステムでもあった。シルクロードを経てもたらされたひと・もの・知は、日本の文化の基層を構成することとなる。

西域の文物がそこをたどり日本にまでもたらされる現象と過程を、運ぶ・所蔵する・記すなどの営みから見直したとき、西域はどのようなひびきを奏ではじめるであろうか。そこには、イメージと幻想をも織り込んだゆたかな世界がひろがっているはずである。

仏教もまた、シルクロードをたどってもたらされた。日本における仏教伝来の問題を考える上で、東アジアの視座は欠くべからざるものであるが、日本がそうであったように、震旦（中国）においても釈迦の聖地天竺（インド）は意識され続ける場であった。インドから中央アジアを経た伝来の道として仏教の伝播を捉え直したとき、仏教東漸の過程と結実はどのようなすがたをとってあらたなすがたを見せはじめるであろうか。その構図は、そこにかかわるひとやものにも、これまでにない光を照射することとなるであろう。

こうした、ひと・もの・知の往来の諸相を、さまざまな領域の知見から描き出したときに立ち現れる東西の文化の融合と展開のありようについて、それを媒介する「道」（いわゆるシルクロード）の意義とともに確認してみたいとの趣旨から、本書は構想されたものである。

本編は、「I　西域のひびき」と「II　仏教伝来とその展開」とから成る。もとより、両編所収の論考は地続きの地平に展開するものであり、切り分けることを意図してはいないが、日本文学研究者を中心として構想された本企画において、西域を焦点化する視点を、まず初めに確保しておきたいと考えたのである。

本書を見わたしたときに立ち現れるであろう「ひと・もの・知の往来」の諸相については各論考に委ねることになるが、以下に編者の視点から受けとめた簡略な見取り図を示して導入としたいと思う。

I　西域のひびき

巻頭の後藤昭雄論文（敬称略、以下同）は、藤原師長『仁智要録《じんちようろく》』、狛近真《こまのちかざね》『教訓抄』等の楽書に引かれる小野篁《たかむら》作「輪台」詠を読み解き、西域のイメージが詩人篁によってどのように詠ぜられたのかを分析する。題名の「輪台」そのものが、現在の新疆ウイグル自治区のウルムチ近辺の地名であり、六言四句の詩二首に詠ぜられる地名燕支山《えんしざん》や砂漠莫賀の地名とも相俟って、そこに響く羯鼓《かっこ》の音や酌み交わす葡萄の美酒、手を携えて舞われる輪台の舞の詩句が、西域のイメージを醸成するのに果たしたであろう役割は推して知ることができる。未知・未踏の地である唐を超えた西域のイメージが、楽の響を伴いつつ、漢詩文のことばによって醸成されたことは、画期の詩人小野篁の文学史的意義を新たな側面から照射するものである。漢詩文に秀でながら、天候や事故により遣唐使としての入唐を成就できなかった篁が、唐のさらに彼方の西域をどのように意識したのかを考える上からも、興味深い作品である。夜間には冥界に詣でて出仕したとの伝承のある篁であるが、西域という未知の地に対する「知」が、そこを踏み見ることのなかった篁という「ひと」によって、ことばと楽の音としてひびきわたった文化史を、平安期の日本において確認できるのである。

河野貴美子論文の取り上げる敦煌出土資料『新集文詞九経抄《しんしゅうぶんしきゅうけいしょう》』と古代日本の金言成句集との関係は、西域との境界とシルクロードの東端日本における漢語学習についての共有点と相違点とを分析する。八世紀半ばから九世紀後半の成立とされる『新集文詞九経抄』と、『世俗諺文《せぞくげんぶん》』や『明文抄《めいぶんしょう》』に共通する、内典・外典双方を含有する知のあり方は、知の基盤を形成するうえで仏教が担った役割を伝えている。『世俗諺文』の著者源為憲には『三宝絵（詞）』の作もあるように、世俗と三宝の双方の「知」は不可分なものであった。『新集文詞九経抄』所載の句が、文字を通じてのみならず口頭のことばを介して運用されたことを、「文」と「詞」の集という書名から推定する点も示唆深い。翻って本邦における類似の金言集が、『世俗諺文』・『明文抄』のように「文」を通じて学ぶものであることが推定される点への言及は、『世俗諺文』と『三宝絵詞』といった為憲の二書の関係にもおよぶ問題提起であり、漢語の「知」と仏典の「知」（説話等の知も含まれる）との共有部分と同時に、微妙な径庭をものがたるように思われる。金言集所収の文言を駆使しながら綴られる唱導（講唱）文芸は、「文」の知に「詞」の命を改めて吹き込んだものとも見なされるであろう。『新集文詞九経抄』が「新集」を名乗る点からすれば、先行する「抄」が想定され、こうした金言集の類聚による知の再生産が、シルクロードの時空を超えて彼の地ですでに行われていたのである。

藤岡穣論文は、曹（仲達）様式の淵源を西アジアから中央アジアにおける人物表現と見なし、唐時代に胡人、西域人の表象に積極的に用いられたことを確認する。これは、中国（唐）における西域イメージの喚起と美術様式がいかに結びついたかをものがたるものだが、そこにソグド出身の曹仲達の様式が影響していることを考えると、「知」が仏画や仏像といった「もの」の様式に投影されつつシルクロードを横断するさまが窺える。「ソグディアナのみならずインド、天竺を含めた仏教文化のルーツとしての西方のイメージを表象するものとして曹様式が受容されていた」との位置づけからは、中国においても西域がイメージとして捉えるべき未知の地であったことを知ることができる。こうした「知」がまずは中国まで到達することが、のちに日本の美術様式に影響を与えることとなるのであり、そうした意味においてシルクロードは、有形無形の「もの」をはこぶ生きた道（ルート）であり続けた。いわゆる「宋風」絵画の影響について、曹様式・呉様式の両様について再評価し、鎌倉時代の日本においてそれらが意図的に選択された可能性の指摘は、曹様式すなわち天竺の表象に基づく仏の生身性とのかかわりなど、本特集において三宝の伝来とのかかわりを説く諸論とも共鳴する問題である。はるか六世紀のソグド美術に、十三世紀の日本における仏像様式の淵源を認めようとする本論は、美術様式に刻印される知の往来のさまから、「アジアとヨーロッパの歴史をユーラシア規模でとらえようとする」実践でもある。

「もの」を介した知の往来は、次の劉暁峰論文に引き継がれる。『亜細亜大観』「金福鉄路沿線の史蹟（関東州）」に、「端午節風俗」と題され掲載された、民家の門口の桃の枝につるされた布製の猴子《さる》の写真を端緒として、その起源と由来にダイナミックに迫る論考である。八十年前の写真の撮影者の意識と、平安時代に渡唐した円仁の寒食と冬至の習俗の記録意識とに共通する「越境せる他者のまなざし」は、写真による画像と文字による記録という形態の違いこそあれ、時空を超えて「もの」にまつわる「知」をアーカイヴする原動力でもあった。その基底にあるのは、文化の伝播とそれを記しとどめようとする「ひと」の営みである。ソグドやインドに起源を持つ九曜占星術の影響は徐々に拡大し、唐末五代には朝廷の天文暦法体系の中にも浸透したという。そうした星辰信仰に基づいて描かれ始めたのが熾盛光《しじょうこう》仏変相図《ぶつへんそうず》であることを考えれば、熾盛光如来を本尊とする天台宗の門跡寺院青蓮院における信仰への影響など、西域を淵源とする信仰・文化の投影される、時空を超えたみちのりが再認識される。本論では、熾盛光仏変相図に描かれる辰星に、端午節の布猴《ぬのさる》の遠い淵源を見ようとするが、このイメージについて、その根源を古代ギリシャ・ローマの神話に求め、インドの星辰信仰と結びつきながら、ペルシャ人やソグド人の手によってシルクロードを経て中国へ伝えられたとする民俗学の知見に耳を傾けるとき、そのはるかなみちのりと「シルクロードの文化学」に思いを致さずにはいられない。

シルクロードの主要な経路上に位置する中央アジアにおける仏教文化の古層と、その文化の中央アジアにおける継承および日本との共通性について論じるのが、それぞれソディコフ・コシムジョン論文およびハルミルザエヴァ・サイダ論文である。

中央アジアにおいては、現在のウズベキスタン・アフガニスタンを中心として、クシャン朝以来の多くの仏教遺跡が遺されている。ソディコフ論文は、仏教の到来が中央アジアにもたらした影響を、古代テュルク文字の文献学の観点から分析するが、仏教が伝来して以降のテュルク人（族）の社会・政治・文化面での変容を記す古代文献の内容は、中央アジアにおける仏教東漸初期の様相を窺わせるものである。また、古代テュルク仏教典籍における芸術性や、典籍に対する敬意の払われ方は、日本におけるそれとも通い合うものがある。仏教典籍のテュルク言語への翻訳は、トハル語・ソグド語・古代中国語との交渉のうえになされたものであるが、その過程に仏教用語体系が成立したことにかんする分析は、「知」が言語を超えて受容される際の普遍的課題を内包しており、後世の他言語への翻訳にもあてはまることがらを示している。さらに、テュルク文献の仏教小説が、翻訳の作業を経ながら文学のあたらしい様式の生成につながった点は、唱導文芸の原型を考える上で示唆深いものである。カザフスタンのタルディコルゴン市にあるBurxanbulaqは、「ブッダの神聖な滝」を意味し、彼の滝は、今も豊かな水を湛えているという。仏教が現代に継承されなかったシルクロード沿いの地に響く悠久の滝音は、仏の説く無常と永劫との関係をものがたるかのようである。

ハルミルザエヴァ論文は、中央アジアに広まった仏教が、後世いかに口頭伝承のひとつである『アルポミシュ』へと影響を与えたのかについて分析するものであり、それは、いわば中央アジアにおける仏教の遠い記憶への旅でもある。『アルポミシュ』と『大方便仏報恩経』・『賢愚経』所載のいわゆる「善事太子と悪事太子の物語」との類似性から、影響関係について考察するが、四人の語り部による語りのヴァージョンを比較対照することができる『アルポミシュ』は、現代に生きる口承文芸としての意義を有している。十九世紀から二十世紀にかけて、ウズベキスタン・トルクメニスタン・カザフスタン・新疆ウイグル自治区において語り部としての活動が確認されるバクシの語源は、教師を意味する梵語のBhikshuであり、これはBhikchu（Bhikkhu）〈仏教徒・比丘・僧〉とも通じるから、幸若『百合若大臣《ゆりわかだいじん》』の話柄とも共通点を見いだせる本伝承が、日本においても語りと芸能をともなって伝えられたことを考え合わせるに、ユーラシアにおける伝承文芸のありかたを示す事例として重要である。

『アルポミシュ』・『百合若大臣』に、古代ギリシアの「オデュッセイア」の投影を見る向きもあるが、張龍妹論文は、西域において生まれた異教キリスト教の東アジアへの伝播をめぐるテクストの問題を扱っている。キリスト教の伝来当初、東アジアにおける布教活動におおきな役割を果たした『聖母行《せいぼぎょう》実《じつ》』と、十七、八世紀の教会における聖母説話を再録しつつ近年刊行された『聖母の栄耀』との比較を通じて、同じ素材について記す両書の性格の違いについて論じる。贖罪や苦行なしに天国への昇天を説くことで、聖母やキリストの無上の慈悲を説く来世志向的な『聖母の栄耀』に対して、『聖母行実』は現報善悪的な傾向が顕著である。後者における現報善悪的な性格は、仏教の霊験譚に慣れ親しんでいた東アジアにおける布教を目的としたものと定位されるが、本論の説く布教における語りの内容の流動性は、さきのハルミルザエヴァ論文における語りの構造とも呼応する問題を提示する。語りは、その語り部を媒介としながら道を経由しつつ、異なる宗教や地域におけるあらたなすがたを与えられたのである。『聖母の栄耀』における、キリストに背いても聖母に背くことができないという聖母信仰の極限を語る説話は、仏教における悲母をテーマとする唱導や、孝子伝における母への孝を説く話柄との、宗教を超越した相関が問われても良いであろう。

第一編によって描きだされた「西域のひびき」の諸相は、第二編「仏教伝来とその展開」へと継承される。それを結節する井上章一論考は、イエスと聖徳太子の生誕話の類似をめぐり、ユーラシアの伝承の視点から再評価をうながすものであり、日本への仏教伝来についても、インドを起点とした東漸の構図を超えて見つめなおすべき視座を提示するものである。

II　仏教伝来とその展開

第二編の巻頭は、〈仏伝文学〉と〈天竺神話〉との相関を説く小峯和明論文である。釈迦の聖遺物(relic)をめぐり、地上のみならず天界と龍宮を往還しつつ展開する〈天竺神話〉の世界は、釈迦の遺物という、まさに聖なる「もの」の由来と伝播に対するあらたな空間的パースペクティヴを与えるものである。それが、釈迦をめぐるジャータカ(本生譚)を含む〈仏伝文学〉として提示される構図は、仏教伝来を平面的な「道」のみならず、天界や龍宮を含めた三次元的空間、さらには過去から現世への時間的超越を前提とする「知」の確立と継承として認識すべきことを強く迫るものである。『釈氏源流』所収の要素について、諸仏典および東アジアに伝存する文献との比較を試みた上で、『景徳伝燈録《けいとくでんとうろく》』との類似性についても、広範な口承や聞書、その他の資料群を背景として考えるべきことを説く点は、時間と空間を超えて伝わる伝承について取り上げるハルミルザエヴァ・張論文等とも響き合う点がある。

霊鷲山《りょうじゅせん》における釈迦の説法という聖なる場面を、絵画よりも立体的に表現する銅板の浮き彫りの手法によって作成し、そこに銘文を刻むことによって製作されたのが、内田澪子論文の取り上げる「銅板法華説相図」である。日本への仏教伝来からおよそ一〇〇年余りを経過した頃、白鳳期の製作と目される本説相図には、それぞれの漢訳・成立から時を措かずして、玄奘《げんじょう》訳『甚希有経《じんけうきょう》』や道宣『広弘明《こうぐみょう》集《しゅう》』が銘文として刻されているから、唐における「知」がいかに迅速に日本へ伝えられたのかを知ることができる。長谷寺に伝えられたこの説相図は、『長谷寺縁起文』や『長谷寺縁起』によって、称徳天皇からの喜捨の記憶に基づきながらも、古代の天智系と天武系との皇統転換に、長谷寺の観音の霊威が作用したことをものがたる文脈へと展開することとなる。「銅板法華説相図」は、こうした論理を下支えする、聖なる「もの」の記憶として存在感を示し続けたのであり、前出の小峯論文をも併せ考えるに、釈迦の遺物のみならず、その行い（説法）がどのような「もの」の形態を採って、「知」の基層を成し続けたのかを示すものと位置づけられるであろう。

続く高陽・近本論文は、「銅板法華説相図」銘文冒頭にその漢訳経典が刻まれる玄奘三蔵の、日本における「知」の継承の問題を扱っている。

玄奘の見聞録『大唐西域記』の抄出本である金沢文庫保管称名寺聖教『西域伝堪文《かんもん》』を紹介する高陽論文によって、『大唐西域記』からの対句の抜書が必要とされた鎌倉時代の唱導をめぐる実態を窺うことができる。「僧」のことを説く際に用いるべき対句の例示は、抜書の意図を端的に示すものであり、諸寺院・文庫に見いだされる抜書の文言が、唱導本文へと転用される用途に供されていたことが知られる。『大唐西域記』からの抜書は、本書が玄奘について語る正統性を有するものとの意識に根ざすものと思われ、それは、『玄奘三蔵絵』の詞書が、玄奘の伝としての正統性を保証する『大唐大慈恩寺三蔵法師伝』に依拠する意図を有していたことの指摘（近本論文）と呼応している。『西域伝堪文』における抜書が、釈迦の成道関係よりも、阿育王、戒賢《かいげん》論師や僧を形容する文言に関心を払う点は、この抜書が仏弟子や僧侶について唱導でかたるための表現に資する性格のものであったことを想定させる。その典拠として玄奘の正統的な「記」が選び取られている点に、玄奘にかんするたしかな「知」への希求の意識を認めることができるであろう。近本論文は、それを受けて、『西域伝堪文』書写時期と時を同じくして製作された『玄奘三蔵絵』を取り上げ、中国および日本における玄奘の記憶が、三宝伝来との相関においていかに結びつくかについて論じている。『大唐西域記』や『大唐大慈恩寺三蔵法師伝』が奈良時代にはすでに日本に伝えられており、内田論文に説く「銅板法華説相図」銘文冒頭に、早くも玄奘による漢訳仏典が引かれることからも、仏教伝来における玄奘という「ひと」の記憶は、白鳳期から常に意識され続けたのである。それは、日本においてだけではなく、藤岡論文が取り上げるように、西域から東アジア諸地域に分布する玄奘像という「もの」からも確認することができる。

李銘敬論文は、仏教の三国伝来を強く意識して編まれた説話集『今昔物語集』に影響を与えた『三宝感応要略録』の編者、遼代の非濁《ひじょく》の経歴や僧としてのありかたにあらたな情報をもたらすものである。非濁の行状について知ることのできる『大蔵教諸仏菩薩名号集序』を読み解いた結果、非濁の早年の大乗菩薩戒への伝教活動や密教に対する造詣の深さが知られることとなった。『三宝感応要略録』は、日本のいくつかの寺院に古写本として「もの」が伝わり、広範な影響が知られながらも、編者非濁に関する像が結ばれにくかっただけに、中国において仏教の伝来を霊験記として記しとどめた「ひと」が実像を結び始めたことの意義は大きい。律・密教・浄土を併せ学び、著述を成した遼の高僧の像は、院政期以降の日本における幾人《いくたり》かの仏僧たちのそれとも切り結ぶところがあるように思われ、それぞれの信仰・学問のありかたを比較検証する点にも資する発見といえるであろう。

仏教の中央アジアにおける展開と仏教東漸の諸相を取り上げる諸論考に対して、荒木浩論文は、「往来」の視点から、『往生要集』とともに遣宋された『日本往生極楽記』改稿をめぐる問題に迫るものである。中書大王の夢に基づく『日本往生極楽記』巻頭の聖徳太子・行基菩薩挿入における和歌の漢字による和語表記について、三国往還の和歌陀羅尼の観点から論じる視点は、投企される〈和国性〉と定位される。この、宋人たちに向けての〈読めない漢字〉のしかけは、仏教東漸の東端から西の漢文世界に遡及する方向性をもって企てられた、「かの国人」にもどかしさを伴わせる三国言語観の強烈なアピール乃至相対化を迫る営みであったろう。先行論の検証と資料に基づく時系列の整理から、『日本往生極楽記』改稿の契機となった「中書大王」を兼明親王に比定した上で、『日本往生極楽記』改稿と遣宋の企図を、奝然《ちょうねん》の「入宋」ではなく「帰国」時点に認める本論は、奝然将来品への結縁をもとめる人の波（『小右記抄』等）の陰で、三国伝来釈迦仏や仏舎利・大蔵経をめぐって揺らぐ保胤の三国意識を浮き彫りにするものである。『日本往生極楽記』改稿による三国往還の和歌陀羅尼の構想に認められるものは、室津で月を愛でつつ想起した阿倍仲麻呂の歌の故事における、神々も詠みたもうた和歌を、「この心」を男文字に記して「かの国人」に伝えることで感興を得た逸話（『土佐日記』正月二十日条）とは位相を異にするものであるが、和歌に画期をもたらした紀貫之が、「かの国」における仲麻呂の和歌とその漢字による表記に思い致していることとの相関は、半世紀を隔てた慶滋保胤『日本往生極楽記』改稿時の意識への展開と対照するに、意味深いことのように思われる。

荒木論文に説かれる、奝然が帰国時に将来したのが、いわゆる三国伝来の釈迦如来像であった。清凉寺に安置されたこの瑞像の由来を説く絵巻が、本井牧子論文で取り上げられる『釈迦堂縁起』である。仏教東漸の意図から自らの意志で移動したという瑞像の縁起は、同じく定法寺公助の周辺で、結構を同じくする『真如堂縁起』として再生が図られた。両縁起に共通する、自らの意志により海を渡る仏の縁起が、三国伝来を基軸に据えた構想に拠ることは明らかであるが、これらの縁起がともに、瑞像を「見る」ことへの強い志向とともに有ることとの指摘は、仏像という「もの」と、それをかたる縁起双方がどのように補完し合うものであったのかを伝えて意義深い。両縁起末尾が絵を伴わず、そこに安置される瑞像を「見る」ことで完結する構図は、縁起における絵画と、縁起にかたられ安置される瑞像との位相差を、結縁の領域においてあざやかにものがたるものである。『真如堂縁起』のかたる、慈覚大師円仁の帰朝にあたっての、小身の阿弥陀仏を法衣に移しての勧請には、行教による八幡神（本地阿弥陀如来）勧請の話型なども想起され、いくつかの縁起の定型が基層として交錯した結果なども窺わせるものとして興味深い。

本井論文が海を渡る仏の縁起の再生と展開を論じるのを受けて、鈴木彰論文は実際の海上交通の要所における仏教の遺物の伝来のありかたを、九州西南端に位置する坊津《ぼうのつ》（薩摩）にかつて存在した真言宗寺院一乗院に着目して探るものである。中国明代の『武備志《ぶびし》』に日本「三津」のひとつとして記載される坊津は、大陸との貿易の拠点であり、坊津を含む入江からは、宋代から清代に至る貿易陶器やベトナム産陶器も発掘されることから、内外の「ひと」や「もの」が行き交う、海のシルクロードの拠点のひとつであった。『一乗院経蔵記』等の資料からは、渡来品の宝物群とともに、弘法大師や光明皇后ゆかりのものとされる遺物が併せ蔵されていたことを知ることができる。海上の道を介して、西域・天竺・震旦・朝鮮との結びつきを意識しやすい大陸にひらかれた津における、渡来した仏舎利という「もの」を拝見しながらの仏伝語りは、本井論文が説く「見る」ことの意義をもっとも端的に感じられる唱導の場であり、空間でもあったろう。そこに蔵された文芸・宗教等多岐にわたる文物を含めて、一乗院「宝蔵」が、宗派や時空を超越した「知」の集積地としての役割を担ったことが推定されるのである。

おわりに

もとより、一編の論集で「シルクロードの文化学」を網羅できるわけではないが、本書所収の諸論考の提示する見取り図が、「ひと・もの・知」のクロスロードをたどる上でのなにがしかの道標となることを願うものである。

本書の企画は、奇しくも時を隔てずして開催されたふたつのフォーラム、タシケント国立東洋学大学・筑波大学シルクロード国際研究フォーラム「ひと・もの・知の往来――国際比較日本研究の可能性を探る」（二〇一四年十一月、於タシケント国立東洋学大学）、「仏教と文学――日本金剛寺仏教典籍調査研究成果報告国際学術シンポジウム」（二〇一四年十月、於中国人民大学）を骨格として構想され、テーマに沿う諸領域の研究者の知を結集するかたちで編まれたものである。末筆ながら経緯を記し、併せて上記フォーラム開催でたいへんお世話になった菅野怜子氏（タシケント国立東洋学大学）、李銘敬氏（中国人民大学）をはじめとする諸機関・研究者の方々に深く御礼申し上げる。

小野篁の「輪台」詠

後藤昭雄

ごとう・あきお――大阪大学名誉教授。専門は日本漢文学。主な著書に『平安朝漢文文献の研究』（吉川弘文館、一九九三年）、『平安朝漢文学史論考』（勉誠出版、二〇一二年）、『本朝漢詩文資料編』（勉誠出版、二〇一二年）などがある。

舞楽「輪台」と「青海波」は序・破として組をなすが、共に「詠」（詞章）を伴っていて、それが現存する数少ない例である。その詠は共に文化史上の転換期である承和期の代表的文人の小野篁の作である。うち「輪台」は六言四句の詩二首であるが、輪台が西域の地名であることから、シルクロードの雰囲気を存分に漂わせる作品となっている。

はじめに

『源氏物語』「紅葉賀」は次のように始まる。

朱雀院の行幸は神無月の十日あまりなり。世の常ならずおもしろかるべきたびのことなりければ、御方々物見たまはぬことを口惜しがりたまふ。上も、藤壺の見たまはざらむをあかず思さるれば、試楽を御前にてせさせたまふ。源氏の中将は、青海波をぞ舞ひたまひける。片手には大殿の頭中将、容貌《かたち》用意人にはことなるを、立ち並びては、なほ花のかたはらの深山木なり。入り方の日影さやかにさしたるに、楽の声まさり、もののおもしろきほどに、同じ舞の足踏面持、世に見えぬさまなり。詠などしたまへるは、これや仏の迦陵頻伽《かりょうびんが》の声ならむと聞こゆ[1]。

桐壺の帝は先帝の御賀のためにその御所、朱雀院への行幸を予定しているが、藤壺を初め当日見ることのできない人々のために、宮中で試楽が催された。その席で光源氏は青海波を舞うが、合わせて「詠」を行う。舞もまた詠もそのすばらしさはたとえようもないものであった。その詠がどのようなものであったのかは物語は語らないのであるが、『紫明抄』がその詠を書き留めている。(2)

桂殿迎初歳　桐楼媚早年
剪花梅樹下　蝶燕画梁辺（青海波詠 小野篁作）

詠は漢字で表記された五言四句詩の形である。

この『源氏物語』の叙述によって「青海波」は舞楽のなかでもよく知られた曲となったが、これは単行の曲ではない。『教訓抄』(3)巻三に次のようにある。

輪台
序四返、拍子十六。輪台と謂ふ。破七返、拍子各十二。
青海波と謂ふなり。

すなわち「青海波」は「輪台」と組を成し、「輪台」が序、「青海波」は破なのである。そうして「輪台」もまた詩句の詠を伴うが、それは本特集の「シルクロードの文化学」に深く関わる、平安朝の詩としては特異な内容を有している。そこで、「輪台」詠を読み解き、平安朝詩史のなかでの意義を考えてみたい。

一、輪台詠二首

「輪台」詠を引載する楽書として藤原師長《もろなが》（一一三八～一一九二）の『仁智要録』（巻十）、狛近真《こまのちかざね》の『教訓抄』（巻三。一二三三年成立）、また奈良、春日大社蔵の『楽記』（仮称）がある。前の二書は既知の書であるが、『楽記』は近年紹介された新資料である。(4)鎌倉期の写本とされている。三書の本文はそれぞれに誤写、脱字があるなど一長一短であるので、彼此見合わせ、さらに私見を加えて本文を校定した。(5)

付言しておくと、詠の本文を記載するのは右の平安末期以後の文献であるが、詠の存在は平安中期の二つの書に記されている。源順《したごう》の『和名類聚抄』（九三一～九三八年成立）巻四（二十巻本）曲調類の盤渉《ばんじき》調曲に「輪台、青海波〈有レ詠〉」、また源為憲の『口遊《くちずさみ》』（九七〇年成立）の音楽門に「輪台、青海波〈各有二舞幷詠一、吹二盤渉調一〉」とある。

「輪台」詠の本文は次のとおりである。

(1)千里万里礼拝　奉勅安置鴻臚
我是西蕃国信　三郎常賜金魚

(2)燕支山裏食餐　莫賀塩声平廻
共酌蒲桃美酒　相把聚踏輪台

「輪台」詠は六言詩二首の形式を取っている。一首目は「臚・魚」（上平魚韻）、二首目は「廻・台」（上平灰・咍韻）で韻を踏んでいる。従来、写本の書写形態から近代の研究における句読まで、このことの認識が十分でなかった。たとえば近世の『日本詩紀』(巻十一)は四字句として区切る(後述)。『教訓抄』には先立って、曲についての次のような説明がある。

此の曲、昔シは平調の楽なり。而して承和の天皇の御時、此の朝ニシテ勅に依りて盤渉調の曲に遷さる。舞は大納言良峯安世《よしみねのやすよ》卿の作。楽は和爾部大田麿《わにべのおおたまろ》の作〈幷せて乙魚、清上等なり〉。詠は小野篁《たかむら》の作る所なり。

「此の曲」とは「輪台」と「青海波」の両者をいう。仁明天皇(在位八三三~八五〇)の時代に、その命によって調子が改められ、舞、楽、そうして詠が作られたという。詠は小野篁の作である。[6]

小野篁(八〇二~八五二)は嵯峨朝における有力詩人岑守《みねもり》の子で、平安朝漢文学史の大きな転換期となった仁明朝承和期を代表する詩人である。今は残らないが、詩文集『野相公集』を持ち、勅撰詩集の時代から別集の時代へと推移する、その先頭に位置する。『経国集』『扶桑集』『本朝文粋』『和漢朗詠集』等に三十首の詩文、佚句がある。

詠を読んでいこう。[7]

(1)千里万里礼拝す
勅を奉《うけたまわ》りて鴻臚《こうろ》に安置す
我は是れ西蕃の国信
三郎常に金魚を賜ふ

(2)燕支山《えんしざん》の裏《うち》に食餐す
莫賀《ばくが》の塩声平らかに廻る
共に酌む蒲桃《ぶどう》の美酒
相把《と》りて聚《とも》に輪台を踏む

題の「輪台」は地名である。唐代には隴右道《ろうゆう》の北庭都護府に属する県で、現在の新疆ウイグル自治区の首都ウルムチの近くに当たる。輪台を題とした詩も、唐の辺塞詩人として有名な岑参《しんじん》(七一五?~七七〇)に「輪台歌、封大夫の出師して西征するを送り奉る」(『全唐詩』巻一九九)、「首秋輪台」、「輪台即事」(同巻二〇〇)がある。「輪台即事」には次のように歌う。[8]

輪台風物異　　輪台風物異なり
地是古単于　　地は是れ古《いにしえ》の単于《ぜんう》
三月無青草　　三月にも青草なく
千家尽白楡　　千家尽《ことごと》く白楡
蕃書文字別　　蕃書文字別なり
胡俗語音殊　　胡俗語音殊なり
愁見流沙北　　愁へ見る流沙の北

中国西北部地図

天西海一隅　天西の海の一隅

第二句の「単于」は匈奴の王、ここがかつては匈奴の支配する地であったという。第八句の「海」は前句の「流沙」の海である。輪台がすべてにおいて中原とは別世界の辺境であることを「異」「別」「殊」と畳みかけていう。題の「輪台」の二文字がすでに西北辺の塞外を想起させるものである。

第一首。いつの時代を詠んでいるのかを明らかにするために、結句から考えていこう。その「三郎」である。三番目の男子をいうが、ここでは唐の玄宗をいう。睿宗《えいそう》の第三子であったことによる幼少の頃の呼び名であるが、唐の鄭嵎《ていぎょう》の「津陽門詩」（『全唐詩』巻五六七）という百韻の詩に、

三郎紫笛弄煙月　三郎の紫笛は煙月に弄《もてあそ》び
怨如別鶴呼羈雌　怨みは別れし鶴の羈雌《きし》を呼ぶが如し
玉奴琵琶龍香撥　玉奴の琵琶は龍香の撥《ばち》
倚歌促酒声嬌悲　歌に倚《よ》り酒を促し声は嬌にして悲し

とある。津陽門は離宮華清宮の門で、この詩は周知の白居易の「長恨歌」と同じく華清宮を舞台とする玄宗と楊貴妃の悲恋を歌う長篇詩である。これは二人を対とした二聯で、「三郎」は玄宗を、「玉奴」は楊貴妃をいう。「三郎」の句には「上皇は善く笛を吹き、常に一紫玉管を宝とす」という自注が付されている。「三郎の紫笛」という表現を説明するもの

である。唐の詩人が玄宗を三郎と称している。段成式の『酉《ゆう》陽雑《ようざっ》俎《そ》』にも例がある。巻三に、玄宗の前で僧の不空と術士の羅公遠が法力を競う話があるが、不空が玄宗に向かって「三郎取ること勿かれ。此れ影なるのみ」と叫んでいる。

平安朝詩人も用いている。篁より後であるが、大江匡衡《まさひら》（九五二〜一〇一二）の「冬日東宮に侍りて第一皇孫の御注孝経を読むを聴く」（『江吏部集』巻中）に、

　李三郎注何処伝　　李三郎の注は何処《いずこ》にか伝はる
　東閣花中第一枝　　東閣花中第一の枝

とある。冷泉天皇の孫で皇太子居貞親王の第一皇子、敦明親王の読書初めでの作で、この時は『御注孝経』がテキストに選ばれた。この書は『孝経』に玄宗が注釈を加えたものである。ゆえに「御注」なのであるが、匡衡はそれを「李三郎の注」と呼んでいる。

これらの例に見るように「三郎」とは玄宗をいうが、この表現のあることから、この詩は玄宗朝のこととして詠んでいることになる。

初めに戻って第一句から読んでいこう。

「千里万里礼拝す」。「千里万里」は第三句「西蕃」と唐との距離である。岑参の「首秋輪台」にも「輪台は万里の地、事無くして三年を経たり」という。

第二句「勅を奉りて鴻臚に安置す」。勅は玄宗の命令である。皇帝の命を承けて「鴻臚に安置」する。鴻臚は鴻臚寺のことで、『通典《つてん》』巻二十六、諸卿に、鴻臚寺の長官である鴻臚卿の職掌について、「賓客、凶儀の事及び諸蕃を冊することを掌《つかさど》る」と規定する。また所管の部署に典客署、司儀署の二つがあるが、前者について、「二王の後(9)、蕃客の辞見・宴接・送迎及び在国の夷狄を掌る」という。つまり鴻臚寺は外国使節及び在留の外国人に関する諸事を行う役所である。「安置」は迎え入れる、また落ち着かせること。『日本後紀』延暦二十四年六月乙巳条の、帰国した遣唐大使藤原葛野麻呂《かどのまろ》の上表に、長安に入城した時のこととして、「駕して即ち京城に入り、外宅に安置、供給せらる」とある。

第三句「我は是れ西蕃の国信」。「西蕃」は西方の異民族。『旧唐書』巻九、玄宗本紀の天宝十五載条に「斯の時に于《お》けるや、烽燧《ほうすい》驚かさず、華戎《かじゅう》軌を同じくす。西蕃の君長、縄橋を越えて競ひて玉関に款《いた》る」とある。「烽燧」は外敵の来襲を知らせるのろし、「華戎」は唐と異民族、「玉関」は西域への出入り口である玉門関（甘粛省）である。「国信」は国と国との間で取り交わされる信書であるが、ここでは、その使い、国信使の意である。『宋書』巻九十七、西南夷、海南諸国条に「願はくは二国の信使の往来の絶えざらんことを。此

の反使還《かえ》らば、願はくは一使を賜へ」、また『旧五代史』巻三十八、唐書の明宗の天成二年六月条に「左金吾将軍烏昭遠を以て左衛上将軍と為し、入蛮国信使に充つ」の例がある。

第四句「三郎常に金魚を賜ふ」。「金魚」は金魚袋のことで、高官の身分を示す飾りである。官吏の身分を示す魚形の印が魚符で、これを入れた袋を身に付けた。唐では三品以上の者には金製の魚符を入れた袋、金魚袋の着用が許された。第四句は、玄宗は来朝した西域からの使節に金魚袋を下賜されるという意である。

第一首は次のような意味になろう。

千里万里の遠くからやって来て皇帝に拝礼する。
(唐の役人は)皇帝の命を承けて迎賓館に落ち着かせる。
私は西域の異民族の王の信書を携へた使節である。
玄宗は(このような使節には)必ず金魚袋を下賜される。

第二首。第一句「燕支山[10]の裏に食餐す」。「燕支山」は現在の甘粛省にある。『史記』巻一一〇、匈奴列伝に「焉支山《えんし》」として出るが、『史記正義』に引く『括地志』に「焉支山は一名刪丹山《さんたん》、甘州刪丹県の東南五十里に在り」とある。「甘州」は今の張掖《ちょうえき》で、燕支山は河西回廊の拠点の一つである張掖の近くに位置する。『正義』は続いて次の記事を引く。

西河故事に云はく、匈奴、祁連《きれん》・焉支の二山を失ひて、乃ち歌ひて曰はく、「我が祁連山を亡ひて、我が六畜をして蕃息せざらしむ。我が焉支山を失ひて、我が婦女をして顔色無からしむ」。

『隋書』巻六十七、裴矩《はいく》伝には、

帝(煬帝)の西巡するに及んで、燕支山に次《やど》る。高昌王、伊吾設等及び西蕃胡二十七国、道左に謁《まみ》ゆ。

とある。「高昌」は今の新疆ウイグル自治区のトルファンの辺り、「伊吾」はハミの辺り。ここにも第一首に用いられる「西蕃」の語がある。また先に見た岑参は「燕支に過《よ》ぎりて杜位に寄す」(『全唐詩』巻二〇一)に、

燕支山西酒泉道　燕支山の西酒泉への道
北風吹沙巻白草　北風沙《すな》を吹き白草を巻く

と詠んでいる。

第二句「莫賀の塩声平らかに廻る」。「莫賀」は地名、甘粛省と新疆ウイグル自治区が接する地に拡がる砂漠である。『一切経音義』巻八十三に「莫賀延磧」として「姑蔵の西千里に在り。人境を絶ち水草無し。唯《ただ》砂のみ。之れを名づけて磧と為す」とある。「姑蔵」は今の武威。『大慈恩寺三蔵法師伝』巻一に玉門関が置かれたことについて、次の記述がある。

上に玉門関を置き、路必ず之れに由る。乃ち西境の襟喉なり。関外の西北に又五烽有り。候望の者之れに居り。

各おの相去ること百里。中に水草無く、五烽の外は即ち
　莫賀延磧、伊吾国の境なり。

「延磧」は延々と拡がる砂漠。

「塩声」は、中国の文献には見出だせない語であるが、日本の楽書には用例がある。『教訓抄』巻十に羯鼓の打法「八声」の一つとして、また天野山金剛寺所蔵の新出資料『諸打物譜』所引の「新撰羯鼓譜」に同じく八声の一として見える。「平廻」は用例を見出せないが、穏やかに回るということか。

第三句は明解である。「共に酌む蒲桃の美酒」。「蒲桃」はブドウであるが、表記は多様である。ブドウ酒は早く『史記』に登場する。巻一二三、大宛伝に「大宛は匈奴の西南、漢の正西に在り。漢を去ること万里可《ばかり》なり。其の俗は土著して田を耕し、稲麦を田し、蒲陶酒有り」とある。大宛は今はウズベキスタンに属するフェルガーナ盆地にあったという国である。「蒲桃酒」という表記の例としては、『三国志』巻三魏書、明帝紀の裴松之《はいしょうし》注に引く『三輔決録』に「他（孟他）また蒲桃酒一斛《こく》を以て譲（張譲）に遺《おく》り、即ち涼州刺史を拝す」とある。涼州は前出の武威であるが、その涼州を題とする、はなはだ有名な詩がある。

　　涼州詞　　　　王翰
葡萄美酒夜光杯　　葡萄の美酒夜光の杯
欲飲琵琶馬上催　　飲まんと欲して琵琶馬上に催す
酔臥沙場君莫笑　　酔ひて沙場に臥す君笑ふことなかれ
古来征戦幾人回　　古来征戦幾人か回《かえ》る

「ブドウの美酒」から我々がただちに想起するのはこの詩であり、西域のエキゾチスムを象徴的に示すのが「蒲桃の美酒」である。

第四句「相把りて聚に輪台を踏む」。「輪台を踏む」とは輪台の舞いを舞うこと。皆で手を取って踊ることを「相把りて」というのであろう。なお、「把」を「抱」とするテキストもある。『北史』巻四十八、爾朱栄伝に「左右と手を連ねて地を踏み、迴波楽を唱ひて出づ」とある。「迴（回）波楽」は次節で述べるが、舞曲である。状況がよく似ている。

第二首はこのように歌う。

　燕支山での宴会《うたげ》。
　莫賀の砂漠に羯鼓の音がゆるやかに巡る。
　皆で酌み交わす葡萄の美酒。
　手を取り合って輪台の舞いを舞う。

第二首は「燕支山」「莫賀」「蒲桃の美酒」等の西域のイメージを喚起する語を連ねて、饗宴でくり展げられる楽と舞いを歌う。

二、平安朝詩史における意義

（一）六言詩

以上のような内容の「輪台」詠を平安朝詩史の中に置いてみると、どのような意味を持つものとなるのか、考えてみたい。

その前に、これを詩として見るということから考えなければならない。この作品は舞曲の「詠」として作られ、楽書に記録されているものだからである。

この詠を詩として捉えたのは市河寛斎の『日本詩紀』（一七八六年成立）である。本書は我が国で漢詩の詠作が始まった近江朝から平安朝末までに制作された詩篇を集成することを意図した大部の詩集で、巻十一にこの作を小野篁の作として『教訓抄』から採録している。なお「青海波」の詠も『河海抄』に拠って引く。ただし、先にも触れたが、『日本詩紀』は四言詩一首とみなしている。そうすると、

千里万里　礼拝奉勅・
安置鴻臚　我是西蕃。
国信三郎　常賜金魚。
燕子山裏　食殯莫賀・
塩声平廻　共酌蒲桃。
美酒相抱　聚蹈輪台。

となるが、これでは偶数句の末尾が勅（入声）、蕃（平声元韻）、魚（平声魚韻）、賀（去声）、桃（平声豪韻）、台（平声灰韻）とばらばらで、偶数句で押韻するという詩の基本が成り立たなくなってしまうのである。また第五句「国信三郎」では句としての解釈も不可能であろう。しかし、〈詩としての詠〉に着眼したことはその先駆として評価しなければならない。これを六言詩と見れば読みうることは前節に述べたとおりである。

考えてみたいのは形式と内容である。

形式とは六言詩という詩型である。現存する平安朝詩には他に六言詩はない。この「輪台」詠が唯一の作例となる。六言詩として読むことで、平安朝に六言詩が作られていたことが明らかになった。

中国には六言詩がある。褚斌傑《ちょひんけつ》『中国古代文学概論』（北京大学出版社、一九九八年）に「古代詩歌の其の他の体類」の一つとして、その展開の概略が述べられている。

古く『詩経』『楚辞』、漢代の楽府では一首中に六言句が織り込まれるという段階であり、後漢末の孔融に初めて六言詩が見られる。魏に至って、曹植に長篇詩（「妾薄命行」）があり、嵇康には十首の連作がある。ついで晋の陸機（「董逃行」

「上留田行」)、北周の庾信(「怨歌行」「舞媚娘」)等に作があり、唐代になり、近体詩の成立に伴い、六言の絶句、律詩が作られる。

この詠がそうである六言四句について、小川環樹氏に次のような論述がある。『勅勒の歌』――その原語と文学史的意義」(著作集第一巻、筑摩書房、一九九七年。初出一九五九年)に、七言絶句の成立には中央アジア及び北アジア諸民族の歌謡からの影響があったであろうとの推測が述べられているが、六言絶句にも言及する。

中央アジア及び北アジアの異民族の歌の形式が、中国にもたらした影響は充分に考えうるはずである。……、私は前者(七言絶句―引用者注)の発生と北歌の形式とは深いつながりがあると想像する。のみならず、六言絶句の発生はいっそう北歌と密接に関係する。六言四句を歌詞とする曲は「回波楽」のほかにもあるが、その一つは北斉のときに作られた。(三三二頁)

「北歌」については前に「北魏・北周・隋にわたり「北歌」とよばれた歌曲があり、西涼の音楽と雑奏された」と説明されている。

六言絶句は北朝系の歌曲と深く関わっているという。その例とされている「回波楽」は『唐声詩』下(注6参照)に「六言四句」の例として唐代の作二首を挙げている。併せて「三台」「舞馬辞」「塞姑」も引載しているが、注目したいのは「回波楽」と「三台」の名は『教坊記』にも見えることである。『教坊記』は唐の崔令欽の著、唐代の宮廷の楽舞を教習する教坊について記した書で、教坊で演奏された舞曲名が多数列挙されているが、その中に「回波楽」と「三台」がある。すなわち、「回波楽」と「三台」は舞曲であり、その詞章は六言絶句である。

以上のことを要するに、六言絶句はその発生において中央アジア、北アジアの歌謡と密接な関係がある。また一方において唐代には舞曲と深い関わりがあった、ということである。このことに篁がどれほど意識的であったのか、跡づけることはむずかしいが、少なくとも我々の目から見て、「輪台」詠が六言四句の形式を取っていることは、上述の点から、じつにその内容にふさわしいものであることは確かである。篁は美酒を入れるのにぴったりの皮袋を用意したといってよい。

(二)辺塞詩

「輪台」詠、ことに第二首のような詩は、中国詩では辺塞詩と呼ばれている。異民族と接する辺境(殊に西北)の風土、風俗や出征兵士の心情などをテーマとする詩である。平安朝詩にも数は少ないながら、それがある。

作者小野篁の少青年期に当たる嵯峨・淳和朝は平安朝における最初の漢文学隆盛期であった。それを象徴的に示すのが相継いで成立した『凌雲集』（八一四年）、『文華秀麗集』（八一八年）、『経国集』（八二七年）の三勅撰詩集であるが、その詩の中に辺塞詩がある。三つのグループがある。

一つは『文華秀麗集』巻中、楽府に見える「王昭君」を題とする五首である。王昭君は漢の元帝の後宮に仕える女性であったが、匈奴との親和政策のため、王である単于の后として匈奴の地に送られた。悲劇の女性として古くから中国詩に詠まれたが、平安朝の詩人も倣って詠詩の素材とした。たとえば藤原是雄《よしお》「王昭君に和し奉る」はこのように詠む。

含悲向胡塞　悲しみを含んで胡塞に向かひ
辞寵別長安　寵《めぐ》みを辞して長安に別る
馬上関山遠　馬上関山遠く
愁中行路難　愁中行路難《かた》し
脂粉侵霜減　脂粉は霜に侵されて減り
花簪冒雪残　花簪《かしん》は雪に冒《おか》されて残《そこな》はる
琵琶多哀怨　琵琶に哀怨多し
何意更為弾　何の意か更に弾《ひ》くことを為さん

「脂粉」は化粧、「花簪」は美しいかんざし。結びは琵琶を弾くことはもうしない、ということ。

『経国集』（巻十）には同じく楽府として「塞下曲」「塞上曲」「関山月」の題の七首がある。「塞」は異民族の侵入を防ぐために設けられたとりで、つまり辺塞、「関」は陽関や玉門関のような国境に置かれた関所である。嵯峨朝詩壇の中心にあった嵯峨天皇の「塞下曲」を例にすると、

百戦功多苦辺塵　百戦功多くして辺塵に苦しむ
沙場万里不見春　沙場万里春を見ず
漢家天子恩難報　漢家の天子恩報い難し
未尽凶奴豈顧身　未だ凶奴を尽くさず あに身を顧みん
や

と詠んでいる。「沙場」は砂漠、「凶奴」は匈奴をいう。

『文華秀麗集』（巻下）と『経国集』（巻十三）に「隴頭秋月明らかなり」の題で詠まれた六首がある。「隴頭」は陝西省と甘粛省の境をなす隴山のほとりの意。『経国集』の四首は弘仁十三年（八二二）の文章生試での作、すなわち大学寮の試験の答案として作られたものであるが、注目されるのは小野篁の作が含まれていることである。このように詠んでいる。

反復単于性　反復は単于の性
辺城未解兵　辺城未だ兵を解かず
戍夫朝蓐食　戍夫朝に蓐食す
戎馬暁寒鳴　戎馬暁に寒鳴す

帯水城門冷　水を帯びて城門冷やかなり
添風角韻清　風に添ひて角韻清し
隴頭一孤月　隴頭の一孤月
万物影云生　万物影云《ここ》に生ず
色満都護道　色は満つ都護の道
光流佽飛営　光は流る佽飛《しひ》の営
辺機候侵寇　辺機侵寇を候《うかが》ふ
応驚此夜明　応に此の夜の明らかなるに驚くべし

「戍夫」は兵士。「蓐食」は寝床で食事をすること。「戎馬」は軍馬。「角韻」は角笛の音。「都護」は唐代、辺境を治めるために設置された都護府。「佽飛」は漢代の官名で射手。「営」はとりで。

篁は大学寮における修学時代にすでにこのような辺塞詩を作っていた。

仁明朝に先立つ嵯峨朝の詩人たちによってこのような辺塞詩がすでに作られており、篁もその中にあった。「輪台」詠はこのような詩群の系譜に位置する。ただし、その性質をより鮮明にしている。上引の詩にも辺塞詩として「胡塞」「沙場」「角韻」といった詩語が点綴されているが、普通名詞に止まっている。対して、この詠は題の「輪台」がすでに固有の地名であるが、これに応ずるかのように「焉支山」「莫賀」という固有名詞を用いている。この地名が持つイメージの喚起力のほどは、かつて日本にあったシルクロードブームに与って力があったに違いない井上靖の小説『敦煌』あるいは『楼蘭』の、その「敦煌」、「楼蘭」という文字、また「トンコウ」、「ローラン」という語の響きを思い出してみれば納得できよう。加えて「蒲桃の美酒」である。このように第二首は短いなかに西域をイメージさせる語彙を集中的に用いてエキゾチスムを横溢させる。また第一首は西域の異民族と唐との交渉を賦しているが、他に全く例のないテーマである。

「輪台」詠は小品ながら前述の六言詩であることと併せて、内容においても平安朝詩史に独自の位置を占めている。

注

（1）新編日本古典文学全集本（小学館、一九九四年）に拠る。一―三一一頁。

（2）『河海抄』には「南宮譜云」として引く。南宮は清和天皇皇子貞保親王。「譜」は『大日本史』巻三四八、礼楽志は「横笛譜」とする。

（3）日本思想大系『古代中世芸術論』（岩波書店、一九七三年）所収本に拠り、読み下す。

（4）櫻井利佳・岸川佐恵・神田邦彦・川野辺綾子「春日大社蔵〔楽記〕について／〔楽記〕翻刻」（二松学舎大学21世紀COEプログラム中世日本漢文班編『雅楽・声明資料集』第二輯、二〇〇七年）。

（5）以下の資料を用いた。『仁智要録』―大阪府立中之島図書館本、京都大学附属図書館本、『教訓抄』―大阪府立中之島図書館本、大谷大学図書館本、宮内庁書陵部本、曼殊院本（前掲注4『資料集』所収翻刻）、『楽記』―前掲注4『資料集』所収翻刻。

（6）任半塘（任二北）『唐声詩』（上海古籍出版社、二〇〇六年新版）下編、第八、六言四句に「輪台」を立項し、「唐　佚名」の作として第二首のみを収載する。これを唐人の作とするのであるが、疑問である。典拠については「録大日本史礼楽志」と記す。出典は『大日本史』とするが、その巻三四八の「輪台」の記事には詠本文の引用はない。任著は注に「常任侠唐代伝入日本之音楽与舞踏」の一部を引用しており、これに「伝為小野篁卿所作、一云為唐人作」とある。そこでこの常任侠論文（『説文月刊』第四巻合刊本、中華民国三十三年〔一九四四〕）を確認すると、同じく第二首のみを引用して「此歌伝為小野篁卿所作。一云為唐人詞」という。推測するに、任著は常論文に拠ったものと思われるが、常論文は典拠を明記していないので、何に基づいて「詠」（第二首のみ）を引用したのか不明である。ただし論文中でしきりに「大日本史礼楽志」に言及しているので、任著はこれを出典と考えたのであろう。しかし、常論文および任著がこれを唐人の作とする肝心の「一云為唐人作」という記述が『大日本史』「礼楽志」にないのである。なお、こうした記述は『仁智要録』『教訓抄』にもない。要するにこの詠を唐人の作とみなす根拠はない。なお、常任侠論文の入手には河野貴美子氏の高配を得た。

（7）詠は漢字音で誦される。それを訓読するというのは矛盾であるが、漢字で表記された詩文の内容を理解するために一般的に行っている伝統的方法として訓読する。

（8）テキストは中華書局本。

（9）「二王の後」とは王朝の交替がある中国において、前代二王朝（唐では隋と北周）の王室の後裔。

（10）「支」は諸本「子」であるが、『日本詩紀』に「当作支」と注記するのに従って改めた。

付記

二〇一四年十一月十四日・十五日にウズベキスタンのタシケント国立東洋学大学で行われたシルクロード国際研究フォーラム「ひと・もの・知の往来――国際比較日本文化研究の可能性を探る」における講演に基づいて論文とした。六言詩のこと（第二節（一））を付け加えた。

敦煌出土『新集文詞九経抄』と古代日本の金言成句集

河野貴美子

敦煌出土資料の中に、さまざまな典籍から秀句を集めた『新集文詞九経抄』と称する書物がある。一方日本には、平安期から鎌倉期にかけて『世俗諺文』『玉函秘抄』『明文抄』『管蠡抄』といった金言成句集が編纂された。アジアの東西で編纂されたそれらの書物を合わせみながら、漢語漢文世界の広がりと展開の様相を考察する。

こうの・きみこ――早稲田大学文学学術院教授。専門は和漢古文献研究、和漢比較文学。主な著書に『日本霊異記と中国の伝承』（勉誠社、一九九六年）、『日本「文」学史 第一冊「文」の環境――「文学」以前』（Wiebke DENECKE氏・新川登亀男氏・陣野英則氏との共編、勉誠出版、二〇一五年）などがある。

はじめに

敦煌出土資料の中に『新集文詞九経抄《しんしゅうぶんしきゅうけいしょう》』（八世紀半ば～九世紀後半成立、撰者未詳）と題する写本がある。[1] 経書をはじめとするさまざまな典籍から秀句を集めたもので、「文詞」を学ぶための入門参考書であったと考えられる書物である。

一方、古代日本においても、漢籍や仏典から秀句を抜き出した金言集や諺語集が編纂された。代表的なものとして、『世俗諺文《せぞくげんぶん》』（源為憲撰、一〇〇七年序）[2]及び『玉函秘抄《ぎょっかんひしょう》』（伝藤原良経撰）、『明文抄《めいぶんしょう》』（藤原孝範撰）、『管蠡抄《かんれいしょう》』（菅原為長撰、以上鎌倉初期成立）[3]などがある。これらに収められた諺や金言成句には、『新集文詞九経抄』の所収句と重なるものが少なくない。しかし、双方の文字や表現に異同がある場合や、同内容の語句を収載していてもその出典を異にする場合がままある。

小稿では、『新集文詞九経抄』と日本の金言成句集を比較検討し、古代の中国西域と東方の彼方日本において行われた漢語漢文学習の重なりと相違点について、考察を試みる。

例えば、各語句の出典の相違は、当時、西域と日本で学習に利用された典籍の傾向の相違を直接反映するものと考えられるが、『老子』河上公《かじょうこう》注など双方で盛んに用いられたとおぼしき書物も確認できる。また『世俗諺文』は、漢籍や仏典に由来する諺を、その典拠である原文とともに載せるものであるが、その中には、すでに訓読等を経て日本語の形に変化してしまっている語句もみえる。これは『新集文詞九経抄』にはない日本独自の特徴である。しかし、『新集文詞九経抄』においても、複数の典拠から語句を組み合わせて新たな成句を構成してみせるものや、本来の典拠の表現から変化が生じている語句がある。典籍所載の文が、実際に学ばれ使用されている中で、元の典拠から解き放たれ、自由に変化を遂げていくという点では、これらはともに、漢文文化圏に共通の言語現象を記し留めるものと捉えることもできよう。以下、いくつかの特徴的な事例をとりあげ、アジアの東西に展開派生した漢語漢文の世界を垣間見たい。

一、『新集文詞九経抄』について

敦煌出土の古写本の中には、初学者が基本的な知識と読み書きの力、すなわち漢文のリテラシーの基礎を涵養するために用いたと思われる学習入門書の類が複数含まれている。中国では「蒙書」などと称されるそれら童蒙のための識字書、教訓書、故事成語集の中には、『千字文』や『蒙求』といった中原地域にも伝わる書物の他に、『太公《たいこう》家教《かきょう》』『開蒙要訓《かいもうようくん》』『文《ぶん》詞《し》教林《きょうりん》』そして『新集文詞九経抄』のように敦煌出土本によって初めてその具体的内容が明らかとなった文献資料が少なからず存在する。

小稿が取りあげる『新集文詞九経抄』は、冒頭にも述べたように、経書をはじめとする各種典籍から秀句を集めたもので、現在確認されている敦煌出土の古写本は合計十八本ある[4]。いずれも一部分のみを残す零本ではあるが、そのうち、P.2557、P.3621、P.2598の三本によってほぼ全体像を知ることができる。すなわちP.2557は、巻首の題目「新集文詞九経抄一巻　并序」と「序」に続き、「曲礼云、鸚鵡能言……」に至る計一三九の秀句を載せる。P.3621とP.2598は本来連続する一本が分断されたものと考えられ、P.3621はP.2557の末尾近く第138句目の途中（「何異於草木」）から始まり、「語曰、己所不欲勿施於人」（第183句）までの四十五句を、P.2598はその第183句の後半「在邦無怨、在家無怨」以降計二五二句を載せ、巻末尾題の「新集文詞九経抄一巻」に至る。以上三本を合わせ見ることによって、『新集文詞九経抄』は、諸本間の異同はあるものの合計およそ四三五の秀句を集めた金言成句集であったことが知られるものである。

『新集文詞九経抄』は、「〇〇曰」あるいは「〇〇云」として、当該語句の出典を明記したうえで秀句を掲出する体例をとる。右に述べたように、『新集文詞九経抄』は四三五句にも及ぶ秀句を集めたその原本の姿をおおよそ把握できるものであり、古代日本で編纂された同様の金言成句集と比較した際、そこから双方の共通点や相違点についていくつかの興味深い示唆を見出しうる。『新集文詞九経抄』の成立年代は明確にしがたいが、八世紀半ばから九世紀後半の成立とされる。小稿が比較検討しようとする日本の金言成句集は、それよりも二〇〇年から三〇〇年後のものであり、かつ、『新集文詞九経抄』からの直接的な影響を確認できるというものではないが、両者の比較を通して中国の東西の地において漢語漢文の学習がいかなる広がりをみせたのか、また、そこから漢語漢文がいかなる展開をとげたのかを考察することは、多少とも意義のあることと思われる。

例えば、後にみるように、『新集文詞九経抄』と古代日本の金言成句集とでは、同内容の語句であっても出典を異にする場合があるが、『新集文詞九経抄』には『太公家教』や『文詞教林』、さらには『真言要決』といった敦煌出土の他の「蒙書」類所引の語句との重複がままみられることは、日本の書物にはない特徴である。しかしこのうち、『真言要決』は日本の石山寺にも古写本残巻が伝存するもので、さまざまな内典及び外典からの引用文で構成されている点、注目に値する。[5]『新集文詞九経抄』の序の冒頭は「包二括九経一、羅二含内外一、通二闡三史一、是要レ無レ遺」と始まる。「九経」と「内外(内典と外典)」、そして「三史」の要点を漏らさずにとる、ということであり、中国古典籍(外典)のみならず、内典(仏典)へも目配りが必要なことが明言されている。内典所載の語句を取り込むことは、日本の諺語集『世俗諺文』[6]や金言集『明文抄』[7]にも同様にみえる方針である。このように、語や文を学ぶ際に、内典と外典双方を教科書として取り入れる姿勢は、仏教が社会の中で重要視され、また文化の形成や教養、教育に大きな役割を果たしていた西域[8]と日本に共通の傾向として注意しておきたいところである。

さて、『新集文詞九経抄』が所収語句の典拠として示す典籍の中には、現在通行のテキストに当該語句が確認できないものもままあり、問題が多い。また、各典籍の現行の本文とは異同を含む句も多い。以下、その問題と特徴について、古代日本の金言成句集との比較から若干の考察を試みたいが、その前に、まず、小稿がとりあげる日本側の資料について基本的な事項を確認しておく。

二、古代日本の諺語集、金言成句集

まず、『世俗諺文』は、既にふれたように、漢籍や仏典に由来する諺を集めた諺語集である。「諺」というものに注目し、特にそれを集めた書物は、現存する中日の古典籍の中では『世俗諺文』が最初である。[9] 撰者は平安中期を代表する文人の源為憲（?〜一〇一一）。原三巻であったが、現在は上巻（計二二三条）のみが伝存する。本書は、当時天皇の外戚となり栄華を極めた藤原道長（九六六〜一〇二七）の依頼により、道長の嫡子藤原頼通（九九二〜一〇七四）の学習用に編纂されたもので、為憲の序は、漢籍や仏典を由来とする「諺」が、その典拠を正しく把握されないまま用いられている現状を指摘しており、[10] 各「諺」をそれぞれの言い伝えや出典である原文とともに掲出している。『世俗諺文』が典拠として引用する典籍の本文のうち、『新集文詞九経抄』所載の秀句と重複するものは三十一条ある（後掲一覧参照。出典を異にする場合、また部分的な一致や、異同を有する場合も含む。以下同）。

さて、『世俗諺文』はまず「諺」を掲げた後、それに続いてその典拠本文を注釈的に付属させるスタイルであり、各種典籍から金言成句部分のみを抜き出し列挙する『新集文詞九経抄』とは体例が異なる。『新集文詞九経抄』の体例に近いのは、鎌倉期に入り相継いで編纂された『玉函秘抄』、『明文抄』、『管蠡抄』等の金言成句集である。

『玉函秘抄』は、藤原良経（一一六九〜一二〇六）撰と伝えられる全三巻の金言成句集である。合計六六〇余の秀句を列挙し、各句の下に出典名が記載されている。うち、『新集文詞九経抄』所収の秀句と重なるものは四十九条ある。

『明文抄』は、藤原孝範（一一五八〜一二三三）撰の金言成句集で全五巻。合計二一〇〇余の句を収める。『玉函秘抄』と異なるのは、全体が十二の部に分類編成されることである（天象部、地儀部、帝道部（上下）、人倫部、人事部（上下）、神道部、仏道部、文事部、武事部、諸道部、雑物部、雑事部）。『新集文詞九経抄』所収の秀句と重なるものは八十七条ある（内訳は、天象部（3）、帝道部（22）、人倫部（16）、人事部（36）、神道部（3）、仏道部（1）、文事部（4）、雑事部（2）。算用数字は『新集文詞九経抄』と一致する金言成句の数。地儀部、武事部、諸道部、雑物部には『新集文詞九経抄』と重複する句は無し）。

最後に、『管蠡抄』は、菅原為長（一一五八〜一二四六）撰、八巻本と十巻本があるが、いま、山内洋一郎氏の書（『本邦類書　玉函秘抄・明文抄・管蠡抄の研究』[11]）に収める富山市立図書館山田孝雄文庫本（巻一〜巻八）と静嘉堂文庫蔵古活字版本（巻九・巻十）によってみるならば、合計六八九の句を収める。

その構成は、『明文抄』よりもさらに細かな項目に分類されている。繁雑にはなるが、どのような観点に注目して句が集められているかを知ることは重要と思われるので、以下にその分類を列挙する（算用数字は『新集文詞九経抄』と一致する金言成句の数。合計三十九条）。

【巻一】君体一、明君二、明賞罰三（1）、知人四、任賢五（1）、択近臣六、求諫七、納諫八（4）、慎所好九、不信讒十、怕讒佞十一

【巻二】政体一、善政二、政有三品三、誡苛政四、守旧典五（1）、古法非難行六、古法難行七、政可随時八、裁断早速九、諮詢十、号令十一、倹約十二、誡奢十三（1）、徳化十四、養民十五（1）、恐民十六、務農十七、寛仁十八

【巻三】文学一（1）、学難成二（1）、学難究三、択師四、尊師五、勤学六、教授七、独学八、後生可畏九（1）、武備十、武七徳十一、軍法十二、将軍十三、良将十四、賞功十五、不免敵十六、文武十七、礼儀十八（2）、礼不可過十九、誡無礼廿（2）、習礼廿一、不易礼法廿二、往来礼廿三（1）、父子礼廿四、賓主礼廿五、飲食礼廿六、進退礼廿七、婚礼廿八、崇楽廿九（1）

【巻四】官制一、択賢授官二、依能授官三、不嫌卑賤四、誡謬挙五、不補卑人六、守官七、不捨士八、棄無用九（1）、不拘年齢十、貴賤十一、会遇十二、不遇時十三、用与不用十四、推挙十五、大才不叶時十六、用捨十七

【巻五】神明一、神享誠二、祭祀三、誡淫祀四、不切社樹五、過祠礼六、社稷七、人倫八、父子九、兄弟十、猶子十一、従父道十二（2）、子可報仇十三、雖父卑不棄子十四、子不自尊十五、隠父過十六、夫婦十七、良妻十八、択友十九、不依親疎廿、君子付小人廿一（1）、聖賢廿二

【巻六】忠一、孝二（3）、忠孝三、忠還罪四、道五、徳六（1）、隠徳七、徳徐災八、報徳九、以徳報怨十、帰徳十一、陰徳十二、仁十三、義十四、帰徳義十五、仁智十六、明智不及十七、智招疑十八、智十九、誠信廿、正直廿一、廉潔廿二、功成身退廿三、恐満廿四（1）

【巻七】刑法一、不近刑人二、憐刑人三、罪科四、罪軽重五、与同罪六、賞功赦罪七、赦小過八、改過九（1）、避嫌疑十、恐嫌疑十一、盗賊十二、禁酒十三、酔人不罪十四、不罰無罪十五、察阿党十六、求過十

七、寛宥十八（1）、罪不依好悪十九、誡讒廿

【巻八】吉瑞一、吉凶二、吉凶依政三、災変四、不祥五、霖雨六、旱水七、日月蝕八、凶年九、攘災十、自作災十一（1）、禁忌十二、鑒誡十三、誡懼十四（1）、慎未然十五（1）、誡所好十六、慎染習十七（1）、慎小悪十八、不従卑十九、不泄事廿、危懼廿一、避危廿二

【巻九】臣体一（1）、進賢二、諫諍三、社稷臣四、忠臣五、貞臣六、君臣合体七、聖主得賢臣八、輔佐九、君美悪依臣十、興廃依臣十一、計策十二、思慮十三、言語十四、慎言語十五、慎蜜十六、誡信十七、正直十八、廉潔十九（1）、誡貧廿（1）

【巻十】世俗（3）

なお、『新集文詞九経抄』は、句の内容による分類がなされてはいない。しかし例えば、第312句〜320句[12]にかけては親子の関係に関する句が、第327句〜第330句は喪事に関する句が連続しており、おおよその内容によって句をまとめ編纂しようとした意図も窺える。そして右にあげた古代日本の金言成句集がとる句の内容と比べ、採用句の内容に共通性や差異があるかどうかについては、それほど顕著な傾向が窺えるわけではないが、古代日本の金言集は、おおよそ君臣や父子の関係のあり方に関する句や礼に関する句等[13]において『新集文詞九経抄』と重複するものが多く確認できるものの、武事や喪事に関するもの等は重複がみられない。

それでは以下、『新集文詞九経抄』及び古代日本の金言成句集を合わせみて、そこに収められている秀句金言の具体例を一、二取りあげながら、共通する要素や、各おのに特徴的な要素、また、それらを通して見えてくる漢語漢文の地域的、あるいは時間的な展開について、考察を行っていきたい。

三、「学如牛毛」

『新集文詞九経抄』には、次のような句が収められている。

子曰、学如㆓牛毛㆒、成如㆓麟角㆒。勤是無価之宝、慎是護身之符、作是龍宮海蔵、学是明月神珠。良田万頃、不㆑如㆓薄伎随㆑軀。　（『新集文詞九経抄』263）

「学如牛毛、成如麒角（学ぼうとする者は牛の毛のように数多くいても、それを成就できる者は麒麟の角の数ほど珍しい）」とは、もとは『蒋子万機論《しょうしばんきろん》』所載の句として知られていたようである。『蒋子万機論』は、三国魏の蒋済《しょうさい》（?〜二四九）撰。『隋書』経籍志・子部雑家に「蒋子万機論　八巻　蒋済撰」と著録されるが、つとに散佚してしまった佚書である[14]。しかし『太平御覧』巻六〇七・学部一・叙学には「蒋子万機論曰、

諺曰、学如二牛毛一、成如二麟角一。言其少也」との引文があり、これが古くから「諺」として知られた語句であったことが知られる。

そしてこの「諺」は、古代日本においてもよく知られた語句であったようで、『玉函秘抄』、『明文抄』、『管蠡抄』にもそれぞれ採られている。

・学若牛毛、成猶麟角。同　（『玉函秘抄』中・319）

・学若牛毛、成猶麟角。顔氏　（『明文抄』五・文事部52）

・学若牛毛、成如牛角。蒋子万機論　（『明文抄』五・文事部53）

・学者如牛毛、成猶麟角。顔氏家訓　（『管蠡抄』三・文学一149）

・学如牛毛、成猶麟角。見上　（『管蠡抄』三・学難成二151）(15)

『玉函秘抄』が出典を「同」と表記するのは、その前に『顔氏家訓』を出典とする引用があるのと同じ、という意味である。また最後の『管蠡抄』の例が出典の所に「見上」と記すのは、その前にある『顔氏家訓』を出典とする類同句と同じ出典である、ということである。つまり、日本の金言成句集においては、『明文抄』の一例を除いて、この句は『顔氏家訓』を出典とする句として認識されているのである。

そこで現在通行の『顔氏家訓』テキストに当該句を探すと、「養生」篇に次のようにある。

神仙之事、未レ可二全誣一。但性命在レ天、或難二鍾値一。……学如二牛毛一、成如二麟角一。(16)

『顔氏家訓』は顔之推（五三一～五九一）の撰。顔氏の子孫のために書きのこされた人生の指南書である。日本にも早くから伝来しており、古くは『日本霊異記』に書名を伴う引用文がある(17)ほか、『世俗諺文』には計七例の引用がある(18)。儒・仏両教の一体を説く『顔氏家訓』が吉備真備をはじめとする日本古代の儒者に都合良く受け入れられたものであったことは、夙に先学の指摘がある(19)。しかし、儒仏双方の思想をともに重視した古代日本と同様、「内外」の典籍に拠るべきことを序に述べていた『新集文詞九経抄』には、『顔氏家訓』からの引用は無い。この点、「諺」や「金言」の典拠として参照された典籍の、西域と日本との差異の現れとして指摘しておきたい(20)。

さて、右に掲げた『顔氏家訓』養生篇の当該部分は、「神仙のことは、全てが偽りだというわけではない。ただし、命というものは天が司るものであり、神仙術を学んでも不老長寿を得られるかどうかは難しい。……学ぶ者は牛の毛のように多くても、成功成就する者は麒麟の角のように極めて僅かである」という内容である。ここでは、『蒋子万機論』以来の「諺」が、神仙術の達成の難しさを説くのに応用して用いられているわけであるが、日本においてこの語句をさらに応用アレンジして用いた人物がいる。都良香《みやこのよしか》（八三四〜八七九）である。

遂使下人少二麟角一、輒比二之繋レ風、俗多二牛毛一、妄喩中之捕上レ影。

（『本朝文粋』巻三、対冊、都良香「神仙対策」）[21]

これは、大学寮の文章得業生試の問題として「神仙」について出題されたのに対して都良香が答えた答案文の一節である。神仙の道が成就しがたいことを述べる際に、都良香が「麟角」と「牛毛」の喩を用いたのは、『顔氏家訓』養生篇の文章を意識したのに違いないと思われる。

また、時代は下って、『明文抄』や『管蠡抄』と時を接して成立した『十訓抄《じっきんしょう》』にも当該の表現をみることができる。

成通卿、年ごろ鞠を好み給ひけり。その徳やいたりにけむ、ある年の春、鞠の精、懸りの柳の枝にあらはれて見えけり。みづら結ひたる小児、十二三ばかりにて、青色の唐装束して、いみじくうつくしげにぞありける。

なにごとをも始むとならば、底をきはめて、かやうのしるしをもあらはすばかりにぞ、せまほしけれど、かかるためし、いとありがたし。

されば、学ぶ者は牛毛のごとし。得る者は麟角のごとし、ともあり。

（『十訓抄』第十・六十九）[22]

蹴鞠の達人藤原成通のもとに、鞠の精が現れたという奇瑞を語った後に、何事も極めるところまで行き着くのは難しいことだとして、「牛毛」「麟角」の語句が引かれる。

このように、古代日本において、この「牛毛」「麟角」の句は、よく知られ、しばしば日本人の著述にも利用されていたことが確認できる。『玉函秘抄』、『明文抄』、『管蠡抄』が収載する金言は、実際このように日本の言語世界に入り込んでいるのである。

そして、ここで注目したいのは、最後にあげた『十訓抄』の例では、当該の語句はすでに漢文を離れ、日本語に「開かれ」、日本語表現に変化した形で用いられていることである。さらに「牛毛」の語は、現代の『日本国語大辞典』（第二版、小学館）にも、「（牛の毛が多いことから）数のたくさんあるものをたとえていう」、「麟角」は「想像上の動物である麒麟のつの。転じて、きわめてまれなものをたとえていう」とあり、「日本語」として収載されている。このように、現代に至るまで日本語の環境の中で生き続けてきたこの語句が、かつて、数多の典籍の、数限りないことばの中から、中国西域と日本でそれぞれ編まれた金言成句集の中に取り入れられていたものであったことはたいへん興味深い。

またもう一点、触れておきたいのは、『新集文詞九経抄』が「牛毛」の語句に続いて付加する「勤是無価之宝、慎是護身之符、作是龍宮海蔵、学是明月神珠。良田万頃、不レ如ニ薄伎随レ軀」（勤は是れ無価の宝、慎は是れ護身の符、作は是れ龍宮の海蔵、学は是れ明月の神珠なり。良田万頃なるも、薄伎の軀に随うに如かず）という文言についてである。これは、『太公家教』からの引用である。[23]『新集文詞九経抄』においては、このように、古典籍由来の文に、同じく西域で通用していたと思われる蒙書所載のことばを組み合わせて、新たな成句を構成する場合がままある。

これは、『新集文詞九経抄』所載の句が、文字を通じて読み書きされるものであったのみならず、口頭のことばとして「生きた」形で学ばれ運用されたものであったことに起因するのではないだろうか。口からことばが発せられる時、基となる金言に加えて、関連の語句が自由に加えられていくことはままあろう。そしてこのことは、書名の「文詞」という語、すなわち典籍中の「文」と、「詞」（＝ことば）の双方を視野に入れた命名に端的に現れているのではなかろうか。

そうした観点からみると、このことは、『新集文詞九経抄』所収の多くの語句が、「典籍名＋曰」の形の他に、「人物名（発言者名）＋曰」の形で掲出されることにも関係してくるように思われる。いま取りあげた「牛毛」の句も、『新集文詞九経抄』は「子曰」として掲出していた。これが「蒋子（万機論）」を指すものかどうかは不明であるが、『新集文詞九経抄』はこの他にも、例えば『論語』や『礼記』等に所載の文を「孔子曰」という形で引いたり、『尚書』の一節を「高宗謂傅説曰」として引いたりする場合[24]がまま見られる。こうした体例は、これらの語句が、口頭で発せられたものであることを意識するものかと考えられる。

そしてまた一方、このことは日本の金言集においては対照的な側面がある。すなわち、先ほど見たように、日本においても漢語漢文由来の語句が訓読等を経てやがて日本語に「開かれて」いく例や、例えば「綸言如汗」（『世俗諺文』22）のように出典を異にする二つの語句を結びつけて新たな成句が再構成されている例[25]も見出すことはできるのであるが、日本においてそれらの語句を書き留める金言集は、『世俗諺文』あるいは『明文抄』と、「文」の名を伴って称され、「詞」あるいは「辞」「語」等とは称されない。古代日本において、漢語漢文由来の句は、あくまで「文」を通して学ぶものであったという背景をここに窺うことができるように思われる。[26]

四、「物極則返、楽極則哀」

それでは次にもう一例、『新集文詞九経抄』と『玉函秘抄』に共通してとられる句を通して、考察を進めてみたい。

又曰、物極則返、楽極則哀。　（『新集文詞九経抄』294）

「物は極まると反対向きに戻ってくるものであり、楽しみは極まると哀しみが生ずるものである」という句である。『新集文詞九経抄』ではこの前の句を『老子』から引用しており、この第294の句も『老子』が出典として示されているものと考えてよい。また、類同の句は『玉函秘抄』にもみえる。

物盛則衰、楽極則哀。同　（『玉函秘抄』中211）

『玉函秘抄』はこの直前の句を『老子』から引いており、右の句も同じく『老子』からの引用であることが示されている。ところがまず問題となるのは、この句は現行の『老子』には見出せないことである。これは、すでに山内洋一郎氏(27)が指摘するように、『老子』第九章に対する河上公注の文である。

功成、名遂、身退、天之道。

（河上公注）言人所レ為、功成事立、名迹称レ遂、不二退身避一レ位、則遇二於害一、此乃天之常道也。譬如二日中則移、月満則虧、物盛則衰、楽極則哀一。
（河上公注『老子』運夷第九(28)）

『老子』には、河上公注の他に王弼《おうひつ》注も通用していたが、日本に伝存する『老子』古抄本はみな河上公注本であり、古代日本において『老子』は専ら河上公注によって読まれていたと考えられる(29)。一方、敦煌出土の古写本にも河上公注本『老子』が複数存在している。河上公注本『老子』が盛行していた中国西域と日本において、類同の句をともに『老子』を典拠として引用していることは、興味深い現象といえる。

しかし、当該句の問題はこれで解決できたわけではない。『玉函秘抄』の引く語句は、『老子』河上公注と一致するが、『新集文詞九経抄』が引く語句は、前半部分の表現が異なる。鄭阿財氏(30)は、この句について、前半の「物極則返」は『鶡《かつ》冠子《かんし》』環流篇、後半の「楽極則哀」は『淮南子《えなんじ》』道応訓をそれぞれ典拠として示している。しかし、『新集文詞九経抄』が引く語句は、五臣注『文選』の張銑の注文にそろってみえるものである。

清風夜起、悲笳微吟、楽往哀来、愴然傷懐。

（五臣注）銑曰、笳、笛類。言、物極則反、楽極則哀。故愴然傷懐。
（『文選』「魏文帝与二朝歌令呉質一書」(31)）

『新集文詞九経抄』所収句（「物極則返、楽極則哀」）がいずれのテキストに基づくものかは明らかにしがたいが、先にみた「学如牛毛」の例と同じく、蒙書所載のこうした語句は、現実に運用され語り伝えられていく中で、少しずつ表現が揺れ動き、異なる言い回しへと変化していく「金言」を記し留めるもののようである。というのも、さらに微細な言い回しの変化へと目を向けるならば、後半の四字には典籍間で微妙なずれが見出されるからである。

・以言物盛則衰、楽極則憂。（『淮南子』道応訓）

・夫物盛而衰、楽極則悲。（『楚辞』招隠「蟪蛄鳴兮啾啾」王逸注）

・楽極則哀生……。（『三国志』呉書・諸葛恪伝）

ここで、時代は飛ぶが、室町後期の学者清原宣賢（一四七五～一五五〇）が白居易の「長恨歌」を講じた講義録『長恨歌並琵琶行秘抄』にもこの句が用いられていることを指摘したい。

漁陽鼙鼓動地来。

〔宣賢抄〕……楽《タノシミ》極テ、哀ノ生スル処也。

（『長恨歌並琵琶行秘抄』[32]）

「漁陽の鼙鼓《へいこ》地を動かして来る」とは、安禄山の乱が起こり、歓楽の時間を過ごしていた玄宗皇帝と楊貴妃が都長安を追われる場面である。清原宣賢がここで「楽極テ、哀ノ生スル処也」というコメントを附したのは、『長恨歌伝』（陳鴻撰）に「楽尽悲来（楽しみ尽きて悲しみ来たる）[33]」とあるのに発想を得たものかとは考えられるが、宣賢の表現は『長恨歌伝』と異なり、『新集文詞九経抄』や『玉函秘抄』の句に近い（より正確には『三国志』呉書・諸葛恪伝に重なる）。宣賢がここでこの句を用いたのは、早くから人口に膾炙していた漢籍の表現が、訓読され、すでに日本語の形となって日本語の環境に融け込んでいたものがここで思い起こされ、使用されたものかと考えられるのである。そして、再びこの句の由来に思いをいたすならば、さまざまな典籍にさまざまなバリエーションをもって記し留められた当該句ではあるが、『新集文詞九経抄』と『玉函秘抄』という遠く離れた地で成立した金言集がともに『老子』（河上公注）を出典としてこの句を収録していたということは、中国西域と日本の興味深い重なりを示唆するものだとはいえないだろうか。

おわりに

最後に、金言集所載の漢語が日本語に与えた影響について、もう一つ例をあげてみたい。

詩云、兄弟鬩二于牆一、外禦二其侮一。（『新集文詞九経抄』410）

「兄弟牆《かき》に鬩《せめ》げども、外には其の侮りを禦《ふせ》ぐ」とは、『毛詩』小雅・常棣《じょうてい》の一句である。これは『世俗諺文』（78）及び『明文抄』（人倫部113）にも採られており、日本でも好まれ、よく知られた一句であったと考えられるものである。そして次の記述は、この句の表現が、訓読を通して古代の日本語世界に深く入り込んでいたことを想像させる。

おいぬとてなどか我身をせめぎけむおいずばけふにあはまし物を

せめぎけむとは、毛詩云、兄弟鬩二于墻一、外禦二其務一。毎有二良朋一承而無レ戎。注云、鬩恨也。……さればせめぎけんとは、うらみけむと也。或人せめぎけんとは、責来けんとかけり。せめきたれば事を悔歟。今案に、責来けむと云は、いはれず。うらみけんといはむは、いはれたる歟。（『顕注密勘抄』[34]）

これは『古今和歌集』巻十七・雑歌上903の「おいぬとて……」の和歌に対する顕昭（平安末〜鎌倉初期）の注釈である。そして、これに対して藤原定家（一一六二〜一二四一）は、右の部分に続いて、「鬩字、棠棣詩に此詞侍ども、此歌は責来とばかりを習て、かの兄弟鬩字を用事、思より侍らず。猶責来けむにて、歌の心たがはずや侍らん」と述べている。和歌に用いられた「せめぎ」という語の由来をめぐって、これを『毛詩』の「兄弟牆に鬩ぐ」に由来するものとして、注（鄭箋）にある「恨」の意で取るべきだとする顕昭説に対して、定家は「責来《せめく》」の意で取るべきだ、とするのである。

両者の議論の当否はともかく、いまここで問題にしたいのは、「せめぐ」の語義を追究する際、なぜわざわざ『毛詩』の詩が引かれるのか、ということである。想像するに、『毛詩』の数ある詩句の中でも当該の句は、古来金言集にも採られる周知の句であり、しかもそれは日本では「兄弟墻に鬩ぐ」と訓読されて日本語の環境の中にも浸透しており、漢語漢文をある程度学んだ人にとっては「せめぐ」といえば当該の詩句が思い浮かべられるという状況があったのではないか。『毛詩』の詩句の中から、「兄弟鬩二于牆一、外禦二其侮一」のように教訓性を備えた句を金言集に採ることは、中国西域でも日本でも共に行われたことであった。しかし、日本においては、訓読を通じてそれが日本語化し、日本語の世界において新たな表現を紡ぎ出しながら展開を遂げていったことがわかる。

以上、『新集文詞九経抄』及び古代日本の金言成句集において、それぞれの地域でさまざまなテキストとともに伝えられ、学ばれ、また新たな変化をなしていくことばの世界を垣間見た。考察対象として取りあげたのは、わずかな事例であるが、これら金言成句集に採られた各語句の背景には、漢文化圏に交錯し展開したことばをめぐるさまざまな現象や様相が見えてくる。敦煌出土資料と古代日本の資料を比較して見ることによって、漢字・漢文文化の広がりと差異化の具体像はさらに明らかにしていくことが可能であろう。

注

（1）鄭阿財『敦煌写巻新集文詞九経抄研究』（文史哲出版社、一九八九年）。上海古籍出版社・法国国家図書館編『法国国家図書館蔵敦煌西域文献』（上海古籍出版社、一九九四～二〇〇五年）。王三慶『敦煌類書』（麗文文化事業股份有限公司、一九九三年）。鄭阿財・朱鳳玉『敦煌蒙書研究』（甘粛教育出版社、二〇〇二年）等参照。

（2）観智院本『世俗諺文』（古典保存会複製、一九三一年）。山根対助・リラの会編著『観智院本『世俗諺文』本文（第二版）と出典』（一九八〇年）。天理図書館善本叢書和書之部編集委員会編『天理図書館善本叢書和書之部57　平安詩文残篇』本文解説（後藤昭雄執筆）、訓点解説（小林芳規執筆）（八木書店、一九八四年）。濱田寛『世俗諺文全注釈』（新典社、二〇一五年）等参照。

（3）川瀬一馬『増訂古辞書の研究』（雄松堂出版、一九八六年）。遠藤光正『類書の伝来と明文抄の研究』（あさま書房、一九八四年）。山内洋一郎『本邦類書　玉函秘抄・明文抄・管蠡抄の研究』（汲古書院、二〇一二年）等参照。なお本稿における引用は、いずれも山内書による（『玉函秘抄』は尊経閣文庫蔵写本影印、『明文抄』は神宮文庫蔵写本を底本とする「復元明文抄」、『管蠡抄』は富山市立図書館蔵（山田孝雄文庫）写本（巻一～巻八）及び静嘉堂文庫蔵古活字版本（巻九・巻十）影印）。

（4）伊藤美重子『敦煌文書にみる学校教育』第二部第五章（汲古書院、二〇〇八年）参照。

（5）大正新脩大蔵経第八十五巻に石山寺蔵写本（巻一）と敦煌出土写本（巻三、P.2044・S.2695）に基づく翻刻が収められている。

（6）『世俗諺文』序には「夫言語者自交二俗諺一者多出二経籍一。雖二釈典儒書一為二街談巷説一、然而必不レ知二本所一レ出矣。……世之口実、内外本文、管見所レ及、且二一百五十二門六百卅一章一、勒成二三巻一、名為二世俗諺文一」とある。

（7）『明文抄』には「仏道部」という部類がたてられている。

（8）張新朋『敦煌写本《開蒙要訓》研究』上編通論篇（中国社会科学出版社、二〇一三年）は、唐から五代にかけて敦煌では寺院が地域の人びとの教育機関としての機能も担っていたことを述べる。

（9）中国においても「諺語」を多数含む蒙書や類書、注釈書は古くから存在はするが、それらは「諺語集」として編まれたものではなく、専ら「諺」を集めた書の出現は明清以降となる（明・楊慎輯『古今諺』、清・杜文瀾輯『古謡諺』等）。

（10）前掲注6参照。

（11）前掲注3参照。

（12）『新集文詞九経抄』所収句の通し番号は前掲注1鄭書に拠る。以下同。

（13）例えば、『管蠡抄』巻三・誡無礼の項には計二句のみが収載されているが、そのいずれもが『新集文詞九経抄』にもみえる句である。

（14）興膳宏・川合康三『隋書経籍志詳攷』（汲古書院、一九九五年）参照。

（15）『玉函秘抄』『明文抄』『管蠡抄』所収句の通し番号は前掲注3山内書に拠る。

(16) 引用は王利器撰『顔氏家訓集解』（中華書局、一九九三年）に拠る。なお王利器注に拠れば、「学如牛毛」の「如」字を宋本は「若」に作るとあり、『玉函秘抄』や『明文抄』の引く『顔氏家訓』が古いテキストの本文を反映していることが分かる。

(17) 『日本霊異記』上巻第十一縁に『顔氏家訓』帰心篇からの引用がみえる。但し出雲路修校注・新日本古典文学大系『日本霊異記』（岩波書店、一九九六年）の注には「弁正論・七所引の文に拠るか」とある。

(18) 『世俗諺文』68、97、164、177、198、206、221の各章。『世俗諺文』の番号は前掲注2濱田書に拠る。

(19) 滝川政次郎「私教類聚の構成とその思想」（『日本法制史研究』有斐閣、一九四一年）参照。また、河野貴美子「源為憲撰『世俗諺文』にみる漢語と漢籍の受容」（小峯和明編『東アジアの今昔物語集――翻訳・変成・予言』勉誠出版、二〇一二年）も参照。

(20) 日本の金言集においてはこの他にも『貞観政要』や『朝野僉載』を出典として用いるものが複数存すること等も『新集文詞九経抄』にはみられない特徴である。

(21) 引用は大曽根章介・金原理・後藤昭雄校注、新日本古典文学大系『本朝文粋』（岩波書店、一九九二年）に拠る。

(22) 引用は浅見和彦校注・訳、新編日本古典文学全集『十訓抄』（小学館、一九九七年）に拠る。

(23) 幼学の会編『太公家教注解』（汲古書院、二〇〇九年）参照。

(24) 『新集文詞九経抄』261、276、277等。

(25) 「綸言」は『礼記』緇衣篇、「如汗」は『漢書』劉向伝をそれぞれ出典とする表現であり、「綸言如汗」という成句は中国には用例が確認できない。

(26) 河野貴美子「「言」「語」と「文」――諺を記すこと」河野貴美子・Wiebke DENECKE編『日本における「文」と「ブンガク《bungaku》」』（勉誠出版、二〇一三年）参照。

(27) 前掲注3山内書参照。

(28) 引用は王卡点校『老子道徳経河上公章句』（中華書局、一九九三年）に拠る。

(29) 増尾伸一郎「日本古代の知識層と『老子』――〈河上公注〉の受容をめぐって」（野口鐵郎・中村璋八編『選集道教と日本第二巻　古代文化の展開と道教』雄山閣出版、一九九七年）参照。また河野貴美子「具平親王『弘決外典鈔』の方法」（吉原浩人・王勇編『海を渡る天台文化』勉誠出版、二〇〇八年）参照。

(30) 前掲注1鄭書。

(31) 引用は『宋本文選』（拠宋紹興辛巳（一一六一）建陽陳八郎崇化書坊刊本影印、一九八一年鄭騫跋）に拠る。

(32) 引用は京都大学附属図書館清家文庫蔵写本に拠る。京都大学電子図書館貴重資料画像参照。

(33) 『和漢朗詠集』下・無常に「楽尽哀来」（大江朝綱）とあり、その後「楽しみ尽きて悲しみ来る」の句は『平家物語』（一門都落、大臣殿被斬）や『太平記』（六波羅北方皇居の事、春宮還幸の事）等に繰り返しみえる。

(34) 引用は、久曽神昇編『日本歌学大系』別巻五（風間書房、一九八一年）に拠る。

附　『新集文詞九経抄』と『世俗諺文』『玉函秘抄』『明文抄』『管蠡抄』関係一覧

※『新集文詞九経抄』の各条に共通する金言成句が『世俗諺文』

（世）、『玉函秘抄』（玉）、『明文抄』（明）、『管蠡抄』（管）にもみえるものを〔　〕にあげた。『新集文詞九経抄』の通し番号は鄭阿財（一九八九）、『世俗諺文』は濱田寛（二〇一五）、『玉函秘抄』『明文抄』『管蠡抄』は山内洋一郎（二〇一二）に拠る。

2〔玉・中281〕、8〔管・八505〕、10〔明・帝道下469、管・一29〕、13〔玉・下468、明・雑事1〕、23〔明・神道20〕、25〔明・帝道下357〕、37〔明・人事下121〕、39〔玉・上130、管・六402〕、49〔明・人事下49〕、50〔玉・中213、明・文事81〕、53〔明・人事下149〕、58〔明・人倫166〕、59〔玉・中237、明・人倫171〕、61〔明・帝道上304〕、62〔玉・中239〕、70〔玉・中408、明・帝道上142〕、71〔世・79〕、74〔明・人事上72〕、83〔玉・中330、明・人事上84〕、87〔世・134、玉・下492、明・人事上56〕、95〔明・人事上92〕、96〔世・105〕、108〔玉・上66、明・人事下45、管・九584〕、117〔世・22、明・帝道上138〕、123〔明・神道5〕、124〔玉・上187、明・帝道上352、管・三222〕、130〔明・帝道下320、管・三191〕、132〔世・117、明・帝道下347、管・三200〕、138〔明・人事上73、管・六334〕、139〔玉・下652、明・帝道下346、管・三201〕、143〔玉・上10、明・帝道上244、明・人事下56〕、148〔玉・中448、明・人事上12〕、154〔世・203〕、160〔明・人事下163〕、163〔明・帝道下416〕、166〔明・人倫22〕、168〔世・110、玉・中288、明・人倫61〕、169〔明・人事下321、明・人事下323〕、171〔管・七436〕、176〔玉・中252、明・人倫67〕、180〔玉・上50、玉・上126、明・人事下4、明・人事下15、管・二114〕、184〔明・帝道上159、管・二122〕、189〔玉・上53、明・人倫40、明・人事上98、管・六335、管・九523〕、191〔明・人倫94、明・人事下229〕、194〔世・34、玉・上30、明・帝道上127、管・一55〕、195〔世・44、玉・上31、明・人事下226、管・一56、管・一57、管・一58〕、197〔世・18、世・154〕、205〔世・167、玉・下525、明・人倫170〕、206〔明・帝道上360、管・八492〕、220〔世・211、明・文事8、管・十633〕、221〔世・42〕、223〔管・三204〕、244〔玉・下514、明・帝道上86〕、247〔玉・中454、明・人事上111〕、249〔明・人事下204〕、252〔玉・中278、明・帝道下254、明・帝道下335、管・三196〕、256〔明・天象10〕、259〔明・人事下446〕、263〔玉・中319、明・文事52、明・文事53、管・三149、管・三151〕、265〔玉・中217、明・雑事35〕、272〔玉・上63〕、281〔管・六353〕、282〔玉・中347、明・人事下210、管・十614〕、290〔玉・中316、明・人事下309〕、291〔明・帝道下337〕、293〔玉・中212、明・天象14、明・天象20〕、294〔玉・中211、明・人事下2〕、295〔玉・上61〕、298〔明・帝道下415〕、300〔管・十632〕、301〔管・一40〕、313〔玉・下467、明・帝道下286、管・四259〕、318〔玉・中282、明・人事上79〕、323〔世・39〕、324〔世・70、世・76〕、327〔世・1、明・神道19〕、336〔世・136、玉・中286、明・人事上150、管・九584〕、340〔世・135、玉・上173、明・人事上113〕、344〔明・帝道上130〕、346〔管・七457〕、347〔玉・上116、玉・中428、明・人倫71〕、354〔世・112、玉・中310、明・人事下72〕、358〔玉・中315、明・人事下134、管・八510〕、360〔世・107、世・188、管・二89、管・三162〕、370〔玉・中272、明・人事上80、管・五302、管・五304、管・六339〕、377〔玉・中452、明・人倫168、明・人倫170〕、379〔世・158、玉・中451、明・人倫167、管・五325〕、381〔世・88、玉・上65、明・人倫139〕、382〔世・159〕、390〔世・118、管・八499〕、391〔明・人事下151〕、397〔明・人事下389〕、404〔世・81〕、410〔世・78、明・人倫113〕、413〔明・人倫172〕、415〔明・人事下99〕、421〔明・帝道下28〕、422〔明・仏道17〕、425〔世・122、玉・中311〕、426〔玉・中248、明・人事上47〕、427〔世・206〕、430〔玉・中291、明・人倫70〕、435〔玉・上36、明・人事下240、管・九586〕

曹仲達様式の継承
——鎌倉時代の仏像にみる宋風の源流

藤岡　穣

ふじおか・ゆたか——大阪大学文学研究科教授。専門は東洋美術史。主な論文に「中国南朝造像とその伝播」（『美術資料』八九、二〇一六年）、「京都・某寺と兵庫・慶雲寺の半跏思惟像」（『美術フォーラム21』三二、二〇一五年）、「野中寺弥勒菩薩像について——蛍光X線分析調査を踏まえて」（『MUSEUM』六四九、二〇一四年）などがある。

中国北斉時代に活躍したソグド人画家曹仲達の人物画の様式を画史の記述や宋、遼金代の作例から復元的に考察した。また、それは中国においてインドや西域のイメージを表象するものとして受容されていたこと、日本の鎌倉時代の仏像にも同様のものとして受容されていた可能性を指摘した。

はじめに

近年、日本ではソグディアナ（Sogdiana）、すなわちウズベキスタンを東西に貫流するザラフシャン川（Zeravshan River）の中上流域に集住したソグド人（Sogd）とその活動への関心が高まっている。ソグド人は、いわゆるシルクロードを通じての東西交易の担い手であった。そうしたソグド人の活動に関心が高まっている最大の理由は、グローバリズムの思潮に呼応して、アジアとヨーロッパの歴史をユーラシア規模でとらえようという新たな歴史観の構築が求められているからであろう。しかし、シルクロードの東の外縁に位置する日本における外来文化の影響・受容を考察するうえでも、それは一つの重要な視点を提供してくれるに違いない。

一、画史にみえる曹仲達とその絵画様式

本稿では、シルクロードを通じた人と美術の交流を物語る事例の一つとして、中国の北斉時代に活躍したソグディアナ出身の画家である曹仲達《そうちゅうたつ》、そしてその絵画様式に注目する。ソグディアナから中国に移住したソグド人たちは、出身地に

ちなんだ漢字の姓、ソグド姓を使用していた。曹仲達の姓である曹は、サマルカンドの北、カブーダン（曹国）の出身者たちの姓であった。

曹仲達の描いた絵画は現存しない。しかし、その絵画様式については、中国の絵画についての歴史書、画史においてしばしば言及されてきた。唐時代の張彦遠《ちょうげんえん》が著した『歴代名画記』では、曹仲達を仏教絵画、仏画の担い手の草分けとし、仏画の描き方には曹仲達と南朝・梁の張僧繇《ちょうそうよう》、唐の呉《ご》道玄《どうげん》を祖とする三つの様式があると述べている。[1]『歴代名画記』には、曹仲達の様式について具体的な記述はないが、曹仲達が曹国の出身であること、北斉時代の最もすぐれた画工であり、梵像すなわち仏画を得意としたことを記している。また、唐時代の道宣《どうせん》が撰述した『集神州三宝感通録《しゅうしんしゅうさんぽうかんつうろく》』には、「（巧）妙に梵迹を尽くし、西瑞（像）を伝模す」（（ ）内は筆者）とあり、西域、中央ユーラシア出身の画家らしく、仏画、とりわけ西方の瑞像を描くことを得意としたことがうかがえる。[2]その後、宋時代の郭若虚《かくじゃくきょ》の『図画見聞誌《とがけんもんし》』には、「曹之筆、其の体稠畳《ちゅうじょう》とし、衣服緊窄《きんさく》せり」、「曹衣出水《そうえしゅっすい》」と、曹仲達の人物画の特徴が記されている。すなわち、細かく衣の襞が畳まれ、衣が体にまとわりつき、あたかも水中から出てきたかのような様態をしめしていたという。[3]

二、曹仲達様式の実像を求めて
――呉様式との対比

（一）曹様式と呉様式

近年、山東青州市竜興寺址出土の北斉時代の仏像をめぐって、中国美術史の研究者から、その表現が曹仲達様式（以下、曹様式）を反映したものであるとの見解がしめされている。[4]山東の北斉時代の石彫像は、衣が薄く身体に密着し、衣の襞を刻まない、もしくは襞を線刻のみで表す点に特色がある。これらに曹様式を指摘する論者は、それが「曹衣出水」にあたる表現とみるのである。しかし、薄い衣が身体に密着するというだけでは、「稠畳」すなわち衣文が細かく畳まれているという特徴をそなえているとは言えない。曹仲達様式の実像については、なお検討の余地があるように思われる。

曹様式について宋時代の『図画見聞誌』が伝えているのは、それが「曹と呉の體法を論ず」という、曹仲達を唐時代に活躍した呉道玄と対比した一節においてであることを念頭におかなければならない。『図画見聞誌』は、呉道玄の人物画について「呉之筆、其の勢円転とし、衣服飄挙《ふうきょ》せり」「呉帯《ごたい》当風《とうふう》」と評している。すなわち、呉道玄様式（以下、呉様式）は、筆の運びが勢いよく、自在に翻転し、衣が吹き上げられている、その衣は風を受けてなびくようであるという。

（二）宋／遼金時代の作例にみる二つの型

　ここで、曹様式と呉様式を考えるにあたり、南宋時代の仏画を参照してみたい。京都・知恩院に伝わる阿弥陀浄土図（図1）は、銘記により南宋・淳熙十年（一一八三）の作と知られる南宋仏画の基準作である。中央の阿弥陀の衣は襞が多くたたまれ、その縁がうねうねと波打ち、体軀にまとわりついているような印象を与えるのに対して、脇侍菩薩の衣は襞が少なく、衣の裾が直線的に左右あるいは後方に靡き、特に体軀にまとわりつくような印象はない。ここで、仮に前者をA型、後者をB型と称するが、これが中尊と脇侍、あるいは如来と菩薩という相違によるものでないことは、画面上方の群像最前列に描かれた如来の衣にその両様が交互に採用されていることから明らかであろう。すなわち、そこには衣の表現の二つの型を認めることができる。

　こうした両様は宋時代の仏画に一般的にみられるものであり、さらには遼・金時代や宋時代の彫塑像の衣にも見出すことができる。カナダのロイヤル・オンタリオ美術館には金・明昌六年（一一九五）銘の観音・勢至菩薩立像（図2）と、ほぼ同時期の作とみられる菩薩立像[5]（図3）が所蔵されている。

図1　阿弥陀浄土図（全図および部分）　京都・知恩院
南宋・淳熙10年（1183）

こうした木彫像においても、衣の表現には差異があり、後者は衣の縁が波打つA型であり、明章六年銘の観音・勢至菩薩立像はB型を採用している。また、浙江省杭州市飛来峰の南宋造像とみられる高僧取経説話図浮き彫りにもこの両様が見て取れる。この浮き彫りは、後漢（東漢）の明帝の求法説話、すなわち明帝が夢に金人、すなわち仏像を見て西域に使者を遣わし、その後竺法蘭《じくほうらん》、摂摩頭《しょうまとう》という二人のインド僧によって初めて仏教経典がもたらされ、漢訳されたという伝説、そして唐時代の玄奘による求法説話、『西遊記』を表したものである。漢の明帝の求法説話図の方は、前方の一人がまったく欠けてしまっているが、それに続く二人の僧のうち向かって左側、後ろを振り返る人物の右上に「竺法蘭三蔵」の銘が確認でき、彼がインド僧竺法蘭であることがわかる**（図4）**。一方、玄奘の求法説話図の方には、前方に合掌して歩む玄奘三蔵**（図5）**、その後方に腰に刀をさす人物、そして二頭の馬と馭者が表されている。そのうち前方の馭者には「朱八戒」の銘があり、これによってこの場面が『西遊記』に取材していることがわかる。そして、これらの浮き彫りにおいても、竺法蘭の着衣には衣の縁が波打つA型が採用されているのに対して、玄奘には衣の縁が直線的に表されるB型が採用されている。このように遼・金時代や宋時代の衣の表現に、絵画と彫刻の別なく広く二つの型が存したことが知られることから、それこそが宋時代の画史にとりあげられる両様、すなわち曹様式と呉様式に相当すると考えることができる。

もっとも、呉様式については『歴代名画記』をはじめ唐時代にさかのぼる画史にも詳しく、それによれば呉道玄の描く仏画は、細密な線描や生き生きとした写実的な表現を具えていたという。そうした唐時代の言説に比べると、宋時代の『図画見聞誌』ではそのとらえ方が概念化、固定化していると言わざるを得ない。つまり、『図画見聞誌』が伝えるところは、必ずしも実際の呉道玄の絵画様式を包括的に述べたものではなく、むしろごく限定的に特徴を伝えているに過ぎない可能性があり、宋代の絵画や雕塑におけるB型がそのまま本来の呉道玄の様式であったとは言えない。その点は、おそらくA型すなわち曹様式についても同様であろう。しかしながら、宋時代の画史が伝えるところを現存する同時代の仏・菩薩像あるいは羅漢像に照らす限り、A型のような衣の表現こそが曹様式であり、そこには曹仲達が確立した様式のエッセンスが何らかの形で反映しているとみてよいだろう。

（右）図2　観音菩薩立像
金・明昌6年（1195）ロイヤル・オンタリオ美術館
（左）図3　菩薩立像
金時代　12世紀　ロイヤル・オンタリオ美術館

（右）図4　竺法蘭三蔵
南宋時代　12世紀　浙江省杭州飛来峰　高僧取経説話図浮彫
（左）図5　玄奘三蔵
南宋時代　12世紀　浙江省杭州飛来峰　高僧取経説話図浮彫

三、北斉〜唐時代における曹仲達様式の受容と継承

（一）曹様式の淵源と展開

さて、そうした観点に立って、唐時代、さらには北斉時代にさかのぼる作例を見てみたい。近年、中国各地でソグド人墓の発見が相継いでいる。そのうちの一つ、寧夏回族自治区塩池県で発見された唐時代のソグド人墓の門闕に浮き彫りされた胡旋舞を舞う人物を見てみると（**図6**）、スカートやズボンの縁が激しく波打っており、先にみた曹様式との共通性を認めることができる。(6) また、河北省安陽市修定寺舎利塔の唐・乾元年間（七五八〜六二）修築時のものとされる胡人像浮き彫り塼《せん》についても同様である。(7) ところが、こうした表現については、たとえばウズベキスタンのサリ・テペ出土のオッスアリ（骨蔵器）に表された女性像などに類似性が認められ（**図7**）、さらにクシャーノ・サーサーン朝の銀器に表された王の肖像や女性像（**図8**）などにその淵源を求めることができる。要するに、こうした西アジアから中央アジアにおける人物表現こそが曹様式の源流であり、唐時代にはとりわけ胡人、西域人を表す場合に積極的にそれが採用されていることがうかがえる。しかし、唐時代における曹様式の採用は、決して胡人を表現する場合に限られていたわけではない。たとえば、唐本図像を原本とするとみられる京都・醍醐寺の白描図像「四種護摩本尊および眷属図像」（**図9**）には、確かにその継承の跡をうかがうことができる。同図は、これまではむしろ呉様式を反映していると見る向きがあったが、曹様式に基づく作例とみるべきであろう。

図6　胡旋舞浮き彫り（拓本）
唐時代　7〜8世紀　寧夏回族自治区塩池県唐墓（M6墓）墓門

（二）北斉時代の仏像にみる曹様式の受容

それでは、北斉時代の作例のなかに、曹様式を見出すことはできないだろうか。もと河北省石家荘市の幽居寺に伝来した、北斉の有力な高官であった高叡《こうえい》(8)の発願になる天保七年（五五六）銘の釈迦（**図10**）、無量寿、阿閦《あしゅく》の三仏は、いず

（右）図7　オッスアリ（納骨器）
ウズベキスタン　サリ・テペ出土　7世紀後半　国立サマルカンド歴史芸術博物館
（左）図8　銀鍍金　水差
イラン出土　クシャノ・ササン朝　6～7世紀　メトロポリタン美術館

（右）図9　四種護摩本尊および眷属図像
原本：唐時代（伝空海請来）　鎌倉・建暦3年（1213）　京都・醍醐寺
（左）図10　高叡造釈迦如来像
石家荘市幽居寺伝来　北斉・天保7年（556）河北博物院

れも衣の縁が複雑に波打ち、両膝頭には渦を巻く衣文が刻まれる。渦を巻く衣文は、先に曹様式を反映しているとした塩池県ソグド人墓門闕の胡旋舞像や曹様式の源流と位置付けたウズベキスタンのオッスアリの女性像にも認められ、これも曹様式の一要素であったとみることができる。幽居寺の三仏の場合、衣の縁は単にうねるのではなく、意匠化した波頭のようであり、より芸術的に昇華した感がある。しかし、それは曹様式からの乖離をしめすのではなく、むしろ曹仲達の本領が発揮されていると見ることもできるのではないだろうか。曹仲達は、『集神州三宝感通録』によれば人々が最も推賞する画家とされ、『歴代名画記』によれば北斉で最も画技が優れ、朝散大夫に進官したとされる通り[9]、いわば北斉政権に公認された存在であった。だとすれば、高叡という政権中枢の高官の発願になるこの像に、その様式が色濃く反映しているとの想定は、むしろ高い蓋然性をもつものと思われる。

ただし、高叡発願像がすべてにおいて曹様式かというとそうではない。右脚を上に半跏趺坐する坐り方は北インドや中央アジアの作例には見いだせず、南インドやスリランカ、東南アジア、南朝の作例に一般的に採用されているもので、直接的には南朝様式の影響があったとみられる[10]。つまり、高叡発願像には南海ルートを経て流入した南インド様式に基づく南朝様式と、ソグド美術に由来する様式、曹様式とがすでに不可分に混じり合っていると考えるべきであろう。逆に、青州市竜興寺址出土の北斉時代の石彫像についても、曹様式の最たる特徴である衣が波打つ表現が認められず、写実的かつ衣が身体に密着する様式も基本的にはインドのグプタ彫刻やそれを受けた東南アジアの彫刻様式に共通するとみるべきであろうが、一方では、ソグド人らしき人物像が彩色で表された盧舎那仏像の作例があること、また線刻ながらも高叡発願像にも通じる抽象化した衣文を刻む作例があり、衣文を刻まない作例であっても元来は彩色や線描によって衣文が描かれていた痕跡が一部の作例に認められることから、これらには曹様式の影響もやはり及んでいるとみるべきであろう。

このように北斉時代の作例にあっても、必ずしも曹仲達の絵画様式をありのままに伝えているわけではなく、すでに他の様式や図像と混淆していた様子がうかがえる。また、北斉時代における曹様式を考える場合、宋時代の画史に記されるような衣の表現にとどまらず、『集神州三宝感通録』に曹仲達が西方の瑞像の図様を伝えたとされるように、図像的な事柄も含めて曹様式が認識されていたことも視野に入れる必要があるかも知れない。しかしながら、なかでも高叡発願像の波打つ衣縁や渦巻く衣文といった衣の表現に関しては、後に

「曹衣出水」と評された曹様式の原型として、その具体的なイメージをしめすものと捉えることができるのではないだろうか。(11)

なお、中国絵画史のなかで曹様式が定着し、呉様式に匹敵する市民権を勝ち得た背景を想定するとすれば、中国社会にソグド人が深く浸透したことはもとより、たとえば杭州市飛来峰の高僧取経図浮き彫りにおいて、インド僧である竺法蘭に曹様式、中国僧である玄奘に呉様式が選択されていたように、ソグディアナのみならずインド、天竺を含めた仏教文化のルーツとしての西方のイメージを表象するものとして曹様式が受容されていたからではないかと思われる。

四、日本に伝播した曹仲達様式

最後に、十三世紀の日本、すなわち鎌倉時代の仏像の一様式に注目し、それが地域も時代も遠く隔たった六世紀のソグド美術に淵源すること、そしてその意味について述べておきたい。

日本に仏教が伝来したのは六世紀中葉であった。それ以降、絶えず朝鮮半島ないし中国の仏像の様式を受容しながら、次第に日本独自の様式を築いていった。そして、鎌倉時代には、「写実的」と評される様式が展開した。

京都・遣迎院《けんごういん》の阿弥陀如来像（図11）は、鎌倉時代初期に活躍した快慶の建久五年（一一九四）頃の作として知られ、快慶独特の「整い」をみせるとともに鎌倉時代らしい写実性が発揮されている。一方、この遣迎院像とは対照的に、正治元年（一一九九）年に造立された京都・峰定寺《ぶじょうじ》の釈迦如来像（図12）は、衣が体に纏わりついて多くの襞がたたまれ、衣の縁がうねうねと波打つ。峰定寺像も、遣迎院像と同様、写実的な彫刻技法に基づいており、作者についても快慶と同じく慶派仏師とみられている。(12)しかし、当時新たに中国・宋から輸入された絵画を手本とすることによって、遣迎院像をはじめ当時の一般的な仏像とは異質な仏像が作られた。(13)そして、峯定寺像の場合は、たとえば和歌山・成福院の阿弥陀如来像（図13）のような作例、先述の宋時代における仏像の二つの類型で言えばA型、曹様式の作例に基づいて制作されたことは明らかであろう。(14)

ただ、鎌倉時代の仏像が範とした南宋仏画は必ずしも一様ではなかった。たとえば、快慶が建久五年（一一九四）頃に制作した兵庫・浄土寺の阿弥陀三尊像（図14）は、右手を下げ、左手を挙げる印相や衣の構成など、明代の作とみられる愛知・西方寺の釈迦三尊像（図15）の原本となったような宋時代の絵画を手本としているが、(15)その釈迦の姿は、成福院本

（右）図11　阿弥陀如来立像　建久5年（1194）快慶作　京都・遣迎院
（中）図12　釈迦如来立像　正治元年（1199）　京都・峯定寺
（左）図13　阿弥陀如来像　南宋時代　12～13世紀　和歌山・成福院

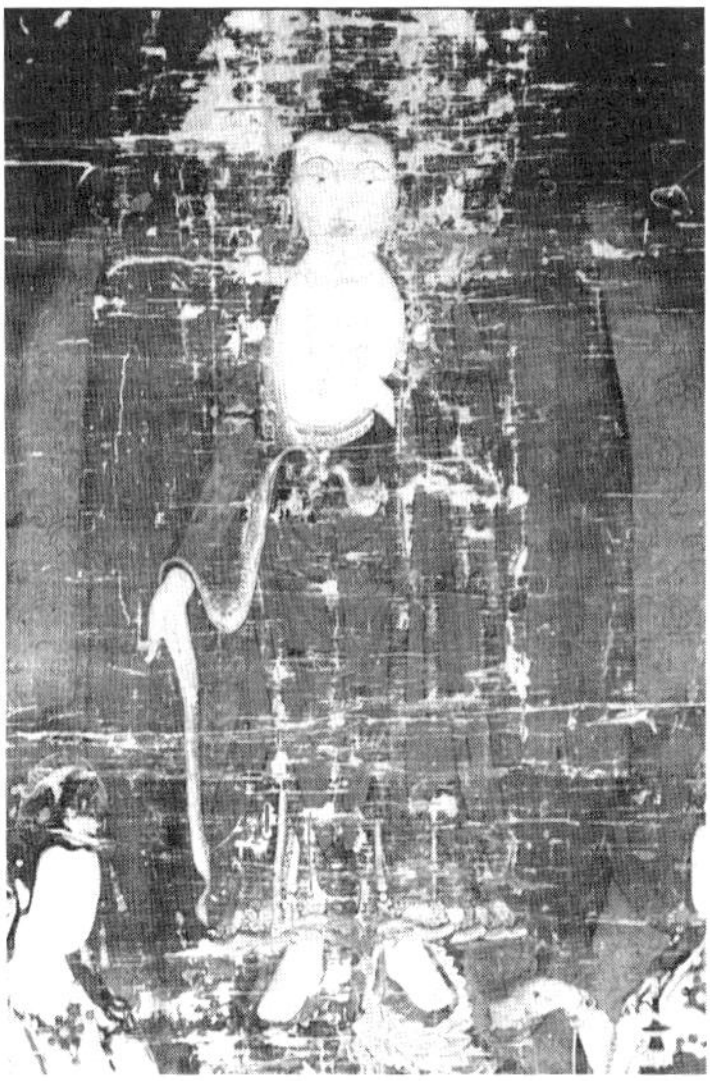
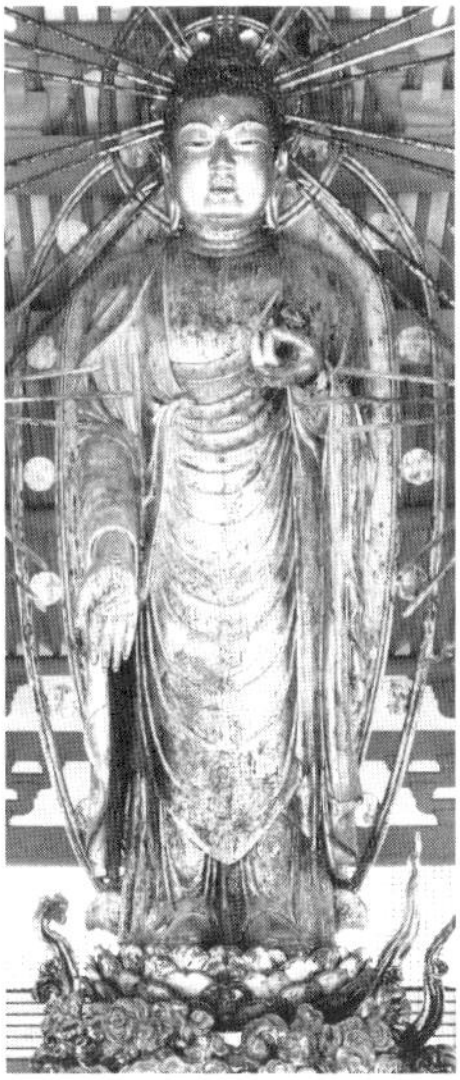

（右）図14　阿弥陀如来立像（阿弥陀三尊像のうち）
建久5年（1194）　快慶作　愛知・西方寺
（左）図15　伝釈迦三尊像（部分）
明時代　15～16世紀　兵庫・浄土寺浄土堂

のように曹様式に由来するものではなく、むしろ呉様式の伝統を受け継いでいる。

　これまで、鎌倉時代の仏教美術研究においては、宋時代仏画に基づく作例を一様に「宋風」とみなしてきた。しかし、宋時代仏画にも曹様式と呉様式の両様があったことを踏まえるならば、鎌倉時代においてもそれが意図的に選択された可能性も想定すべきだろう。宋時代の仏教美術においては、たとえば飛来峰の高僧取経説話図浮き彫りにおいて、インド僧竺法蘭を曹様式、中国僧玄奘を呉様式で表したように、この両様を使い分けてそれぞれを天竺（インド）と悉曇（中国）のイメージの表象としていた節がある。(16) 常にそうだったとは言えないものの、そうした意識が日本にも伝えられた可能性を顧慮すべきであろう。鎌倉時代の彫刻には、鰭袖《はたそで》や腰布といった一部の衣、あるいは三尊形式の両脇侍菩薩のどちらか一方の衣の衣縁が不自然に波打つもの、いわば曹様式をモードとして受容したとみられる作例が散見されるが、その一方で奈良・安倍文殊院の文殊菩薩騎獅像や神奈川・延応寺の閻魔像など、天竺ないし異国のイメージの表象と思しき作例が含まれることに気付かれる。そして、峰定寺像の場合、像内に水晶製舎利容器に納めた舎利（釈迦の遺骨）、経典、結縁文を記した紙片や菩提樹の葉などが納められており、これによって像を生身の釈迦に擬したとされることに注目するならば、(17) 峰定寺像に曹様式が採用されたのは、単に「宋風」というのではなく、曹様式によって体現される天竺の釈迦の姿を求めたからではないかとも思われる。それは無論、生身性とも関わる問題でもある。(18)

　曹様式は、鎌倉時代の仏像において、一つにはモードとして、また一方では天竺／異国ないし生身を表象するイメージとして受容された。表題にしめしたとおり、曹仲達様式を「宋風」の源流とみなす所以である。

注

（1）『歴代名画記』巻二「叙師資伝授南北時代」。同書の「曹家様」「張家様」「呉家様」という言葉は、単に絵画様式をさすのではなく、より正確には流派を意味するともみられるが、それぞれに特徴的な絵画様式を前提にしたものであることには違いない。

（2）『集神州三宝感通録』巻中第三七における曹仲達の記事は、天竺鶏頭摩寺の五通菩薩が感得したという阿弥陀五十菩薩像に関する一節の末尾に付されたもので、文脈からすれば「西瑞」とは阿弥陀五十菩薩像の図像をはじめとする西方伝来の瑞像のことであろう。なお、引用文中の（　）内の文字は筆者による。

（3）『図画見聞誌』巻一「論曹呉體法」。

（4）宿白「青州龍興寺窖蔵所出仏像的幾個問題」（『文物』一九

九九―一〇)。金維諾「青州龍興寺造像的芸術成就――兼論青州背屏式造像及北斉〝曹家様〟」(巫鴻主編『漢唐之間的宗教芸術与考古』文物出版社、二〇〇〇年)。楊泓「山東青州北朝石仏像綜論」(『中国仏学』二―二、一九九九年、同『漢唐美術考古和仏教芸術』所収、科学出版社、二〇〇〇年)。姜伯勤「安陽北斉石棺床画像石与入華粟特人的祆教美術――兼論北斉画風的巨変与粟特画派的関連」(『芸術史研究』一、一九九九年、同『中国祆教芸術史研究』所収、三連書店、二〇〇四年)ほか。同特に姜伯勤氏は、響堂山石窟にみる屋形の頂上中央に宝珠をいただく建築様式、連珠文、畏獣などに広くソグド美術の影響がみられるとの見方を提示されている。

(5) 登録番号九二一・一・一四。同館では一三〇〇年頃、元代の作とするが、彫刻様式は明昌六年銘像に近似している。

(6) 寧夏塩池M六唐墓の門闕。同M三墓が視元元年(七〇〇)埋葬と知られ、M六墓もそれに近い頃と推定される。墓寧夏回族自治区博物館「寧夏塩池唐墓発掘簡報」(『文物』一九八八―九)参照。

(7) 金子典正氏は、現存する唐代の塼が隋代のものに倣って制作された可能性を指摘されている。金子典正「安陽修定寺塔装飾浮彫塼考――図案の意味と塼による塔荘厳の由来を中心に」(『奈良美術研究』三、二〇〇五年)参照。

(8) 『北斉書』『北史』等の伝によれば、高叡(五三六~五七〇)は高歓の弟趙郡王高琛の子で、自らも趙郡王の地位に着いている。

(9) 朝散大夫は隋にはじめて置かれた官位であり、中散大夫の誤りかと思われる。

(10) 岡田健「北斉様式の成立とその特質」(『仏教芸術』一五九、一九八五年)。同「アユタヤの仏教美術」(『月刊文化財』三六三、一九九三年)。北響堂山石窟に代表される北斉彫刻様式の成立事情に関しては、それと四川成都市万仏寺出土像との類似が重要なポイントとされる。岡田氏は、北斉と南朝との交渉に着目するとともに、成都万仏寺像が建康を中心に展開した南朝様式を反映したものと解釈し、北斉様式の成立に南朝の影響を想定した。ただし、北斉においてソグド美術が受容されていたことも確実であり、その成立要因を南朝にのみ求めることはできない。その意味では、吐谷渾―成都という西域様式の伝播ルートを想定した山名伸生氏の見解が注目される。その主張は当時成都が青海を支配した吐谷渾を介して西域と南朝とを結ぶ役割を果たしていたことから、成都にはインドや西域の様式がストレートに伝えられた可能性が高く、さらに吐谷渾との直接交渉によって西域様式が東魏~北斉に伝えられたというものである。山名伸生「吐谷渾と成都の仏像」(『仏教芸術』二一八、一九九五年)。ソグドをはじめとする西域美術の伝播に吐谷渾―成都ルートが想定されるとの指摘は傾聴に値しよう。しかし、それとともに岡田氏が提案した南海ルートがあったことは、半跏趺坐という坐法のほか、北斉~隋の如来立像に、スリランカのアヌラーダプラ様式やタイのドヴァラーヴァティー様式の如来像に特有の大衣の衣端を左肩から左胸前に垂らす形式が採用されていることからもうかがえる。

(11) 本稿の以上の内容については、次の拙稿に基づいている。拙稿「斉周・隋の仏教美術におけるソグド美術の受容に関する覚書」(平成十八年度~平成二十年度科学研究費補助金(基盤研究(B)研究成果報告書『三次元計測技術を』用いた新羅王陵石像彫刻の総合的比較研究』研究代表者:木下亘、二〇〇九年)。

(12) 峯定寺像については、かつて毛利久氏が快慶作の可能性を論じ、その後水野敬三郎氏がそれを否定し、定覚の可能性を指摘、一方、筆者は定慶の可能性を指摘したことがある。毛利久『仏師快慶論』（一九六一年、吉川弘文館）。水野敬三郎『運慶と鎌倉彫刻』（ブック・オブ・ブックス　日本の美術一二、一九七二年、小学館。同「宋代美術と鎌倉彫刻」（『国華』一〇〇〇、一九八二年。同『日本彫刻史研究』所収、一九九六年、中央公論美術出版）。藤岡穣「解脱房貞慶と興福寺の鎌倉復興」（『学叢』二四、二〇〇二年）。

（13）前掲注11水野論文。宋代美術と鎌倉彫刻の関係については、次の拙稿も参照されたい。拙稿「仏像と本様――鎌倉時代前期の如来立像における宋仏画の受容を中心に」（『講座日本美術史2　形態の伝承』板倉聖哲編、東京大学出版会、二〇〇五年）。同「鎌倉彫刻における宋代美術の受容」（文部科学省研究費特定領域研究「東アジアの海域交流と日本伝統文化の形成――寧波を焦点とする学際的創生」報告書『寧波の美術と海域交流』、二〇〇九年）。

（14）拙稿「仏像と本様――鎌倉時代前期の如来立像における宋仏画の受容を中心に」（板倉聖哲編『講座日本美術史2　形態の伝承』、東京大学出版会、二〇〇五年）。

（15）愛知・西方寺の画像は、山本泰一「伊勢湾沿岸地域請来仏画調査報告一　新出の唐本阿弥陀三尊来迎図について――快慶作播磨浄土寺阿弥陀三尊像の本様か」（『金鯱叢書』一七、一九九〇年）において初めて紹介され、宋代の作例として注目されたが、文化庁・愛知県教育委員会編集・発行『愛知県の文化財』（一九九五年）の解説「16．絹本著色阿弥陀三尊像　一幅」では明代の作との見解がしめされ、筆者もそれに賛同する。

（16）前掲注10拙稿。奥健夫「肥後定慶は宋風か」（板倉聖哲編『講座日本美術史2　形態の伝承』東京大学出版会、二〇〇五年）。

（17）瀬谷貴之「貞慶と重源をめぐる美術作品の調査研究――釈迦・舎利信仰と宋風受容を中心に」（『鹿島美術研究』年報第一八別冊、二〇〇一年）。

（18）前掲注15奥論文。

図版出典

図1　『世界美術大全集　東洋編6　南宋・金』（小学館、二〇〇〇年）口絵七九

図6　墓寧夏回族自治区博物館「寧夏塩池唐墓発掘簡報」（『文物』一九八八―九）

図7　『世界美術大全集　東洋編15　中央アジア』（小学館、一九九九年）口絵一九三

図8　『世界美術大全集　東洋編16　西アジア』（小学館、二〇〇〇年）口絵二八九

図9　『国宝醍醐寺展』カタログ（日本経済新聞社、二〇〇一年）作品番号二〇

図11　『新編名宝日本の美術13　運慶・快慶』（小学館、一九九一年）図版三六

図13　『東アジアの仏たち』（奈良国立博物館、一九九六年）作品番号一四七

図14　『日本美術全集10　運慶と快慶』（講談社、一九九一年）図版四二

図2～5・10・12・15　筆者撮影

端午の布猴

劉　暁峰

図で歴史を読むことは実に面白い。シルクロードは中国にヨーロッパと中央アジア・西アジアの多様な文化をもたらし、その多様性は中国大陸文化の変化の解釈に大きな空間を与えた。本稿は一九三〇年代に大連で出版された日本人の編集になる写真集に見る一枚の写真に注目する。それは遼南の民家で端午に使われていた布猴の写真である。この影像にレンズを絞り、現在アメリカ・日本・イギリスなどの国々の博物館に保管されている古い図絵を頼りにして、ペルシャ人とソグド人の手によってシルクロードを経て中国へと伝えられた古代ギリシャ・ローマの神話やインド人の星辰と時間文化などが中国にもたらした文化的影響を探求する。

りゅう・ぎょうほう――清華大学歴史系教授。専門は日本歴史、民俗学。主な著書に『東アジアの時間――歳時文化の比較研究』（中華書局、二〇〇七年）、『日本人の顔』（中国中央編訳出版社、二〇〇七年）、『端午』（中国三聯書店、二〇〇九年）などがある。

一、一枚の古写真

次頁の写真（図1）は「端《たん》午《ご》節《せつ》風《ふう》俗《ぞく》」と題される作品で、『亜細亜大観』第十二輯之五第一三五回「金福鉄路沿線の史蹟（関東州）」において掲載されたものである。

写真に附された解説には、「本写真は金福沿線杏樹屯駅の南、征露第二軍の上陸地の一である小河口の部落で撮影したものである。満州では旧五月五日端午節の時、民家では各々門口に桃の枝に布製の猴子《さる》を懸す風がある。猴子は邪を拂ふ力があるものとされ、又猴子の両手にさげた小箒は病氣を掃除すると云ふ寓意を持つものである。」と紹介されている。

八十年前に「史蹟」をテーマに編まれたこのアルバムの中

図1　『亜細亜大観』第12輯之5第135回「金福鉄路沿線の史蹟（関東州）」に掲載された“端午节风俗”（《亜細亜大観》第十二輯之五《金福鐵道沿線の史蹟》亜細亜写真大観社、1935年、4頁。国立国会図書館デジタルコレクションより）

になぜ端午節の習俗を映した写真が忽然と現れたのであろうか。長らくのあいだ、私の研究は主に東アジア地域の時間文化を中心に展開してきた。そのため、時を経たこの一枚の年中行事と関わる古写真は私の好奇心を呼び覚ました。

私が閲覧した『亜細亜大観』は日本の東洋文庫所蔵のデジタルデータ版（http://www.tbcas.jp/ja/lib/lib4/）である。当文庫のサイトに記された紹介文によれば、この月刊写真誌は計十六冊あり、一九二四年から一九四〇年までの期間に刊行されている。当該雑誌は各輯とも十枚の写真で構成され、またそれぞれの写真には解説を記した小さなリーフレットが附されている。これらは毎月一回会員に配布されて合計一九〇回を数えたが、そこには日本の写真家が撮影した一八〇〇余枚にも及ぶ中国大陸の画像資料が収められた。

これらの写真は、中国内地の各省、モンゴル、チベット及び朝鮮半島等で撮影されたものである。その後、中国大陸は歳月が絶え間なく流れ、時代もまた様相を大きく変えていった。すなわち、飛び交う戦火を乗り越え、文化大革命を経験し、改革開放以来の国土大開発を経てきたことで、私たちが生活する世界はもはや一変してしまったのだ。ただ、そうした中にあって、先の写真は八十年前の中国大陸における社会生活の諸側面を理解するための貴重な影像資料として利用できるのである。

図2は『亜細亜大観』第十一輯之四第一二二回所収の遼寧省義県万仏堂の写真である。試みに、これを今日の同じ場所の写真（**図3**）と比較してみよう。すると、振り向き様の龍の身体には本来仏像と光背のあったことがわかる。このように、『亜細亜大観』所収の写真は、色々な側面で私たちが失

われた旧世界の実像を探し求める際に、重要な情報を提供してくれるのである。

　この『亜細亜大観』を刊行したのは大連市内に本社を置く亜細亜写真大観社で、編集者は青山春路、発行者は島崎役治である。柳沢遊の「一九四〇年代初頭大連日本人個人経営者の経歴について」によると、島崎役治は一九一八年に中国に

図２　『亜細亜大観』第11輯之4第122回所収の遼寧省義県万仏堂の写真（《亜細亜大観》第十一輯之四《龍と千葉蓮華》亜細亜写真大観社、1935年、9頁。国立国会図書館デジタルコレクションより）

図3　今日の義県万仏堂、図２と較べて仏像と光背が破壊されたことははっきり見受けられる（写真：筆者）。

来訪し、まず豊年制油公司に勤め、一九二一年に退社した後、一九二四年に仲間と共同で『亜細亜大観』を創刊し、一九三二年以降は彼一人で経営を担うこととなった。

　さて、『亜細亜大観』第十二輯之五は通算第一三五回に当たり、「金福鉄路沿線の史蹟（関東州）」と題されている。金福鉄路は現在では金城鉄路と呼ばれており、遼南で走る鉄道の一つで、金州駅から普蘭店《ふらんてん》の城子疃《チョンズトワン》駅（現在の城子坦駅）までを走行区間としている。当該路線は日本が大連を統治していた関東州時代に敷設されたもので、一九二七年十月一日に開通した。

　「金福鉄路沿線の史蹟（関東州）」では駱駝石等の自然景観が紹介されているほか、皇室の伏見宮が中国の東北地域に滞在した際の住居とその記念碑、さらには沿線にある城郭や古墓、寺院など様々なものが取り挙げられており、一見すると雑駁な印象を受ける。だが、実際にはこれらはあるテーマに沿って紹介されている。そのテーマとは、すなわち日露戦争勝利記念三十周年である。

　一九三五年発行分の『亜細亜大観』は第一三二回の「古邑金州」から第一四二回の「金普及普貔《フヒ》道路沿線史蹟」までで、すべて日露戦争勝利記念という特殊なテーマに沿って編集されている。一九〇四年二月、日本はロシアに宣戦布告した。

当時、皇室の伏見宮はちょうど第二軍第一師団に属していた。当該部隊はまさに旧暦端午のその日に猴児石―小河口ラインから遼東半島に上陸し、その後、金福線に沿ってまっすぐ金州へと至った。

さきの端午節の写真が『亜細亜大観』に収められた背景には、当時のこうした経緯があったのである。そして、『亜細亜大観』の撮影者が特に小河口村を撮影場所として選んだ理由は、おそらくは三十年前に日本軍が上陸した際にも日本軍兵士たちはきっと小河口村の桃の枝に布猴《ぬのさる》を吊るすという習俗を目睹したに違いないと撮影者が想像したからであろう。

二、越境せる他者のまなざし

撮影者がレンズを門戸に吊るされた布猴に向けたもう一つの理由は、小河口村で見た端午節の風習が日本のそれとはまったく異なっていたことにあると思われる。

歴史上、越境する他者はいつも異質な文化に最も心惹かれてきた。

円仁（図4）の著した『入唐求法巡礼行記』を読むと、円仁が他の年中行事についてはそれほど関心を示さないのに対して、寒食節と冬至節については極めて詳細な記録を残していることに気付く。たとえば、開成四年（八三九）二月十四・十五・十六日、円仁は楚州にあって次にように記す。「この三箇日はこれ寒食の日なり。この三日は天下、煙を出さず。」また開成五年二月二十日、円仁は山東省文登県境にたどり着いた後、次のように記している。「二十二日。寒食節。三日のあいだ火を断つ。」さらに、巻三、会昌二年（八四二）二月十七日には「十七日。寒食節、前後一日、すべて三日、暇あり。家々は墓をば拝す。」と記している。これら三種の記事のほか、円仁が長安に到着した後、承露台修理の任務を帯びた三〇〇〇の軍兵たちが寒食の日に祖先祭祀のための帰郷を願い求めたことから勃発した集団事件についても詳細に記録している。

図4　円仁像（http://www.fjdh.cn/ffzt/fjhy/jsy2012/12/161252197730.htmlより転載）

これらの記録は、唐代の寒食日に全国で行なわれた断火の習俗が、円仁という異邦人に対してどれほどの衝撃を与えたのかを私たちに教えてくれる。

一方、冬至についての記事では、円仁はより詳細に当時の人々の間で交わされた祝福の言葉まで記録している。たとえば、開成三年（八三八）条では「十一月二十七日。冬至の節なり。道俗おのおの礼賀をいたす。住俗のものは官を拝して冬至の節をいわう。相公にまみえてすなわちいえらく『晷運《きうん》推移《すいい》し、日は南に長く至る。伏しておもんみるに相公の尊体万福あれかし』と。貴賤の官品ならびに百姓ら皆相まみえて拝賀す。出家のものも相まみえて拝賀し、口ぐちに冬至の辞をのべ、たがいに相礼拝す。」とあり、また開成五年（八四〇）条では「二十六日。冬至節。僧中は拝賀していう。『伏しておもんみるに、和尚よ、久しく世間に住して、広く衆生を和したまえ』と。蠟下《ろうか》および沙弥は上座に対していうに、一に書儀の制による。沙弥は僧に対し、右膝を地につけ、賀節の詞を説す。」と記している。

唐代の人々は冬至を重視し、後期には冬至を迎えると元日と同様に「休假すること七日」とし、官奴婢でさえも三日の休暇を与えられた。冬至の日にはまた、朝廷では元日と同様に朝賀と宴会が催された。年は越さないが年賀の挨拶を交わすというこうした習俗は、当時円仁に深く印象づけたことだろう。寒食と冬至の二つの節日は、前者は日本に伝来せず、後者は伝来はしたが、習俗上に大きな差異があり、大陸とは懸隔を生ぜざるをえないことになった。すなわち、円仁が注力して記録した唐代の寒食と冬至の習俗は、彼の知る日本の年中行事とは大きく異なるものであった。

典籍の記載によると、端午節はつとに日本に伝来していた。日本の史書の中で端午節が最も早く記されるのは『日本書紀』推古天皇十九年（六一一）条で、推古天皇が夏五月五日、田野において菟の狩猟を行った際の記事に見えている。

また、端午節が屈原の入水を記念して始まったとする説も、早くから日本で広まっていた。天平勝宝五年（七五三）正月四日、日本の博士中臣丸連張弓等は中国古代の節日の起源について孝謙天皇に勘奏を提出した。五月五日の起源についてこの勘奏では、次のように解釈している。「昔楚の屈原 恵王の為に以て湘南に放たれ、遂に返徴する所無く、則ち亥の時にして沙を懐きて汨羅《べきら》の水に入りて没し已んぬ。其の霊化して鬼神と為り、天下の為に旱澇疫気の災を做す。或るひと夢に託して曰く『天下の為に不祥の災を作すは、皆な我が霊気の成す所なり。災を消さんと欲せば、五月五日羅水に於いて我が霊を祭れば、即ち災を消さん』と。風俗に則り此の日楝葉《れんよう》の玉並びに茎を連ね、黏裹《ねんか》して羅水の中に投じて之を祭る。此に依りて天下災無し。」
平安時代の端午節の行事では、中国と同様に菖蒲を献じ、続命縷《しょくめいる》を賜った。とりわけ端午節に菖蒲を用いる習俗は、のちに日本の民間にも広く流布した。その後、時代とともに自身の家の門戸に厄除け用の菖蒲枝を飾る習俗へと形を変えていった。日本語の菖蒲の発音は「尚武」と同音で、古代の射礼や走馬も多くはこの日に挙行された。弓取ることは古代日本では当然ながら男児の事とされた。その後、武家社会の出現にともない、端午節は徐々に男児の日へと変化し、のちに鯉のぼりを掲げる習俗が登場することとなる。しかし、端午節に布猴を門戸に吊るすという事に関する記載は全く見られない。

まさにこうしたことから、円仁が寒食と冬至の習俗を目撃したのと同様に、『亜細亜大観』の撮影者の眼には、端午節に布猴を吊るすという習俗が異質な文化として映ったのである。異なる文化要素に接触したことで生まれた、図像によって記録し広く知らせたいという想い――これこそがさきの端午節の写真が「金福鉄路沿線の史蹟」中に採られたもう一つの理由なのではあるまいか。

三、謎に満ちた布猴

「端午節風俗」の写真に見える布猴は、謎に満ちた存在である。既に見たように写真の解説には「満州では旧五月五日端午節の時、民家では各々門口に桃の枝に布製の猴子を懸す風がある」とあったが、私が生まれ育った中国東北地方の吉林省や私の妻の故郷である黒竜江省でも、このような習俗があるという話は今まで一度も聞いたことがない。それに、私自身はこれまでに端午節に関して、十数本の論文を発表し、著書も刊行するなど数多くの研究成果を公表してきた。加えて、二〇〇万字に及ぶ端午節関連の研究資料集の編纂も行っており、中国全土の端午節の習俗に関してはそれなりに理解していると感じている。にもかかわらず、問題の写真に出会う以前には、私は端午節に布猴を吊るすという習俗について全く聞いたことが無かった。布猴は私にとって誠に謎に満ちた存在なのである。

私がこの写真を見てまず考えたことは、布猴の習俗が現在もなお存在しているかどうかということだった。折よく、遼南出身で中国芸術研究院の民俗研究の専門家である楊秀氏が帰省するということだったので、彼女に故郷での布猴の調査を依頼することにした。

楊氏の調査報告によれば、二十世紀八〇年代以前には、端午節に「把門猴《バモンコウ》」（図5）という布製の猴を家々の門戸に吊るす習俗が、小河口村のある遼寧省大連市瓦房店地域においてかなり流行していたそうだ。瓦房店地域では、端午のその日は旧暦五月の第五日目にあたる。だが、その日を迎えるためにはかなり早い段階から様々な準備をしなければならない。

例えば、自家製のもちきび、紅を取る、鶏卵を蓄えておくとともに、粽子《ちまき》用の葉を買い求めておく。また、節日の食べ物のほかに、当日の衣装や装飾物なども準備しなければならない。飾付けについては、各家でみなヨモギと赤い布きれを吊るすほか、なかにはそれに加えて把門猴と桃の実を吊るす家もある。この把門猴は多くの場合、赤系統の色彩の花柄の布を用いて縫製され、内部には綿が詰められる。完成品は高さおよそ一〇センチメートル程度で猴に似せて仕上げられている。これを端午の日の早朝、部屋の門楣《もんび》の東側に吊るすのである。

図5　「把門猴」、今の遼南で作られた布猴（写真：楊秀氏）

「把門猴」とは、その字義からすると、門戸を守備する猴という意味で、留守を預かるという職務に相当する。一緒に吊るすヨモギの草とともに邪気を払い、平安を保つという意義が込められている。手作業で把門猴等などの装飾を巧みに作り上げるのは、いずれも村に住む熟練の婦人たちである。彼女たちは温和な性格で、積極的に隣人たちの要望に応え、特に子供たちの心を深く掴んでいる。

端午節の日に把門猴を吊るした後は、節日が過ぎた後もそれを取り除くことはせず、風雨に野ざらしにしておく。あるいは色落ちし、あるいは吹き飛ばされてしまうこともあるが、もし翌年の端午節の日までそれが残っていても、その時にまた新しいものに取り換える。

近年では、各家の自家製の把門猴はほとんど見られなくなり、それに代わってスーパーで売られているような廉価で大量生産された新型の把門猴が登場してきた。この新型の把門猴はやや大型で、色使いも鮮やかで、多くは赤と橙等の明色を基調として、そこに金色の糸やスパンコール、ビーズなどで装飾が施されている。身を屈ませて桃を抱きかかえているその姿はとても愛くるしい。それらが院門の東側に吊るされると、とても人目を引き、見るものを楽しませることとなる。とはいえ、その把門猴のご利益が厄除けにあることは言うまでもないが。

楊氏の調査ではまた、瓦房店地域の端午節にはこれ以外にも他の地域では見られない習俗があるという。具体的には、端午の日の朝起きるとまず杏の青い実を食べる。杏は「興」の字と諧音で、年中「興興（清栄―訳者注）」で、元気で暮らせるという意味が込められている。また端午の日には子供たちは五彩線という五色の糸で編み込んだブレスレットを手首などに縛って身につける。ちなみに、地元ではそれを特に「綁撸撸線《バンルルセン》」と呼んでいる。

そして、端午の日が過ぎると、初雨の日を待ってそのブレスレットを窪地や河川に向かって投げ入れる。その意味するところは、邪気や疾病などの不吉な物をみな追い払って、年中健康で居られるというものである。この「綁撸撸線」は基本的には子供たちの習俗だが、まれに身体の弱いお年寄りなども「綁《しば》」ることもあるそうだ。これは日本の女児の節日である雛祭りの慣習と非常によく似たものである。

後日、布猴についてインターネットでさらに調べてみると、関連するいくつかのサイトを発見した。これらのサイトでもやはり同じように大連を中心とした遼南地域の習俗が主として取りあげられていた。画像検索から確認し得た現在の布猴は、八十年前のものよりも外形上に大きな変化が見て取れ、造形上のモデルは小説『西遊記』の孫悟空のイメージの影響を強く受けているように感じる。

さて、八十年前の写真に映された習俗そのものは現在もなお生き続けていることを確認できた。だが、問題の小河口村の布猴についてはいまも謎のままである。端午節になぜ布猴を吊るして厄除けをしなければならないのだろうか。猴と端午の間にはいったいどのような関係があるのであろうか。続いて、これらの点について考えてみよう。

四、端午節の火属性

端午節は古代の節日の中でも極めて特殊な日である。というのは、端午の節日としての根源は夏至にあり、太陽の五月における変化の影響を受けているからである。古代の人々は、陰陽五行の観念によってこの世の森羅万象を理解した。旧暦の五月は夏至月で、この月は一年のうちで日照時間が最も長く、陽気が最も盛んとなる。均衡を保つために、旺盛な陽気をどのように鎮静し、陽気による被害をどのように防ぐかという問題は、端午節の習俗に内在する論理構造の一つである。

端午の起源に関して、ささやかながら私はかつてある発見をしたことがある。それは、日本に現存する中国古代の歳時書『十節記』中の一節である。『年中行事抄』五月五日内膳司供御節供事条には『十節記』を引いて、次のようにある。

『十節記』に曰わく「五月五日茎纏《ちまき》。昔高辛氏の子船に乗り海を渡るに、急に暴雨に逢い、五月五日に海中に没し、其の霊 水神と成り、船を漂失せしめ、或る人 五月五日に五色絲の茎纏を以て海中に投ず。茎纏 変化して五色の鯁龍《こうりゅう》と成るや、海神 惶隠し、敢えて害を成さず、後世 相い伝う」と。

この記事を初めて見た時、頗る私の眼を引いた。それは、ここに見える「高辛氏之子」が死後に海神となったという内容が、私に中国に流布している端午節にまつわるその他の数種の伝説を想い起させたからである。それは、屈原伝説であり、伍子胥《ごししょ》や孝女曹娥《こうじょそうが》を記念して始まったとする言い伝え等である。上の『十節記』の記事とこれらの人物の伝説とを併せ考えれば、次のようなことが考えられるだろう。すなわち、まず屈原は溺死し、曹娥もまた溺死した。これらについてはよく知られており贅言を要すまい。そして、伍子胥は父兄を殺された仇を報ずるために呉王闔閭《こうりょ》を輔佐して楚を破り、のちに越への和睦と斉への征伐をめぐって呉王夫差と確執があり、呉王に退けられて、自尽を賜った。死後、その遺体は「鴟夷《しい》の器」に盛られて長江に流され、のちに涛神として尊ばれたが、そこではやはり水神として神格化されていたのである。

これらのほか、端午節が馬援を記念したものであるとする言い伝えもある。湖南省の辰渓、沅陵《げんりょう》地域に特有の小端午、大端午という節日習俗の起源は、いずれも漢代の将軍馬援に関係している。たとえば、『辰渓県志』には「郷民 初五日を以て小端午と為し、十五日を以て大端午と為し、相い伝うるに『其の俗 漢伏波より始まる』と。」とあり、また『沅陵具志』を引いて「遠郷 初五日を以て小端午と為し、十五日を以て大端午と為し、士人言う『其の俗 漢伏波より始まる』と。」とある。端午節と馬援の間に何らかの関係が発生した最も重要な原因は、馬援が封ぜられた「伏波将軍」という称号と関係があるらしい。つまり、この両者の間にもやはり、水神への神格化と密接な関わりがある。

このように、端午節の起源に関わりのある人物の伝説のほぼすべてが、何らかの形でみな水神への神格化という現象と関連付けられ、端午節の起源に関するこれら伝説の共通点は、伝説の主人公がみな水神として神格化されているのである。

一方で、彼らの間の相違はといえば、単に異なる地域で祭祀される水神が異なっていると言うところから起こったものというに過ぎない。

　ところで、水で火を鎮めるというのは、端午節の習俗の形成過程における重要な論理的要素である。だが、もし端午の布猴をも端午の炎を鎮めるものと理解すると、とたんに私たちはある問題に直面することとなる。そもそも猴すなわち「申」は、五行思想では金に属する。これでは、伝統中国の陰陽五行に沿ったこのような推測が成り立たないことは明らかである。なぜなら、端午の布猴を鎮火の猴と理解すると、この猴の属性は必ず「水」とならなければならないからだ。となると、今度は古代に水属性の猴がはたして存在したのかという点が問題となろう。

五、辰星と水猴

中国古代の天文世界では、金・木・水・火・土の五星はそれぞれ、太白・歳星・辰星・熒惑《けいこく》・鎮星と呼ばれた。「五星」は「五行之星」とも呼ばれ、その変化は人間社会と密接に関わるものと考えられた。また、それとともに関連する占星術の知識体系も早い時期から高度に発達した。馬王堆漢墓出土の帛書は私たちに「五星占」についてとても具体的な内容を示してくれた。五星と日月は併せて七曜と呼ばれ、さらに計都と羅睺という架空の天体を加えて共同で九執を構成し、九曜とも呼ばれる。その上に紫炁《しあい》、月孛《げっぱい》を加えれば十一曜となる。

　これらの名称と概念は、実はみな西アジアとインドから伝わったもので、マニ教・密教経典と関連する天文暦法や占星術の東漸に伴ってインド人とソグド人の手によって中国へと伝えられた。これについて、ペリオとシャヴァンヌは次のように指摘している。「結局のところ、九曜の説はこの二暦（「九執暦」と「大衍暦」）によって中国へと将来されたのである。インドの天文学者は九曜をnavagrahと名付けたが、それは日・月・五行星と仮定した龍首（Rahu）・龍尾（Ketu）を合わせて成立させたものである。……私たちが確実に知り得るのは、西アジアやインドでは九曜は早くから知られており、八世紀になって中国に伝えられたということである。」インドとソグドに起源を持つ九曜占星術の影響は徐々に拡大し、唐末五代には朝廷の天文暦法体系の中にも浸透し、公用の「大暦」と民間で用いられた「小暦」にはともに九曜注暦の具注暦をみることができる。

　こうした星辰崇拝の発展に伴い、星宿を題材にした絵画も現れるようになった。有名な熾盛光仏変相図（熾盛光仏は釈迦牟尼仏が教化のために現した化身—筆者注）は唐代に始まり、宋元時代に最も流行し、その余波は遼や西夏にまで及び、そのまま明代まで継続した。熾盛光仏を取り囲んでいる九曜星神のうち、辰星がいま私たちが議論する対象のものである。『梵天火羅九曜』では辰星は「其の神状 婦人のごとく、頭首猿冠を戴き、手に紙筆を持つ」とされる。また、辰星は水星である。『史記』天官書では「刑 失せば、罰 辰星に出づ。」とあり、その張守節正義には『天官占』を引いて「辰星、北水之精、黒帝之子、宰相之祥なり。」とある。注目してほしいところは辰星が婦人のいで立ちで、青衣を着て、猿冠を戴き、手には筆と紙を持ち、宜しく薬師真言を持ち、薬師経六巻を転読する模様である。

辰星のこうした扮装には由来がある。現在、学界では、辰星のかかるイメージはギリシャのオリュンポス十二神の一人ヘルメース、すなわちローマ神話のメルクリウスに由来するものであると考えられている。およそ西暦一五〇年頃に生まれたとされるアレキサンドリアのクレメンスが記した文章の中にも、エジプトへの巡礼中のこととして手に筆と紙を携えた宗教書記官のイメージが描かれている。これはヘルメースのイメージと相通ずるものである。また、先行研究によれば、頭部に戴いた猿冠は、火星の驢冠《ろかん》、土星の猪冠、金星の鶏冠、土星の牛冠等と同じくインド仏教の影響を受けたものである。

大阪市立美術館蔵の唐梁令瓚「五星二十八宿真形図」（図6）の辰星には猿冠がはっきりと描かれている。同様に、大英博物館蔵Ch.lvi.007の唐乾寧四年（八九七）年に張淮興の作「熾盛光仏五星神図」（図7）にも辰星の猿冠があり、この猴は振り向き様の姿勢で表されている。ほかに、寧夏の賀蘭宏仏塔から出土した「熾盛光仏与十一曜星宿図」には女性の姿をした水星は左手に紙を握り、猴の方は地上に降りて両手で硯を捧げている。

図8はボストン博物館蔵の南宋・張思恭が描いた辰星神図

図6　唐梁令瓚「五星二十八宿真形図」にある猿冠の辰星像（『海外蔵中国歴代名画』第1巻、湖南美術出版社、1998年、78頁）。

図7　唐乾寧四年（897）年に張淮興の作「熾盛光仏五星神図」にある猿冠の辰星（『海外蔵中国歴代名画』第1巻、湖南美術出版社、1998年、154、155頁）

（右）図8　南宋・張思恭が描いた辰星神図（『海外蔵中国歴代名画』第3巻、湖南美術出版社、1998年、273頁）
（左）図9　図8の猴の細部（『海外蔵中国歴代名画』第3巻、湖南美術出版社、1998年、274頁）

である。図中の猴は言うまでもなく水猴である。もし端午節に門戸に布猴を飾るという習俗を、水は火を鎮めるという論理によって理解しようとするならば、私たちが中国古代で探し求め得る例はこの水猴しかない。残念ながらこの図に描いた水猴に関する議論が未だに展開もせず、学術的な探求はこれからに託すしかない。一つだけ言えるのは、このような考え方は「弼馬温」の研究の手助けになるという事である。

《后山詩注》巻二引《四時纂要》云：「常系猕猴从馬房内，則辟恶而消百病」。

多くの現存する資料から見て、唐と宋の時代では「猕猴宜馬」の観念が既に成立し、馬厩に猿を飼う事はかなり流行していたようである。古典小説「西遊記」でも、作者は玉皇大帝の手を借り、猿である孫悟空を「弼馬温」と言う名の官職に就けている。猿と馬についての問題は「申」と「午」の関係にも見出すことができる。「申」と「午」の関係を考える際、中古時代の星宿崇拝においての辰星と猿の関係に現れる特殊変化は大いに参考になる事であろう。

ここまでみてきたように、中国古代の水猴は古代ギリシャ・ローマ神話やインド人の星辰と時間文化などの影響を受けながら、ペルシャ人とソグド人の手によってシルクロードを経て中国へと伝えられたのであった。では、はたしてそれらの影響を受けた辰星絵画中に見えた水猴が、冒頭でみた写真の小河口村の門前に飾られた布猴であると理解してよいのだろうか。

私たちはここではっきりと断定することはできない。それは、何よりもこの問題に横たわる大きな空白を今のところ埋める術を持たないからである。現在、私たちはただ次のようなことを知り得るのみである。すなわち、私たちはユーラシア大陸を横断するシルクロードに沿って異国情緒に満ち満ちた文化を不断に伝播し続けてきたということである。また、異なる文化や伝統がこの伝播の過程で不断に変化し、さらには数多くの異質な新たな伝統を生み出し、そしてまたその数多くの文化伝統はその伝播の過程で歴史の中に埋没していったということである。そして、まさにこうしたことから、ごくありふれた事物の背後にも、しばしば歴史の奥深い記憶が眠っていることがあり、それらは私たちによって掘り起こされ、私たちによって解読されるのを待っているということである。

中世初期のテュルク人の仏教
——典籍と言語文化の様相

ソディコフ・コシムジョン

Sodikov Qosimjon——タシケント国立東洋学大学教授。専門は古代テュルク古文書・文献学。主な著書に『古代ウイグル語』（ガフル・グロム出版社〈タシケント〉、一九八九年）、『XI－XV世紀のテュルク語古文書』（ファヌ出版社〈タシケント〉、一九九四年）、『古代テュルク語表記』（ウズベキスタン出版社〈タシケント〉、一九九五年）などがある。

仏教は、東洋の社会的・政治的生活、文化史における哲学的思想、文学交流や言語接触の影響において重要な役割を果たしていた。一世紀から十世紀の中世初期中央アジアにおいて最も強大な宗教であった仏教は、当時から現在に至るまで文化的な遺産を残している。

一、中央アジアにおける仏教の到来

中央アジアでは、紀元前一世紀クシャン朝時代に仏教が信仰されはじめた[1]。仏教は、クシャン朝のカニシカ王によって保護を受けていた。クシャン朝は、現在の北インドからアフガニスタン、中央アジア、東トルキスタンの一部にまで勢力を拡大した。古文献によると、中央アジアのケシュ、ソグドのチョチまで支配が及んでいたという。また、フェルガナもクシャン朝の支配領域であったという証拠も残存している[2]。

イスラム支配の前までは中央アジアにおける仏教の地位は高く、影響力も非常に多大で、トハリスタン（現在のアフガニスタン）にも普及した。アラブ人の侵略以前に中央アジアを訪れた人々が書き残した文献には、仏教の拡大についての重要な情報がある。

六二九年から六四五年にかけて、インドを訪れた中国の僧であり仏教学者であった**Xuanzang**（玄奘《げんじょう》）の生涯について書かれた書物の情報は、非常に重要である。彼は中央アジアを通過したため、この書物には現地の地理、都市、民族、宗教的信念、伝統について詳細に描かれている[3]。

七二六年、中央アジアを旅した中国の歴史学者Hoi Chao（慧超《えちょう》）は、「王や富裕の知識人や国民は小乗仏教を信仰し、寺や僧が多かった」と書いており(4)、現地の人々についても情報を記録している。また、中央アジアの民族についても述べており、「王（ヤブグ）はテュルク系である。中央アジアにはフ系民族や先住民やテュルク系民族の人々が住んでいる」とも記している。当時はアラビアの占領地であったため、国民の一部はトハル語（古代イラン語で現在は消滅）やテュルク語、現地の言語を使用していた(5)。

　中央アジアにおける仏教の実態については、アラビア侵略前のサマルカンドとブハラの状況について、慎重に考察した上で結論を出さなければならないと思われる。それは、古文献には二つの矛盾する情報が記録されているからである。歴史学者ナルシャヒによれば、仏教が開花していた時代、ブハラやサマルカンドは仏教の中心であった(6)。一方で、Hoi Chaoによると、ソグドはゾロアスター教で、サマルカンドのみで仏教が広まっていたという(7)。

　第一代、第二代の古代テュルク朝の時代には、「天の神」という宗教の「タヌグリキャンリック（tangrikanlik）」派が仏教を広め、領土の西部と南部に特に仏教が伝来した。古代テュルク朝はタヌグリキャンリック派であるにもかかわらず、仏教を守護し普及させた。その後、仏教は中国に二世紀頃に伝来し、朝鮮を経て、日本には六世紀に伝播したという(8)。こうして、仏教は中世初期には最も強力な宗教の一つとなった。

二、シルクロードと仏教の拡大

　シルクロードは、仏教のアジアへの拡大に重要な役割を果たしていた。特に、中央アジアにおける仏教の伝来は、基盤を形成し、そして、他の国々に伝播していく道を開いたことに留意すべきである。さらに、仏教はシルクロードの貿易・経済的、文化的な交流によって普及したため、東洋における主要な宗教の一つとなっていた(9)。

　歴史的な文献などでは、仏教がアジアで拡大し、さらに世界的な宗教になったことについて、二つの観点から研究が行われている。一つめは、仏教はインドで生まれ、中国まで勢力を広げたのち、中国を介し中央アジアに拡大したという見解である。この見解の信憑性は高くはない。紀元前、インドと中央アジアの間で文化交流、貿易などが進展していたという証拠があるからである。二つめは、仏教は強力な国家の強制的な政策や圧力によってではなく、平和的手段によって広がっていた。貿易や社会文化的交流によって普及していったという見解である。言うまでもなく、二国間の文化交流、貿易関係などは人々の往来する場で容易に行うことができる。ここで重要なのは、中世初期、中国から西欧諸国までのシルクロード、特にインドに行く貿易ルートは、中央アジアから始まっていたということである。仏教の中国や韓国への伝播は中央アジアから始まる。中央アジアに仏教が普及したのは、他の国々に伝来するのに重要な役割を果たしていた。要するに、仏教はシルクロードを通じて他の国々に伝来したと言えるのであり、シルクロードがあるからこそ、東洋の最も広範囲の国々の宗教の一つとなったのである。

仏教はシルクロードを介し、中央アジアから東トルキスタン、そして中国に伝来した。古代の中国、朝鮮、日本の仏教がテュルク仏教と類似しているのも、このようなことに起因していると考えられる。仏教の普及は、国々の文化、習慣、宗教的・哲学的な見解にも大きな影響を与えた。

大乗仏教はインドで発祥し、中央アジアで人の生きかたとのかかわりにおいて実践的に展開された。中央アジアに仏教が入ってきてから、仏教を信仰している人は自分の文化などをどう守っていけばいいのか、宗教上、国の文化や伝統をどう変えていけばいいのかなどをさまざまに考えた。中央アジアにおいて大乗仏教の定型のひとつが形成され、それは大乗仏教の実践的な面において他の地域にも広がり、仏教が到来していたアジアの他民族にも普及していった。こうして、シルクロードの民を結合し、文化交流、宗教的・哲学的な思想を進展させる役割を担ったのである。

仏教が中央アジアに伝来して以来、テュルク人の社会、政治、文化的側面が変容し、発展していったことが記録されている。仏教は、古代のテュルク人のタヌグリキャンリック派の後、長い間信仰され、イスラム教の伝来まで重要な宗教の一つであった。

古代のテュルク族は仏教の中でも大乗仏教を信仰していた。大乗仏教は、テュルク文献には「ウルグクルンジュ（*uluğ kölüŋü*）」や「マハヤン（*mahāyāna*）」と呼ばれていたと記されている。小乗仏教は、「キチククルンジュ（*kičig kölüŋü*）」と呼ばれていたという。小乗仏教は、トハリスタンの一部で信仰されていた。

三、書記製本の技術

現在まで残存している文献によると、仏教が広まった時代には「古代テュルク表記」「古代ウイグル表記」「ブラフマー表記」などが用いられていた。この中で広範囲に使用されていたのは、長い歴史を持っている「ウイグル文字」という古代テュルク文字である。(10)

ブラフマー文字は仏教と一緒に到来した。しかし、ブラフマー文字の使用範囲が狭かったため、ブラフマー文字で書かれた文献は少ない。ブラフマー文字は中世初期に使用され、テュルク仏教族の間で忘れられてしまったと言われている。

仏教が広まった時代においては、古文字や石文の影響で「古代テュルク表記（turkiy-run, o'rxun-enasoy）」が使われていた。ウイグル朝に関する情報は、石文で書かれたものが残存している。

テュルク文化において印刷製本技術は重要な役割を果たしていた。仏教時代に書かれた文献には様々な形があった。例えば、別紙、巻、ノート形、表紙が付された本や、紙の中央の丸い穴を糸で綴じた「ポットヒ」と呼ばれる形などのようなものである。

印刷技術においてポットヒ形の作り方は独自性を持っている。この本の形はインドで発明された。アブ・ライハン・ベルニーの『インド』という作品では、インドの文化、印刷技術について述べられており、ポットヒ形の本についての情報も記されている。ポットヒ形の本はチベットでも有名であったが、中国においてはそうではなかった。中央アジアへはチベットから伝わってきたという見解もある。とはいえ、チベットから伝わってきたか、あるいはインドから伝わってきたかにかかわらず、テュルク文化に、仏教の文化、精神的な教義が仏教書物と共に到来したと考えられる。

古代のインド人は、ポットヒ形の本をヤシの葉で作っていた。一方、テュルク族は地理的環境などの理由から、ヤシの葉の代わりに紙を用いていた。

仏教芸術において、ポットヒ形の本の製作は数世紀に渡って続けられていた。時が経つにつれ、印刷技術が発展していってもなお、仏教徒はポットヒ形の本を整作し続けた。なぜなら、仏教の作品には敬意がはらわれ、宗教書物は古代文字によって記されるだけではなく、この本の形によって残されることも重要であったからである。

ポットヒ形の本を作るためには、同じサイズに切られた紙が必要であり、その紙の真ん中に均整のとれた丸が描かれ、文章は右から左向きに書かれていく。文章が上記の丸のところに来ると、その丸は空のまま残される。紙の裏面も同様に書かれ、書き終わった後、丸は真ん中から切断され、その穴に糸を通し、ポットヒ形の本が完成される。

ポットヒ形の本の用紙は、「パタル」と呼ばれていた。「パタル」というのは、サンスクリット語ではヤシの葉や本の用紙のことを表していた。つまり、テュルク人は本の用紙という言い方を使っていたのである。

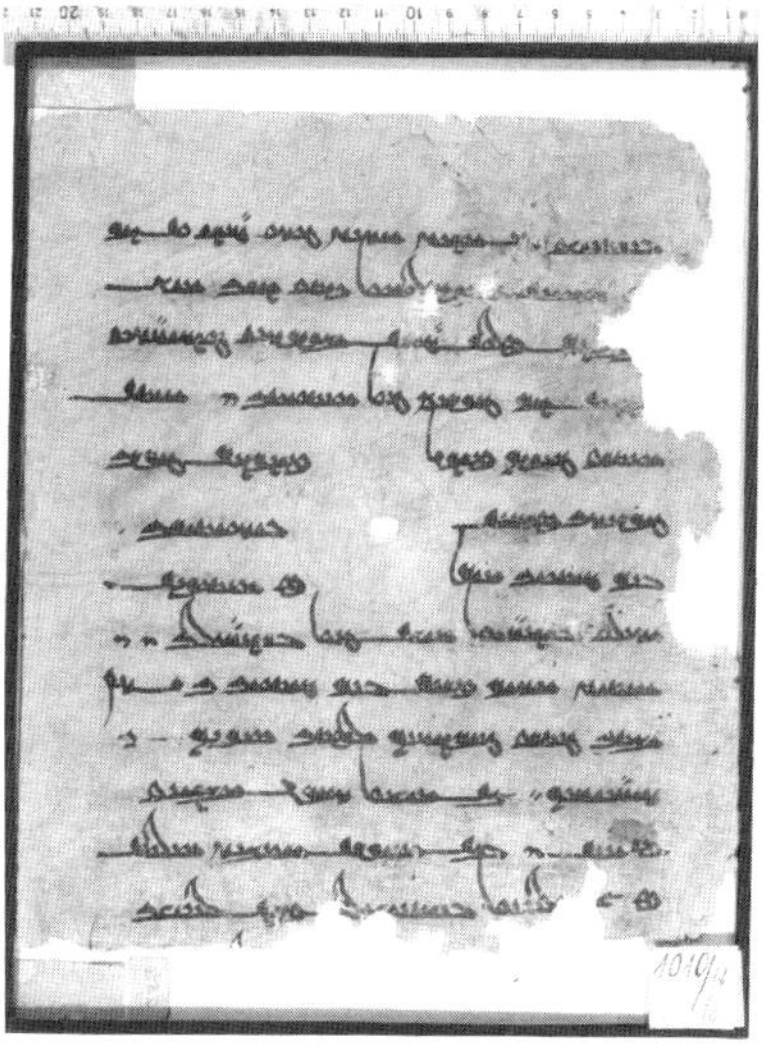

図1 現在ドイツのベルリン・ブランデンブルグアカデミーの手稿（古写本）ファンドに保管されている仏教典籍、U 0590 seite2指標の断片。ポットヒ形の本の一例。

各用紙の冒頭には、章と各章の番号が記されていた。例えば、「マイツリと出会う本」の写本には「ユクンチ章、第六紙（*Yükünč, altï patar*）」という具合である。幾つかの写本には、各章の番号の前に作品名も記されていた。例えば、『アビタキ（白蓮）』の原稿の上部には、各章の番号と作品名も記入された。「アビタキ、第三章、第三九（*Abitaki, üčünč, toquz qïrq*）」という具合に。(11)

ポットヒ形の本は、仏教徒が一緒に読誦する場合もあれば、個別で読む場合もあった。仏教徒は作品の必要な部分だけ抜き書きして書写し利用していた。このような書写方法は、マニー派の本においても、イスラム教の『ハフテヤク（Haftiyak）』においても用いられていた。

当時の仏教書では、頁を写本のように飾ることやミニチュアを作ることなどは盛んではなかった。中には、僧侶の肖像と様々な模様を付した仏教書も存在する。しかし、それは中央アジアにおけるイスラムのミニチュアの芸術ほど美しいとは言えない。しかしながら仏教時代の印刷芸術は、さらなる秘められた歴史を持っている。それは、仏教に関する書物などを慎重に概観してみるとわかることである。仏教に関する図書の美しさは原稿の書き方によって定型があり、執筆の美しさは文章の中でインクの色を変えることによってもたらされもするのである。

仏教時代には、書物を書く際、ウイグル文字の色々なスタイルも使われていた。当時の首長のための仏教の神聖な本などは、できるだけ古典的なスタイルで書かれていた。このような本は、竹ペンで才能のある執筆者によって書かれていた。

仏教の考え方によると、死んだ人のために宗教書を書くことが大きな善行を積むことだとされていた。当時の経典は、ハーンや首長の命令で書かれていたため、それを書く聖人は、その命を受けて執筆に勤しんだのである。

その時代は、経典のことを「ビテグ（bitig）」と称していた。ビテグとは記録、手紙という意味を表す。ビテグを書く人のことをビテグチ（bitigči）、イリムガ（ilïmga）、バクシ・バフシ（baqšï～baxšï）などと呼んでいた。そのうち、バクシ・バフシとは、もともと「先生」・「釈迦」という意味を表すが、後に経典を書く人のこともバクシ・バフシと呼ぶようになった。現在、この言葉は「吟遊詩人」の意味で使われている。

仏教時代には、教育は新しい展開をはじめ、民衆の教育や仏教への関心が深まってきたため、仏教徒が使う教科書の不足が生じてきた。それがきっかけとなり、本を作る新しい技術が発明された。この発明とは木版印刷であり、この木版印刷は、木の板（木版）に文章や絵を彫って版を作る凸版印刷である。本の歴史を考える上で木版印刷の技術は、後にヨーロッパで発明された様々な技術の起源となったと言える。例えば、リトグラフ術や、タイポグラフ術などである。

ウズベキスタンの仏教に関する経典にも、木版印刷のスタイルで書かれた多数の書物が伝存している。

四、古代テュルク仏教の典籍

仏教時代のテュルク文学の特徴や方向性、ジャンルの類型などは、他の時代の文学、特に古代突厥《とっけつ》文学とはかなり異なっている。この時代は、テュルク文学の内容やその諸相などもかなり変化してきた。古代突厥文学において描かれる強者や民族の英雄についての作品の代わりに、仏教の教えなどについての説話作品が描かれるようになった。テュルクの古典文学においては、仏教の考え方や哲学的な教義を詩・作品にする詩人・作家が現れた。「シング・セル・トドング（Singqu Seli Tudung）」、「キ・キ（Ki-Ki）」、「ピラトヤ・シリ（Piratya Shiri）」、「アシグ・トドング（Asig' Tudung）」、「チスヤ・トドング（Chisuya Tudung）」、「カリム・ケイシ（Qalim Keyshi）」は、仏教文化で活躍をした文学者である。(12)

仏教は、古代のテュルク系民族のヒンディー・トハル（古代イラン）・中国文学を知る上でも貢献した。特に、翻訳文学は急速に発展した。東洋言文学において、仏教に関する経典などは、古代テュルク語に翻訳された。

文学ジャンルの類型にも大きな変化が見られるようになり、テュルク文学に新しいジャンルが入ってきた。例えば、古典の「クグ（küg）」、「タクスト・タグスト（taqšut～tagšut）」、「コスク・コスグ（qošuq～qošug）」、「イエル・イル（yïr～ïr）」と共に、ヒンディー文学の影響で「スロク（šlok）」、「パダク（padak）」、「カラント（käränt）」という詩のジャンルが、テュルクの古典文学に誕生するようになった。(13)

仏教時代のテュルク古典文学における散文ジャンルの類型にも変化が起きた。例えば、仏教における法や神学などに関する作品が盛んになった。また、仏教時代に、テュルク文学の歴史では、はじめて宗教法について語る作品が描かれるようになった。例えば、仏教についての「ノム・ビティクラル（Nom bitiklar）」（経典）なども、東洋の文学との接触でテュルク文学に入ってきた文学のジャンルである。テュルク文学における物語の起源も、その時代に遡る。

このような仏教の経典は、Nom（ノム）、つまり、仏教の戒律書Nom bitik（ノム・ビティク）として歴史的文献に出てくる。Nomは、ソグド語の用語であり、「宗教法」、「宗教教育」という意味を表し、Nom bitikは「神学の本」という意味を表す。

仏教の宗教文学では、「ストラ（sutra）」（経典）や「シャスタル（shastar）」（シャスタパーダ）が幅広く使われるようになった。「ストラ」（経典）は、ブッダの仏教についての教えやブッダが説いた言葉について書かれたものである。当時は、「ストラ」（経典）を「シャスタル・ビティグ（šastar bitig）」とも呼んでいた。

この時代になり、テュルク文学には、偉大な僧侶の冒険や聖地巡礼などについて語る回想録が書かれるようになった。回想録というジャンルは、テュルク仏教文学で「カビ・ノム・ビティク（kavi nom bitig）」という。「カビ（kavi）」は、日本語の「叙事詩の傑作」に当てはまる言葉である。また、風俗習慣及び伝説を語る民族伝説も作られるようになった。伝説は、テュルク仏教文学で「プラニ（purani）」という。

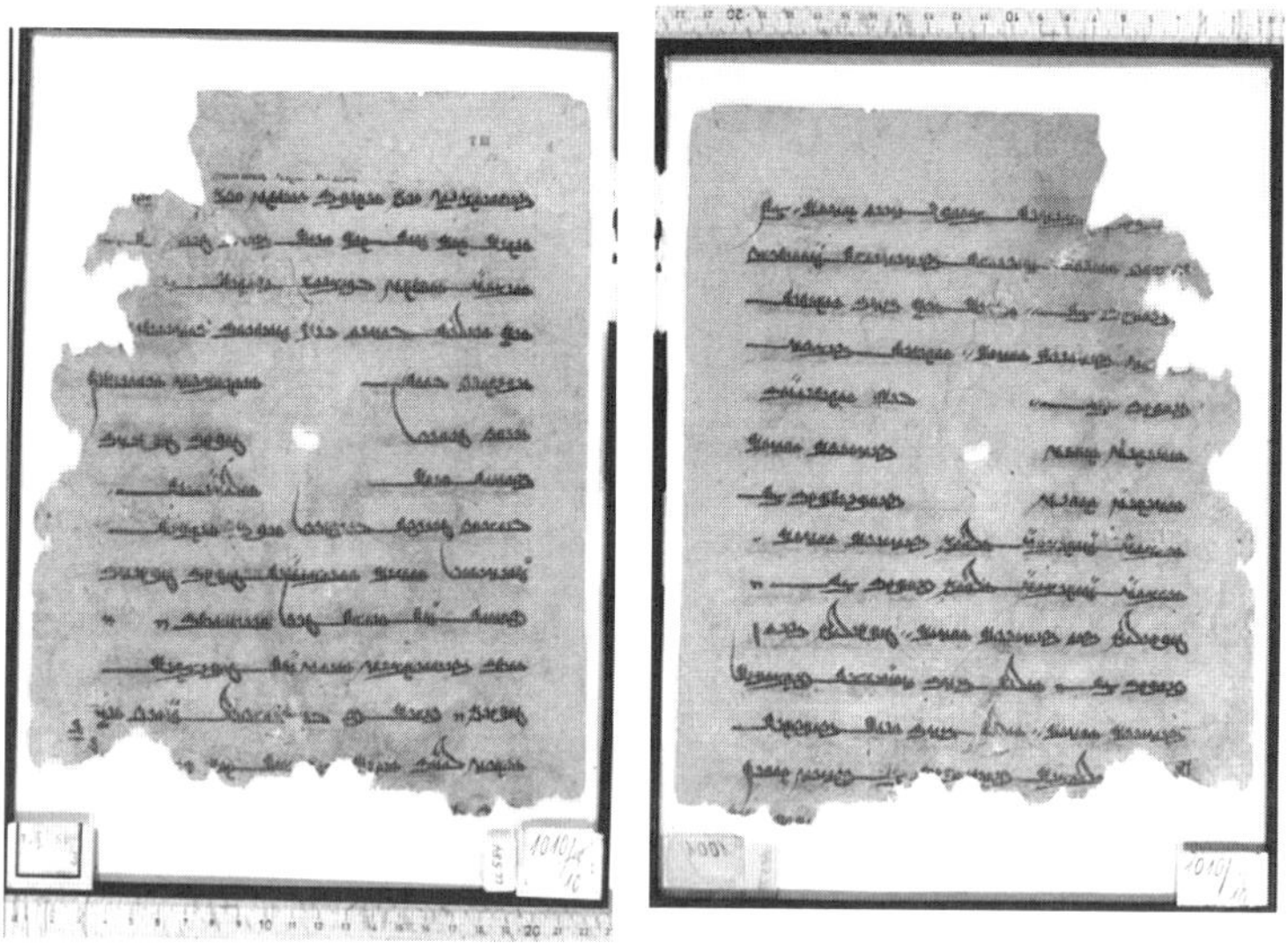

seite 2　　seite 1

図2　仏教作品「Suvarna praphasa sutra（金色の光）」のテュルク版。現在ドイツのベルリン・ブランデンブルグアカデミーの手稿（古写本）ファンドに保管。U 0584（T III 56/3; U 584; 1010/10）指標の断片。

中世前期になり、中央アジアにおける仏教の普及は、東洋の人々の文学や文化交流のきっかけとなり、東洋諸言語間で互いに影響を与え合うようになった。この社会的かつ歴史的、文化的な様相は、翻訳専門分野に大きな変化を及ぼしたと言える。多数の仏教書が、東洋言語から古代テュルク語に翻訳されはじめた。最初は、仏教書によってサンスクリット語から翻訳され、それからトハル語、ソグド語、中国語から翻訳されるようになった。[14] その結果、中央アジアには、有名なテュルク人の仏教専門家、古代東洋諸言語の専門家やオリエンタリスト（東洋学者）が生まれてきたのである。パルタナラクシット・カルナヴァジキ（Partanarakshit Karnavajiki）とシング・セル・トゥドゥヌグ（Singqu Selu Tudung）は、当時の有名で優れた仏教専門家・翻訳者として知られている。

翻訳者・学者であるパルタナラクシット・カルナヴァジキは、七世紀に活躍した人物である。彼は、タハール語から「マイトリとの出会いの本（Maytri simit nom bitig）」を翻訳した。十世紀に活躍したシング・セル・トゥドゥヌグは、中国語から「黄金の光（“Altun öŋlüg yaruq” = “Suvarnaprabhasa sūtra”）」、「シュアン・ジザンの人生（“Tsi-in-čüin kavi nom bitig”）」と「身心を理解する本（“Et-özüg köŋülüg körmäk atlïğ nom bitig”）」といった作品を古代テュルク語に翻訳した。[15]

驚くことに、現代の学者がシング・セル・トゥドゥヌグによって翻訳された作品をオリジナルと比較してみたところ、中国語からの直訳ではないということが明らかになった。彼のどの翻訳を見ても、直訳ではなく、翻訳者の豊富な知識、またテュルク語を巧みに用いた翻訳作業のあり方を窺うことができ、彼が才能のある詩人、作家でもあったことを示している。テクストのスタイルも行き届いている。翻訳者は、テュルク読者に仏教のイデオロギーを深く浸透させるために、作品の内容と思想を保持しながら、テュルク民族に適切な概念で説明している。宗教的哲学的な用語も、テクスト語りのスタイルも描写も、上記の概念に基づいて緻密に記されているのである。こうして、シング・セル・トゥドゥヌグの翻訳は新たな独立した一つの作品たり得ている。したがって、テュルク仏教の作品は翻訳としてではなく、古代テュルク文学の優れた作品として扱うべきである。

五、テュルク言語における仏教用語体系の成立過程

仏教の時代に古代のテュルク語と東洋の言語の関係は隆盛であった。

東洋言語間の関係、宗教的哲学的見解、文化、文学の展開

は、古代テュルク語に新しい用語を生み豊富にした。サンスクリット語から、宗教的哲学的な概念を現わす言葉、仏教の芸術と文化、教育、文学と科学の一部に関する用語は、そのままテュルク語に導入された。こうして、言語学、宗教学哲学にも新しい用語が生み出された。同時に、ある言葉は仏教の概念とイデオロギーを含めて表現され始めた。一言で言えば、この時代にテュルク語の標準語には、仏教の教えに関する豊かな用語体系が成立した。中世初期のこのような社会及び言語の状況は、古代テュルクの仏教の文章に大きな痕跡を残した。

外来語の吸収にも、翻訳文学の影響は強かった。トハル(Tohar)、ソグド、中国語から翻訳された宗教的哲学的作品には、サンスクリットの語彙の層だけでなく、翻訳せずに導入された単語も多い。

当時の言語学においては、外来語の吸収、テュルク語の概念を用いながらの新しい語彙の形成、また既存のことばを新たな意味で使う用法などが成立した。

古代テュルク語の文学の言語に外来語を吸収し、新しい言葉を形成する方法には、以下のような事例がある。

まず、元の言語の単語がそのまま使用されるが、発音はテュルク語に適応される事例。このような外来語から吸収された用語が大部分を占めている。例えば、nirvan［＜サンスクリット語nirvāṇa］という単語は仏教の教えでは絶対沈黙、涅槃という意味、mağastv［＜サンスクリット語mahāsattva］寛大な、他のすべての生き物に正しい道を教える人、またbodisatv［＜サンスクリット語bodhisattva］菩薩という意味を表す単語もある。

次に、外国語にテュルク語の助詞をつけて新たな単語が形成される事例。例えば、nomčïというのは仏教の戒律に造詣が深い人、仏法を解説できる知識人である。これは、外来語のnomという単語にテュルク語の-čïという助詞をつけることによって創られた新しい単語である。この単語は他の言葉と一緒に使用されていた。つまり、戒律を教える導師はnomčï ačarï～nomčï baxšïとも言われていた。Ačarï［＜サンスクリット語ācārya］は先生を意味する。

仏教テクストの教えの中心となる概念等も、テュルク語においては変化されずに導入され、発音だけを変えた。例として、テュルク仏教テクストに使われたNamo but. Namo darm. Namo saŋのような表現が挙げられ、仏様、仏法、仏の社会といった三つの大事な概念を表している［＜サンスクリット語Namo Buddhāya. Namo dharmāya. Namo saṃghāya］(16)。仏教文献は普通Namo but. Namo darm. Namo saŋで始まり、これを末尾としていた。

テュルクの仏教テクストには、トハル（Tohar）語、ソグド語、古代中国語の言葉もよく見られる。その理由は二つあり、一つめは、仏教テクストがトハール語（Tohar語）、ソグド語、古代中国語から翻訳されたためである。二つめは、古代のテュルクとトハール、ソグド、中国の民族の間には、文学的な関係と東洋諸言語の親密な影響があったためである。例えば、Azrua［＜ソグド語zrv］梵天の宗教の創始者、Zervana［＜サンスクリット語Brahma］のようなもの、或いは、Xormuzta［＜ソグド語Xwrmzt］神の名前、Xo'rmuzd（＝インドラ）のようなものである。実は、この後者の言葉はマニ教の影響で成立した。その後、トルコ仏教徒は、上記の言葉を採用し、テュルク思想の「神」の概念に適用した。

古代のテュルクは、仏をBurqan～Burxanという。この言葉はテュルクのテクストにおいては、「ブッダ」「仏教」「仏像」という意味を表していた。中央アジアの仏教時代から残っているもので、この言葉は現在でも見ることができる。例えば、カザフスタンのタルディコルゴン市にBurxanbulaqという場所がある。Burxanbulaqは巨大な滝の名である。この言葉のBurxanは「ブッダ」を意味し、Burxanbulaqは「ブッダの神聖な水、滝」の意であり、今でもこの滝は水を湛えている。

文章を作成するときの特別な様式もあり、それは東洋・テュルク式に書かれた文章の様式でもあるが、ある経典や小説は、どの言語から翻訳されているものであれ、タイトルをそのまま利用するか、または東洋語のタイトルをつける方法が採られている。例えば、マニ教の教典の古代テュルク語版である"Nigošaklarnïŋ suyïn yazuqïn öküngü Xuastuanivt"は、「人々の罪を赦すための悔い改めの祈り」という意味を表し、そのとおりタイトルとして使われている。この教典のソグド語でのタイトルは"Xv'stw'nft"である。(17) テュルク仏教の経典には、他の言語で書かれた経典や小説を翻訳する際に、時として、原文のタイトルをそのまま利用すると共に、テュルク語のタイトルを付すといった特色を見ることができる。

中世の頃の仏教書物を概観してみると、仏教に関する宗教的かつ哲学的な思想などの説明は、テュルク語ではっきり表現されているということがわかる。仏教の経典を翻訳するときに、テュルク語で以前から存在する用語を新しい意味で用いることとなり、これは、テュルク語の多義語が増え、語彙が豊富になる結果をもたらしたと言える。

また、仏教時代に文語を用いて書かれた仏教小説においては、文学の新しいスタイルが生まれてきた。このスタイルは、

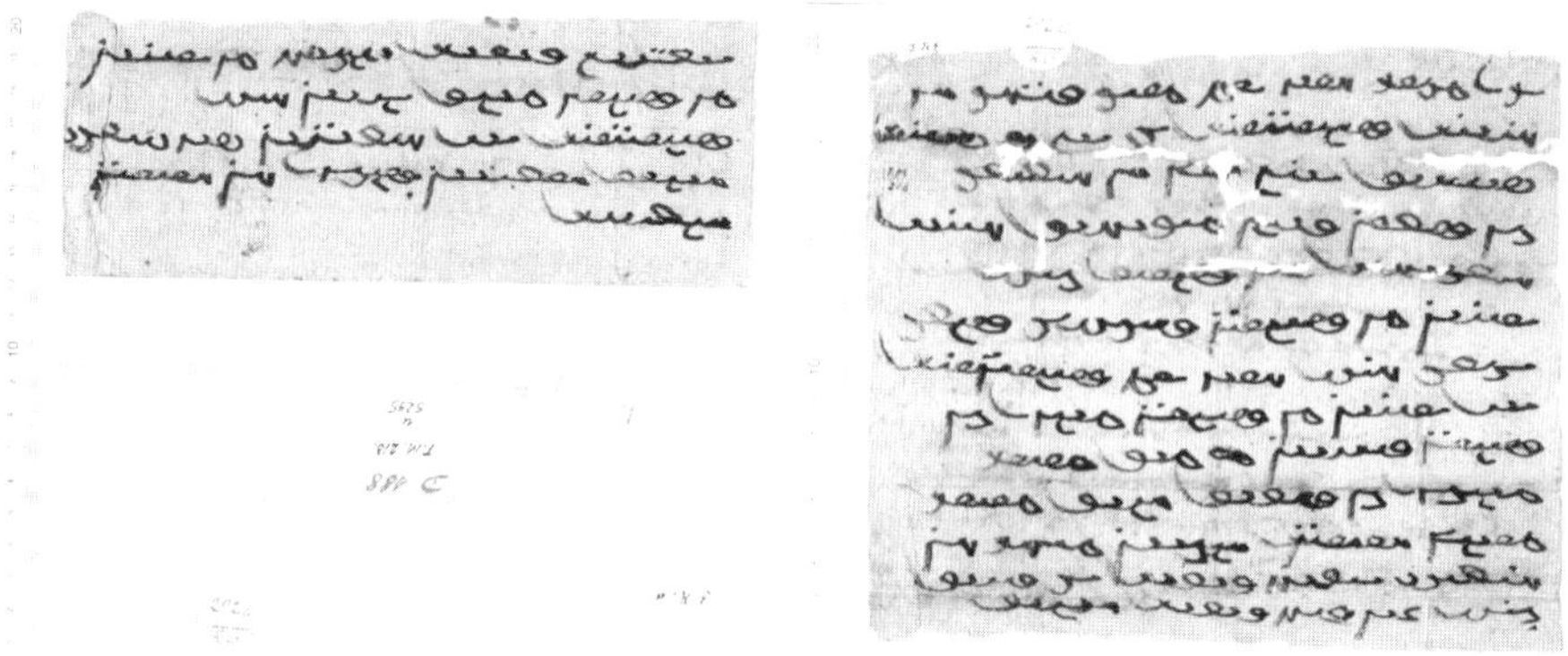

seite 2　　seite 1

図3　現在ドイツのベルリン・ブランデンブルグアカデミー手稿（古写本）ファンドに保管されている公文書、U 5295指標の断片。法的文書。

仏教書物スタイル（sutralar uslubi）とも呼ぶことができる。中世初期には、宗教的・哲学的なテクストを書く方法やルールなどが導入された。当時の宗教法を論じる文学小説なども、このsutralar uslubiというスタイルで書かれていた。この仏教書物の書き方は、中世の宗教に関する小説の執筆にも引き継がれて使われていた。

おわりに

紀元七世紀、中央アジアにイスラム教が伝来してきた。十世紀には、まずカラハン朝の国家、次にトルファンウイグル国がイスラム教を国教とした。しかし、西ウイグル民族は十七世紀まで仏教を信仰していた。テュルク系民族が仏教を崇拝したことにより、経済的、文化的、精神的に重要な遺産がたくさん存在していると言える。特に、仏教に関する経典などは、私たちにとって高い価値を持つ遺産であり、イスラムが伝来するまでの遺産の大部分を占めている。

仏教時代の古典文学は、テュルク系民族、特にウズベク文学史の重要かつ不可欠なものでもあり、文学の歴史に深い足跡を遺したと言えるのである。

注

（1）参照：B・G・ガファロフ。タジク人。古代、古近代歴史。第一版。ドシャンベ、一九八九年、二一四—二一七頁：ゲネルトルコ史、二、アンカラ、二〇〇二年、三九九頁。
қаралсин: Б.Г. Гафуров. Таджики. Древнейшая, древная и средневековая история. Книга первая. Душанбе, 1989. С. 214-217; Genel Türk Tarihi. 2. Ankara, 2002. S. 399.

（2）B・G・ガファロフ。タジク人。古代、古近代歴史。第一版。ドシャンベ、一九八九年、一八八—一九一頁。
Б.Г. Гафуров. Таджики. Древнейшая, древная и средневековая история. Книга первая. Душанбе, 1989. С. 188-191.

（3）リ・ユー・チュグシェワ。玄奘伝記のウイグル版。モスクワ、一九九一年、四—七頁。
Л.Ю. Тугушева. Уйгурская версия биографии Сюань-цзана. Москва, 1991. С. 4-7.

（4）B・G・ガファロフ。タジク人。古代、古近代歴史。第一版。ドシャンベ、一九八九年、二八八頁。
Б.Г. Гафуров, Таджики. Древнейшая, древная и средневековая история. Книга первая. Душанбе, 1989. С. 288.

（5）B・G・ガファロフ。タジク人。古代、古近代歴史。第一版。ドシャンベ、一九八九年、二八八頁。
Б.Г. Гафуров. Таджики. Древнейшая, древная и средневековая история. Книга первая. Душанбе, 1989. С. 288

（6）Z・キタプチ。中央アジアにおけるイスラムの普及とトルコ人。コンヤ、一九九四年、六〇—六二頁。
Z. Kitapči. Orta Asyada Islamiyetin Yayılıšı ve Türkler. Konya, 1994年. S. 60-62.

（7）B・G・ガファロフ。タジク人。古代、古近代歴史。第一版。ドシャンベ、一九八九年、三一四頁。
Б.Г. Гафуров, Таджики. Древнейшая, древная и средневековая история. Книга первая. Душанбе, 1989. С. 314.

（8）参照：D・E・マルコルム。世界の宗教：仏教。偉大なコース。ボストン大学、二〇〇三年、二、四五—五〇頁。
қаралсин: D.E. Malcolm. Great World Religions: Buddhism. The Great Courses. Boston University, 2003. P. 2, 45-50.

（9）カ・サジコフ。古代トルコ人と隣国の東洋人との歴史的、文化的関係の中で仏教の役割。／／チェリャビンスク国立大学の情報論。第七番目の出版。二三／二〇〇七年。九六—九九頁：カ・サジコフ。仏教の普及の問題。／
К. Садыков. Роль буддизма в историко-культурных взаимосвязях древних тюрков с соседними восточными народами. // Вестник Челябинского государственного университета. Выпуск 7. 23/2007. С. 96-99; Его же. К проблеме распространения буддизма. / The history of spreading Buddhism. – The 7th International Conference on Korean Studies Central Asian Association for Korean Studies (CAAKS). Tashkent, July 4-5, 2007. Pp. 232-237.

（10）カ・サジコフ。ウイグル表記の歴史（資料学、印刷履歴）。タシケント、一九九七年。
Қ. Содиқов. Уйғур ёзуви тарихи (манбашунослик ва китобат тарихи масалалари). Тошкент, 1997.

（11）参照：白蓮コミュニティの経典。テュルクヴァージョン。古文書の複写。テクストの音標文字化。トゥグシェワ・リ・ユーによる、中世初期のテュルク語から序文、注釈、辞書の翻訳。モスクワ、二〇〇八年、三五—三六、七〇—七一頁。
Қаралсин: Сутра обшины белого лотоса. Тюркская версия. Факсимиле рукописи. Транскрипция текста. Перевод с

раннесредневекового тюркского языка, предисловие, примечания, указатель слов Л.Ю. Тугушевой. Москва, 2008. С. 35-36, 70-71.
(12) R・R・アラト。古代トルコの詩。アンカラ、一九九一年、二二一二二頁。
R.R. Arat. Eski Türk Siiri. Ankara, 1991. S. XXI–XXII.
(13) R・R・アラト。古代トルコの詩。アンカラ、一九九一年、九一二〇頁。
R.R. Arat. Eski Türk Siiri. Ankara, 1991. S. IX–XX.
(14)(15) カ・サジコフ。古代トルコの哲学。タシケント、二〇〇八年、六五一六九頁。
Қ. Содиқов. Қадимги турк фалсафаси. Тошкент, 2008. 65–69.
(16) 古代トルコ語辞典。レニングラード、一九六九年、三五五頁。
Древнетюркский словарь. Ленинград, 1969. С. 355.
(17) 古代トルコ語辞典。レニングラード、一九六九年、六三八頁。
Древнетюркский словарь. Ленинград, 1969. С. 638.

参考文献

〈古代テュルクの仏教文献〉

Древнетюркские буддийские письменные памятники

1.『マイトリとの出会い』(*Maytri simit nom bitig*).
古代ウイグル字で書かれた“Maytri simit(マイトリ・シミット)”ウルムチ、一九八七年
«Встреча с Майтри» (*Maytri simit nom bitig*).
Qadimki uyğur yeziğidiki “Maytri simit”. I. Urumčï, 1987.
2. 経典『黄金の輝き』(*Altun öŋlüg yaruq = Suvarnaprabhāsa sūtra*)
ガバイン著、『古テュルク語文法』、ライプツィヒ、一九五〇年、二七〇一二八三頁
マロブ・シ・エ著、『古代テュルクの古文献』、モスクワ・レニングラード、一九五一年、一三九一一九九頁
チェワル・カヤ著、『ウイグル語の金光明経』、アンカラ、一九九四年
Сутра «Золотой блеск» (*Altun öŋlüg yaruq = Suvarnaprabhāsa sūtra*).
Gabain, von A. Alttürkische Grammatik. Leipzig, 1950. P. 270-283.
Малов С.Е. Памятники древнетюркской письменности. Москва-Ленинград, 1951. С. 139-199.
Ceval Kaya. Uygurca Altun Yaruk. Giriş, Metin ve Dizin. Ankara, 1994.
3.『玄奘の伝記』(*Tsi-in čün kavi nom bitig*)
トゥグシェワ・リ・ユー著、『玄奘の伝記』のウイグルヴァージョン、モスクワ、一九九一年
«Биография Сюань-цзана» (*Tsi-in čün kavi nom bitig*).
Тугушева Л.Ю. Уйгурская версия биографии Сюань-цзана. Москва, 1991.
4.『白蓮コミュニティの経典』(*Abitaki-sudur*)
白蓮コミュニティの経典のテュルクヴァージョン。古文書の複写。テクストの音標文字化。トゥグシェワ・リ・ユーによる、中世初期のテュルク語から序文、注釈、辞書の翻訳。モスクワ、二〇〇八年
«Сутра общины белого лотоса» (*Abitaki-sudur*).
Сутра общины белого лотоса. Тюркская версия. Факсимиле рукописи. Транскрипция текста. Перевод с раннесредневекового тюркского языка, предисловие, примечания, указатель слов Л.Ю. Тугушевой. Москва, 2008.
5.『自己と魂への導きの本』(*Et-özüg köŋülüg körmäk atlïğ nom bitig*)
Hazai G. Fragmente eines uigurischen Blockdruck-Faltbuches. –

Altorientalische Forschungen, III. Akademie-Verlag. Berlin 1975. P. 91-108

«Книга ведения самого себя и душы» (Et-özüg köŋülüg körmäk atlïğ nom bitig).

Hazai G. Fragmente eines uigurischen Blockdruck-Faltbuches. – Altorientalische Forschungen, III. Akademie-Verlag. Berlin, 1975. P. 91-108.

6. 経典「サキズ・ユズマク」(*Sekiz yükmäk sudur*)

Munuscrits ouïgours du IXe-Xe siècle de Touen-Houang. Textes ètablis, traduits, et commentès par James Hamilton. Tom I. Paris（パリ), 1986.

Сутра «Секиз юкмак» (Sekiz yükmäk sudur).

Munuscrits ouïgours du IXe-Xe siècle de Touen-Houang. Textes ètablis, traduits, et commentès par James Hamilton. Tom I. Paris, 1986.

7. 『王子兄弟の伝説』

ガバイン著 『古テュルク語文法』、ライプツィヒ、一九五〇年、二八三—二八五頁

«Легенда о братьев принцев»

Gabain, von A. Alttürkische Grammatik. Leipzig, 1950. P. 283-285.

8. 『古代テュルクの詩』 アンカラ、一九九一年、六三—二四二、四四五—五〇〇頁。仏教の趣旨が含まれた古代テュルクの詩

Arat R.R. Eski Türk Şiiri. Ankara（アンカラ), 1991. S. 63-242, 445-500.

Древнетюркские стихи буддийского содержания.

Arat R.R. Eski Türk Şiiri. Ankara, 1991. S. 63-242, 445-500.

9. 「古代テュルクの仏教界の法的文書」

Radloff W.W. Uigurische Sprachdenkmäler. Leningrad, 1928.

Nobuo Yamada. Sammlung Uigurischer Kontrakte（1-3). Herausgegeben von Juten Oda, Peter Zieme, Hiroshi Umemura, Takao Moriyasu. Osaka University Press（大阪大学出版会), 1993.

「古代ウイグル字で書かれた誓約書文」、Muhammatrahim Sayit, Israpil Yusup. Urumčï 2000.

「東トルキスタンからの10～15世紀に属するウイグルの事務上の文書」。トゥグシェワ・リ・ユーによる古代テュルク語から序文、音標文字化。古文書の複写。モスクワ、二〇一三年

ソディコフ・カ、オモノフ・ク共著 『古代テュルクの古文献の歴史的原理』、タシケント、二〇一二年

ソディコフ・カ著 『古代テュルクの古文献の歴史的分析』、タシケント、二〇一四年

Древнетюркские юридические документы буддийской общины.

Radloff W.W. Uigurische Sprachdenkmäler. Leningrad, 1928.

Nobuo Yamada. Sammlung Uigurischer Kontrakte（1-3). Herausgegeben von Juten Oda, Peter Zieme, Hiroshi Umemura, Takao Moriyasu. Osaka University Press, 1993.

Qadimki uyğur yeziqidiki vasiqalar. Našrga tayyarlağučïlar: Muhammatrahim Sayit, Israpil Yusup. Urumčï, 2000.

Уйгурские деловые документы X–XIV вв. из Восточного Туркестана. Предисловие, транскрипция, перевод с древнеуйгурского Л.Ю. Тугушевой. Факсимиле рукописей. М., 2013.

Содиқов Қ., Омонов Қ. Туркий ҳужжатчиликнинг тарихий илдизлари. Тошкент, 2012.

Содиқов Қ. Эски туркий ҳужжатлар: матн интерпретацияси ва стилистикаси. Тошкент, 2015.

*Содиқов Қ.*Туркий ҳужжатчилик тарихидан. Тошкент, 2014.

10．『イデイクート官房辞典』（華夷譯語。高昌館雜字 *Huá yí yì yŭ. Gāo chāng guǎn zá zì*）、一九八四年

«Словарь концелярии идикута» (華夷譯語．高昌館雜字 *Huá yí yì yŭ. Gāo chāng guǎn zá zì*).

Idiqut mahkamasi sözlügi. Millatlar našriyatï, 1984.

附記

論文の原語はウズベク語。日本語訳は、メフモノフ・ファルフジョン（Mekhmonov Farrukhjon．東京外国語大学国際日本専攻博士前期課程）による。

『アルポミシュ』における仏教説話の痕跡

ハルミルザエヴァ・サイダ

Khalmirzaeva Saida――法政大学大学院修了。学術博士。専門は日本文学、中央アジア文学、比較文学、民俗学。主な論文に「日本とウズベキスタンの語り物に関する比較研究――『平家物語』と『アルポミシュ』を中心に」（『第八回国際学術会議「文明のクロスロード――ことば・文化・社会の様相――現代的諸問題と伝統文化」報告書』二〇一一年）、「『アルポミシュ』の起源に関する新仮説」（『「人・もの・知の往来――国際比較日本文化研究の可能性を探る」シルクロード国際研究フォーラム報告書』二〇一四年）などがある。

中央アジアの口頭伝承の一つである『アルポミシュ』がいつどのように成立したかは不明である。しかし、その構成に仏典に見える『善事太子と悪事太子の物語』の影響が見られることは確かである。この説話は仏教が中央アジアにおいて栄えた時代に説教を通じて民間伝承の世界へ伝わり、『アルポミシュ』の源流の一つとなったのではないだろうか。

はじめに

中央アジアはその長い歴史における侵攻や民族移動を通して、東洋と西洋の貿易や文化交流に重要な役割を果たしてきた。インドで生まれた仏教はすぐに中央アジアに伝播し、宗教思想の一つとなる。中央アジア出身の仏教徒が仏教の東方への普及に大いに貢献していたことは周知の事実である。八世紀頃に中央アジアはアラブ人に侵略され、イスラム教以外の信仰は次第に圧倒されていく。今日ではウズベキスタンやトルクメニスタンなどの中央アジアの国々はまずイスラム国家として認識されており、仏教は現地の人々の生活から遠く離れた過去の思想と見なされている。しかし、彼らが経験した歴史的・文化的現象は間違いなくその発展に影響を与え、特徴が残されている。民俗文化の一部である口頭伝承がその民族の歴史や文化を語り継いでいることは言うまでもない。

本稿において筆者は、中央アジアの伝承の一つである『アルポミシュ』と経典の『大方便仏報恩経《だいほうべんぶつほうおんきょう》』『賢愚経』が伝える『善事太子と悪事太子の物語』との影響関係の可能性について考察し、中央アジアの口頭伝承における仏教文化の痕跡を探る。

一、『アルポミシュ』について

『アルポミシュ』はウズベキスタンやカザフスタンやタジキスタンにおいて語られ、中央アジアの代表的な口頭伝承である。伝統的に、『アルポミシュ』はバクシという語り手により伝えられるものである。しかし、その詞章は十九世紀末から断片的に記録されるようになり、現在では読み物として嗜まれることが多い。なお、今日でも語り手が『アルポミシュ』を口頭伝承の形で伝えている地域がある。『アルポミシュ』の内容に関しては、ほとんどのバージョンは大体同じ構成・内容を持つが、その構成の枠組みの中で流動が見られる。『アルポミシュ』の内容は次のように纏められる。

ボイボリとボイサリという兄弟の権力者がいた。二人とも子供に恵まれなかったが、神秘的な力の助けにより、ボイボリには息子ホキム、ボイサリには娘バルチンオイが生まれた。そして、ボイボリとボイサリは子供同士を婚約させせた。ホキムは怪力の持ち主だったので、後にアルポミシュ（大力の者という意味）と呼ばれるようになった。ある日、弟のボイサリは家族を連れ、遠いコルモクの国に移動してしまう。アルポミシュとバルチンオイは離ればなれになる。そこで、父親に連れられたバルチンオイはコルモク人に求婚を迫られ、アルポミシュに手紙を送って助けを求めた。アルポミシュはコルモクの国に向かい、コルモク人との戦いに勝ち、バルチンオイを母国へ連れて帰った。コルモク人の一人であるコラジョンはアルポミシュの親友となり、アルポミシュの勝利に貢献する。母国に帰った二人は結婚し、幸せに暮らし始めたが、アルポミシュは叔父ボイサリを助けるために、再びコルモクの国に向かった。そこで、アルポミシュは再び勝利を収めるが、その後コルモク人の老女に酒を飲まされ、熟睡してしまう。眠っているアルポミシュをコルモク人たちは深い穴の中に落とす。暫くしたある日、穴の中に鵞鳥が落ちてくる。アルポミシュは鵞鳥を遣って家族に手紙を送った。アルポミシュの手紙を彼の妹のカルディルゴチが見つけ、コラジョンをアルポミシュの助けに送る。ある日コイクバットというコルモク人の牧人がアルポミシュのいる穴を見つける。彼は食べ物や楽器を作る素材などを渡したりしてアルポミシュに仕え始めた。ある日、タウカオイムというコルモク人の姫が楽器の音に導かれてアルポミシュに出会う。姫はアルポミシュに惹かれ、彼と結婚しようとした。母国を離れて七年の後、アルポミシュは姫の協力により解放され、母国に帰った。母国にはアルポミシュの異母兄弟ウルトントズが、権力を簒奪し、アルポミシュの妻と結婚しようとしていた。アルポミシュの息子ヨドゴルを含め、彼の家族はウルトントズに虐げられていた。アルポミシュは帰国後忠実な家来に再会し、自分の体にある印を示して正体を明かした。さらに家に帰る途中、アルポミシュのラクダが主人を察知し、興奮して彼のもとへ走ってくる。家来の協力により老人に変装して家に帰ったアルポミシュは、正体を明かさないまま弓を引く試合に参加した。試合ではアルポミシュは彼以外誰にも引けない自分の特別な弓を引く。そして、アルポミシュは簒奪者を処罰し、家族と一緒に暮らし始めた。

（フォジル・ヨルドシュ・オグリのバージョンによる）

右記の構成は二十世紀中に記録され、読み物として出版された詞章と、今日の口頭伝承においては共通している。『アルポミシュ』の成立事情は未詳であるが、伝承の発祥地に関しては二つの説がある。ロシアの文学研究者ジルムンスキ(Zhirmunsky, Victor)によれば、『アルポミシュ』は中央アジアに住んでいたチュルク語系部族の間に生まれた伝承であるという。さらに、ジルムンスキはもう一つの説を提唱している。『アルポミシュ』の発生地は中央アジアではなく、六世紀から八世紀までの間、チュルク語系部族の住地であったアルタイというのがその説である。しかし、ジルムンスキは、逆に中央アジアにおいて生まれた伝承がアルタイの方へ伝播していった可能性もあり得ることを認めている。また、伝承の発生時期は、遅くとも十一世紀以前だと考えられる(1)。

世界の文学を熟知していたジルムンスキは『アルポミシュ』と古代ギリシアの『オデュッセイア』との類似性も分析していた。ジルムンスキは世界のさまざまな伝承を紹介し、『アルポミシュ』との比較を行ったが、『善事太子と悪事太子の物語(2)』には言及していない。日本の『百合若大臣』の研究を通じて『善事太子と悪事太子の物語』の内容を知っていた筆者は、二つの伝承の類似性に関心を抱き、その影響関係の可能性を探ることにした。

二、『善事太子と悪事太子の物語』について

『善事太子と悪事太子の物語』は『大方便仏報恩経』と『賢愚経』という経典に収められている説話の一つである。『大方便仏報恩経』は後漢代（二二〇年頃）の訳とされ、そ

の訳者は不詳である。[3] なお、成立時期に関しても、現存の経典は後の時代に中国において編集されたという仮説もある。[4]『大方便仏報恩経』と違い、『賢愚経』の起源は僧祐の『出三蔵記集』(五〇五~五一五年)から分かる。河西の沙門である曇覚(曇学)や威徳をはじめ八人の僧が于闐《うてん》で行われた法会において胡語で説かれた説話を訳して経典にまとめた。そして、四四五年に慧朗が経典を『賢愚経』と命名した。[5] ここで于闐に注目したい。于闐は中国の新疆ウイグル自治区のホータン県に位置した古代都市国家である。この事実は『賢愚経』に収められている説話は中央アジアの仏教徒の間に伝播した可能性を示唆する。

ウイグル人の研究を行ったティホノブ(Tikhonov)は『善事太子と悪事太子の物語』が初期段階において中央アジアの仏教徒の間に流布していたと指摘している。[6] その証拠として中央アジアの言語で記録された文書があげられる。それは古チュルク語で書かれたLa version ouigoure de l'histoire des princes Kalyanamkara et Papamkara(KalyanamkaraとPapamkaraという太子の物語のウイグル語バージョン)として知られる『善事太子と悪事太子の物語』の中央アジア版である。『善事太子と悪事太子の物語』の中央アジア版は著名な東洋学者ペリオ・ポール(Pelliot, Paul)が中央アジア探検中敦煌市(甘粛)で入手した文書であり、現在フランス国立図書館に資料三五〇九として保存されている。この文書は九~十世紀に成立したものとされる。

次に、『賢愚経』における『善事太子と悪事太子の物語』の内容を紹介する。

王は一人の子供もいないことを嘆いた。ある日夢の中で神が登場し、子供を得る方法を王に教えた。まもなく王の第一夫人に善事太子、第二夫人に悪事太子が生まれた。成長した善事太子は庶民を憐れみ、庶民に自分の財産を与え始める。まもなく財産がなくなり、善事太子は弟の悪事太子とともに全ての願いを叶えられる如意珠を手に入れるために他国へ旅立った。長い旅の結果、善事太子は如意珠を獲得したが、帰途に就く前に休むことにした。善事太子の成功を妬んだ悪事太子は熟睡している兄の眼を木で突き刺し、如意珠を奪って逃げた。盲目となった善事太子は牧人に助けられ、牧人から楽器をもらう。まもなく善事太子は楽器の名手となり、その才能に魅了された王の園丁が彼を王の果樹園の鳥追いとして雇った。ある日息子の死を疑った善事太子の父は善事太子が飼っていた鵞鳥を放し、鵞鳥に太子を探すように命じる。そのころ他国の姫が果樹園で善事太子に出会い、彼に惚れる。姫は善事太子の正体を知らず、王を説得して善事太子と結婚した。父王が放った鴦鳥は善事太子を見つけ、善事太子は鴦鳥を遣って自分の無事を両親に知らせる。真実を知った善事太子の父は悪事太子を罰し、息子を故郷へ戻すよう他国の王に伝える。善事太子の眼は癒され、彼は妻の姫と王に自分が太子であることを明かした。善事太子は姫とともに帰国し、自分の家族と再会した。そして、王の命令で逮捕された弟の悪事太子を許し、如意珠の力をもって多くの奇跡を起こした。

『善事太子と悪事太子の物語』は善事太子が如意珠を獲得することを描く冒険譚であるが、実際には釈迦と彼の従兄弟提婆達多《だいばだった》との関係を比喩的に物語るものである。この物語は最初と最後に釈迦が登場し、提婆達多は何世にも亘って私に害を与え続けているが、私は常に提婆達多を許すと、他の人への慈悲や赦免の大切さを唱える。

『大方便仏報恩経』と『賢愚経』の『善事太子と悪事太子の物語』は多少の相違が見られる。例えば、鴦鳥が登場する場面が物語の構成において異なる位置にある。また、『大方便仏報恩経』の場合、鴦鳥を飛び立たせたのは父王ではなく、主人公の母である。しかし、このような相違があっても、説話の内容は大きく変化しないのである。(7)

三、『アルポミシュ』と『善事太子と悪事太子の物語』との比較

『アルポミシュ』と『善事太子と悪事太子の物語』の全体の内容は大きく異なるが、双方には「神秘的な力の助けによる主人公の誕生」（モチーフA）、「熟睡」（B）、「異母兄弟による裏切り」（C）、「文使いの鳥」（D）、「牧人」（E）、「楽器」（F）、「他国の姫」（G）という共通モチーフの存在が確認できる。モチーフA、B、C、D、E、F、Gは『善事太子と悪事太子の物語』と『アルポミシュ』の双方において特定の役割を果す。例えば、モチーフAは両伝承において主人公が特別な存在であることを紹介する役割を果す。また、モチーフBは立派な主人公が悪役に負けたあるいは何らかの被害を受けることとなった理由を説明する。しかし、『アルポミシュ』の場合、モチーフの本来の役割が薄れているものもある。例えば、『善事太子と悪事太子の物語』の場合、モチーフDは主人公が帰国に導かれる経緯を説明する。それに対し、『アルポミシュ』のモチーフDは主人公の帰国とは関係がなく、物語の展開の中で独立した性格を持つ要素である。

先述した通り、『善事太子と悪事太子の物語』の内容が経典により大きく異同することはない。それに対し、『アルポ

ミシュ』は即興的な要素が強く、詞章どころか内容も語り手により大きく異なる。『善事太子と悪事太子の物語』との共通モチーフは全ての『アルポミシュ』の演唱に見られるのだろうか。共通モチーフは複数の演唱に確認できない場合は、それらを語りの場で発生した偶然的な共通性と見なすことができる。左記、四人の語り手から記録された『アルポミシュ』の詞章を分析し、『善事太子と悪事太子の物語』と共通するモチーフの有無を確認していく。

（一）A　神秘的な力の助けによる主人公の誕生

（ア）フォジル・ヨルドシュ・オグリ（バージョンF）[8]

ボイボリとボイサリ兄弟には子供がいない。ある日ボイサリとボイボリは家で寝入る。夢の中で聖人が現われ、近いうちにボイサリとボイボリに子供が生まれると予言する。間もなく、ボイボリには息子と娘、ボイサリには娘が生まれる。

（イ）ポルカン・ショイル（バージョンPS）[9]

ボイボリとボイサリ兄弟には子供がいない。ある日二人はホルドルベクという知り合いを呼び、三人で聖人の墓参りに行く。墓参りの最後の日、ボイボリが寝入る。夢の中で聖人が登場し、ボイボリには息子と娘、ボイサリには娘、ホルドルベクにも息子が生まれると予言する。間もなくボイボリには息子と娘、ボイサリには娘、ホルドルベクにも息子が生まれる。

（ウ）ベルディ・バクシ（バージョンB）[10]

ボイボリとボイサリ兄弟には子供がいない。ある日二人は身ごもった鹿を捕まえる。ボイボリとボイサリは自分の妻もこの鹿のように身ごもってほしいと思い、鹿を放す。間もなくボイボリの妻は息子を産む。暫くしてボイサリの妻も娘を産む。

（エ）フシュボク・マルドナクル・オグリ（バージョンFM）[11]

ボイボリとボイサリには子供がいない。ある日兄弟は外に出かけて寝入る。ボイボリの夢に三人の聖人が現われ、ボイボリに息子と娘、弟のボイサリに娘が生まれると予言する。間もなくボイボリに息子、ボイサリに娘が誕生する。

『善事太子と悪事太子の物語』は「神秘的な力の助けによる主人公の誕生」のモチーフAが確認できる。『アルポミシュ』のバージョンFにもモチーフAに通じる聖人が夢に登場し、子供の誕生を予言するという場面が見られる。モチーフAの存在はバージョンPS、FMにも確認できるが、バージョンBにはない。モチーフAは四つのうち三つのバージョンに見られるが、詳細は異なる点が多い。例えば、ボイボリとボイサリが夢を見た場所は異なる。また、バージョンPSにだけホルドルベクという人物が登場する。モチーフAは三つのバージョンで確認できるため伝承の重要な構成要素であることが分かる。

(二) B 熟睡

(ア)バージョンF

アルポミシュは四十人の兵士とともにトイチャホン王のもとへ向かう。老女は四十人の美女とともにアルポミシュを迎える。そして、アルポミシュと四十人の兵士をテントへ案内し、もてなす。老女と美女は兵士たちに酒を飲ませ、アルポミシュを含め、全員寝入る。コルモク人は兵士を殺し、熟睡しているアルポミシュを深い穴の中に落とす。

(イ)バージョンB

アルポミシュは四十人の兵士とともにトイチャホン王のもとへ向かう。老女は四十人の美女とともにアルポミシュを迎える。その中に王の娘タウカオイムもいる。アルポミシュはタウカオイムが気に入る。老女と美女はアルポミシュと四十人の兵士をテントへ案内し、もてなす。そして、彼らに酒を飲ませ、アルポミシュを含め、全員寝入る。コルモク人は兵士を殺し、熟睡しているアルポミシュを深い穴の中に落とす。

(ウ)バージョンPS

老女は四十人の美女とともにアルポミシュを迎える。そして、アルポミシュに酒を飲ませ、アルポミシュは寝入る。老女はアルポミシュの馬ボイチボルを使い、アルポミシュを穴の中に落とす。

(エ)バージョンFM

アルポミシュは四十人の兵士とともにトイチャホン王のもとへ向かう。老女は四十人の美女とともにアルポミシュを迎える。そして、アルポミシュと四十人の兵士をテントへ案内し、もてなす。老女と美女は兵士たちに酒を飲ませる。老女はアルポミシュを別のテントの中へ案内する。彼女は事前にそこに穴を掘らせ、穴を布などで覆い、隠していた。アルポミシュはその穴の中に落ちてしまう。そして、寝入った兵士はすべて殺される。

『善事太子と悪事太子の物語』に主人公が熟睡している間に裏切られたという「熟睡」のモチーフBの存在が確認できる。このモチーフは『アルポミシュ』バージョンFにも見られ、四つのうちバージョンFM以外の『アルポミシュ』はアルポミシュが熟睡している間に穴に落とされたという設定になっている。アルポミシュが捕虜となった経緯を説明する場面の詳細はバージョンにより異なるが、「熟睡」のモチーフは伝承の展開において重要な要素であると言える。

（三）　C　異母兄弟による裏切り

（ア）バージョンF

ウルトントズはボイボリと奴隷の間に生まれたアルポミシュの異母兄弟である。ウルトントズはアルポミシュの留守を利用してボイスンの支配者となる。そして、アルポミシュの家族全員を苦しませ、彼の妻バルチオンオイと結婚しようとする。

（イ）バージョンB

ウルトントズはアルポミシュの父ボイボリの奴隷の一人である。ウルトントズはアルポミシュの留守を利用してボイスンの支配者となる。そして、アルポミシュの家族全員を苦しませ、彼の妻バルチオンオイと結婚しようとする。

（ウ）バージョンPS

ウルトントズはアルポミシュの父ボイボリの奴隷の一人である。ウルトントズは賄賂を渡すことにより、ボイボリの息子として認められる。彼はアルポミシュの留守を利用してボイスンの支配者となる。そして、アルポミシュの家族全員を苦しませ、彼の妻バルチオンオイと結婚しようとする。

（エ）バージョンFM

ウルトントズはボイボリと奴隷の間に生まれたアルポミシュの異母兄弟である。ウルトントズはアルポミシュの留守を利用してボイスンの支配者となる。そして、アルポミシュの家族全員を苦しませ、彼の妻バルチオンオイと結婚しようとする。

『善事太子と悪事太子の物語』と違い、『アルポミシュ』では異母兄弟が登場するのは、主人公が孤独なところに残された後である。しかし、主人公の異母兄弟が悪役である点で両伝承は共通しているバージョンFと同じく、バージョンFMのウルトントズはアルポミシュの異母兄弟である。バージョンPSでもウルトントズはアルポミシュの異母兄弟になっているが、血は繫がっていない。バージョンBのみウルトントズの血縁関係に言及していない。「異母兄弟による裏切り」というモチーフCは四つのうち三つのバージョンにおいて確認できることから、『アルポミシュ』の固定された構成要素の一つであると言える。

（四）　D　文使いの鳥

（ア）バージョンF

ある日、アルポミシュが落とされた穴の中に鵞鳥が落ちてくる。鵞鳥は翼を射貫かれていた。アルポミシュは鵞鳥の傷を治し、手紙を書いて鵞鳥を母国へ送る。鵞鳥は途中で鵞鳥の翼を射貫いた猟師の近くを飛ぶ。鵞鳥の鳴き声を聞いた猟師はそれを射落とそうとする。猟師の母は鵞鳥がアルポミシュの手紙を持っていることに気づき、傷つけないように頼む。鵞鳥は無事にボイスンへ飛び着く。手紙を見つけたアルポミシュの妹カルディルゴチはコラジョンをアルポミシュの助けに送る。

(イ) バージョンB

ある日アルポミシュは落とされた穴の中で目覚める。鵞鳥が穴の上に飛び着く。アルポミシュは鵞鳥を遣って親戚に手紙を送る。アルポミシュの妹カルディルゴチは鵞鳥を見つけ、手紙を読む。カルディルゴチはコラジョンをアルポミシュの助けに送る。

(ウ) バージョンPS

ある日アルポミシュが落とされた穴の中に負傷した鵞鳥が落ちてくる。アルポミシュは目覚めて鵞鳥に気付き、その傷を治し、鵞鳥を飼いならす。そして、自分の血で手紙を書いて鵞鳥をボイスンへ送る。鵞鳥は途中で鵞鳥の翼を射貫いた猟師の近くを飛ぶ。鵞鳥の鳴き声を聞いた猟師はそれを射落とそうとする。猟師の母は鵞鳥がアルポミシュの手紙を持っていることに気づき、傷つけないように頼む。鵞鳥は無事にボイスンへ飛び着く。手紙を見つけたカルディルゴチはコラジョンをアルポミシュの助けに送る。

(エ) バージョンFM

ある日アルポミシュが落とされた穴の中に鵞鳥が落ちてくる。鵞鳥の翼は射貫かれていた。アルポミシュは鵞鳥の傷を治し、鵞鳥を飼いならす。そして、自分の血で手紙を書いて鵞鳥をボイスンへ送る。カルディルゴチはその時狩りをしていた。彼女の鷹は空を飛んでいる鵞鳥を襲い、鵞鳥が持っていた手紙が落ちてくる。手紙を見つけたカルディルゴチはコラジョンをアルポミシュの助けに送る。

『善事太子と悪事太子の物語』には主人公が鵞鳥を通じて親戚に手紙を送る「文使いの鳥」のモチーフDが見られる。モチーフDはいずれの『アルポミシュ』においても確認できるが、バージョンにより詳細は異なる。例えば、バージョンFとPSには猟師とその母に関する場面がある。また、バージョンFMではカルディルゴチの鷹が鵞鳥を襲う場面が見られる。しかし、鵞鳥がアルポミシュの手紙をカルディルゴチに届けたという点は共通している。四人の語り手も「文使いの鳥」について詳細に語っていることから、このモチーフは伝承の重要な構成要素の一つであることが分かる。

(五)　E　牧人　F　楽器　G　他国の姫[12]

(ア)バージョンF

トイチャホン王の娘タウカオイムは牧人であるコイクバットに子ヤギを飼うように頼む。コイクバットはタウカオイムに惚れていた。ある日子ヤギはアルポミシュがいる穴の中に落ちてしまう。コイクバットはアルポミシュに子ヤギを返すように頼む。アルポミシュはコイクバットにいつかタウカオイムと結婚させると約束し、そのお返しに家畜をくれるよう頼む。コイクバットは毎日穴に家畜を投げ入れていた。ある日コイクバットはアルポミシュに家畜がなくなったことを知らせる。アルポミシュは家畜の骨から楽器を作り、それを市場で売るようにコイクバットに指示する。また、楽器の音をタウカオイムに聞かせるように指示する。楽器の音色を聞いたタウカオイムはコイクバットに楽器を作った人のもとへ連れていくよう要求する。コイクバットは断るが、タウカオイムが肩に乗せてくれれば連れて行くと約束する。タウカオイムはアルポミシュを自分と結婚させようとする。アルポミシュはタウカオイムを騙し、二人は恋人関係になる。タウカオイムは穴と城を繋ぐ地下道を掘らせ、アルポミシュのもとに訪れていた。ある日スルハイル老女は地下道を見つけ、王に知らせる。王は穴を石で埋めるように命令する。アルポミシュはタウカオイムに彼の馬ボイチボルを開放するように頼む。ボイチボルはアルポミシュを穴から引っ張り出す。アルポミシュはコイクバットとタウカオイムを結婚させる。そのときコイクバットは中国の王子であると正体を明かす。

(イ)バージョンB

トイチャホン王の娘タウカオイムはコイクバットに家畜を飼わせていた。コイクバットはタウカオイムに惚れていた。ある日タウカオイムの子ヤギはアルポミシュがいる穴の中に落ちてしまう。コイクバットはアルポミシュに子ヤギを返すように頼む。アルポミシュはコイクバットにいつかタウカオイムと結婚させると約束し、そのお返しとして家畜をくれるよう頼む。コイクバットは毎日穴に家畜を投げ入れていた。ある日アルポミシュは家畜の骨から楽器を作り、それをタウカオイムに聞かせるようにコイクバットに指示する。楽器の音色を聞いたタウカオイムはコイクバットに楽器を作った人のもとへ連れていくよう要求する。コイクバットは断るが、タウカオイムが抱き上げてくれれば連れて行くと約束する。タウカオイムはアルポミシュを自分と結婚させようとする。タウカオイムは彼のために様々な物を持ってくる。ある日老女が穴の中に落ちてしまい、タウカオイムが作らせた入り口から逃げ出す。王は穴を石で埋めるように命令する。アルポミシュはタウカオイムに彼の馬ボイチボルを開放するように頼む。ボイチボルはアルポミシュを穴から引っ張り出す。アルポミシュはタウカオイムと結婚し、コイクバットを別の娘と結婚させる。

（ウ）バージョンPS

トイチャホン王の娘タウカオイムは牧人のコイクバットに子ヤギを飼うように命じる。コイクバットはタウカオイムに惚れていた。ある日子ヤギはアルポミシュがいる穴の中に落ちてしまう。コイクバットはアルポミシュに子ヤギを返すように頼む。アルポミシュはコイクバットにいつかタウカオイムと結婚させると約束し、そのお返しに家畜をくれるよう頼む。コイクバットは毎日穴に家畜を投げ入れていた。ある日、コイクバットはアルポミシュに家畜がなくなったことを知らせる。アルポミシュは家畜の骨から楽器を作り、それを市場で売るようにコイクバットに勧める。楽器の音色を聞いたタウカオイムはコイクバットに楽器を作った人のもとへ連れていくよう要求する。タウカオイムはコイクバットを肩に乗せてアルポミシュがいる穴へ向かう。タウカオイムはアルポミシュを自分と結婚させようとする。タウカオイムは穴と城を繋ぐ地下道を掘らせ、アルポミシュのもとを訪れていた。ある日パティグル老女は地下道を見つけ、王に知らせる。王は穴を石で埋めるように命令する。アルポミシュはタウカオイムに彼の馬ボイチボルを開放するように頼む。ボイチボルはアルポミシュを穴から引っ張り出す。アルポミシュはタウカオイムと結婚し、コイクバットをタウカオイムの妹と結婚させる。

（エ）バージョンFM

トイチャホン王にはオイタウカ（タウカオイムと同じ）とオロブカという二人の娘がいる。オイタウカはアルポミシュがコルモク人と競争していたところを見てその魅力に心を奪われてしまう。ある日オイタウカはアルポミシュが捕虜となり穴に入れられた話を聞く。そして、エラモンという牧人をアルポミシュのもとへ送る。エラモンは穴へ食べ物や家畜を投げ落とす。アルポミシュは家畜の骨から楽器を作る。音色を聞いたコイクバットという別の牧人が穴に近づく。アルポミシュはコイクバットに彼が作った楽器を売るように勧める。コイクバットは市場で楽器を売る。オイタウカは楽器の音色を聞いてコイクバットに楽器を作った人のもとへ連れていくよう要求する。コイクバットは断るが、オイタウカが肩に乗せてくれれば連れていくと約束する。オイタウカはアルポミシュを見つける。そして、彼がいる穴と城を繋ぐ地下道を掘らせ、アルポミシュのもとをを訪れていた。オイタウカはアルポミシュを自分と結婚させようとする。アルポミシュはオイタウカに彼の馬ボイチボルを開放するように頼む。ボイチボルはアルポミシュを穴から引っ張り出す。アルポミシュはオイタウカと結婚し、牧人のエラモンをオロブカと結婚させる。

『善事太子と悪事太子の物語』では「牧人」「楽器」「他国の姫」のモチーフE、F、Gが見られる。他国で孤独となった善事太子は牧人に出会い、牧人からもらった楽器のおかげで姫に出会う設定になっている。『アルポミシュ』には『善事太子と悪事太子の物語』に似たような展開を見せる部分がある。穴に落とされたアルポミシュも牧人と出会い、牧人からもらった家畜の骨から楽器を作る。その楽器の音色に惹かれて姫がやってくる。モチーフE、F、Gに相当するこの部分はすべての『アルポミシュ』で確認できる。しかし、バージョンにより詳細は異なる。例えば、バージョンFではアルポミシュは姫をコイクバットと結婚させるが、コイクバットの正体は中国の王子だという展開になる。バージョンB、PS、FMではアルポミシュ自身が姫と結婚したという設定になっている。これは、すでにバルチオンオイと結婚しているアルポミシュに二人目の妻ができたという興味深い展開である。また、バージョンFMではバージョンF、B、PSと違い、二人の牧人（エラモンとコイクバット）と二人の姫（オイタウカとオロブカ）が登場する。さらに、バージョンPSの老女の名前はスルハイルではなく、パティグルである。詳細に関してはこれだけの相違があるにもかかわらず、モチーフE、F、Gは伝承構成の重要な要素であることが言える。

右記の分析から明らかなように、「神秘的な力による主人公の誕生」（モチーフA）「文使いの鳥」（D）、「牧人」（E）、「楽器」（F）、「他国の姫」（G）は『アルポミシュ』の重要な構成要素である。「熟睡」（B）、「異母兄弟による裏切り」（C）に関しては、四つのうち三つのバージョンで見られるモチーフであることから、ある程度固定された構成要素であると言える。『アルポミシュ』はそれぞれのモチーフに相当する部分の長さや展開や追加場面が語り手により大きく異なる。また、登場人物の名前さえ変わることもある。しかし、固定された構成要素は語り手が異なっても共通する。これらのモチーフA、B、C、D、E、F、Gは一人の語り手の創造力により作り出されたものではなく、『アルポミシュ』の標準的な話型を構成する要素であることは明らかである。

筆者は『アルポミシュ』に見られるモチーフA、B、C、D、E、F、Gがある段階において他の伝承と混合した『善事太子と悪事太子の物語』の痕跡だと考える。

四、中央アジアの語り物と仏教との関係について

最後に、バクシという存在に注目し、『善事太子と悪事太子の物語』と『アルポミシュ』が接する場について考察する。

バクシは現在でも少数ながらウズベキスタンで活動している。二十世紀前半、ウズベキスタンにおいてバクシの研究を行ったジルムンスキやザリフォブ・ホディ（Zarifov, Hodi）によれば、バクシは過去において芸能だけでなく、宗教的職能者としての役割をも担っていた可能性があるという[13]。

バクシの活動は十九世紀から二十世紀にかけてウズベキスタンだけでなく、トルクメニスタン、カザフスタン、キルギスタン、新疆ウイグル自治区において確認されている。バクシという言葉は梵語のBhikshuを語源とし、教師という意味である[14]。また、その語源は梵語のBhikchu（Bhikkhu）である可能性もある。Bhikchuは仏教徒を意味し、比丘・僧と訳される[15]。バクシは仏教とともに中央アジアに伝播し、当地域におけるイスラムの影響が強まるにつれ、仏教との繋がりが薄れていった[16]。十九〜二十世紀においてバクシが仏教と直接的な繋がりを持ち続けた地域は中国の新疆ウイグル自治区のみである。『チュルク語方言辞典』によれば、チュルク語の一つであるウイグル語では、バクシは教師あるいは仏教学者という意味であるという[17]。

新疆ウイグル自治区に関して言えば、現在では中国の一部であるためか、中央アジアの他の地域との関係は無視されることもあるが、実際にこの地域は中央アジアの一部であり、東トルキスタン（チュルク人の土地という意味）と呼ばれることがある。ここに住んでいるウイグル人は、古くからチュルク語を母語とする中央アジアの他の民族（現在ではウズベク人、カザフ人、キルギス人、トルクメン人）と深い言語的・文化的な繋がりがある民族である。それゆえ、イスラムの影響により他の宗教が抑圧されてしまった中央アジアの他の地域と違い、比較的に晩い時期まで仏教が盛んであったウイグル人の土地は、中央アジアにおけるバクシという存在を理解する上でも示唆的である。

現在のホータンや甘粛省を含む地域は長く仏教の中心地として栄えた。そこに住んでいたウイグル人が仏典の翻訳や偽経の作成を盛んに行ったばかりでなく、経典や教義を一般庶民にとって分かりやすい形で説くことにより、仏教を広く流布させたことはよく知られている。バルタハノヴァ・マリア(Bartakhanova, Maria)はウイグル人の宗教文学について次のように述べている。

> ウイグル人の国では伝説・説経・詩などを含む仏教文学が広く流布されていた。(中略)その内容は宗教的なものであったが、仏教の教義を一般庶民にとって分かりやすく説くために、身近なものを題材としていた。ウイグル人の仏教文学を創るアプローチは創造的であった。彼らは既に存在していた仏典の内容や形式をそのまま使うのではなく、中央アジアの現状に合わせて翻案するように心がけていた。大乗仏教の偽経はその結果生まれた。例えば、主な貿易ルートが通っていたこの地域では、観世音は商人・旅人の庇護者となった。(中略)民間に好まれた詩の形を取った説教は仏教を一般ウイグル人の間に流布させる上で最も効率的な手段であった。ある程度の知識がある人にのみ理解される経典と違い、これらの詩は一般庶民にとって分かりやすいものであった。理性に訴える経典と違い、詩は人間の心に触れることができた。[18]

要するに、ウイグル人の間では経典を一般庶民にとって分かりやすい形にして説教することが一般的であった。『善事太子と悪事太子の物語』もこのように説教として語られることによってバクシのレパートリーに入り、『アルポミシュ』の源流の一つとなったのではないだろうか。

おわりに

中央アジアの語り物は語り手に創造性や独自性が求められる。伝承の演奏は即興性が高く、詞章だけでなく、その内容も常に流動していく。新しい伝承が創作され、伝承が激しい変化を遂げる世界で『アルポミシュ』の構成が固定化されている点が興味深い。しかもこの構成が十一世紀頃から伝わってきていることは注目すべきところである。『アルポミシュ』が具体的にいつ成立していつ固定化されていったかは現時点では不明である。しかし、その構成に仏教説話の一つである『善事太子と悪事太子の物語』の影響が見られることは確実である。この説話は仏教が中央アジアにおいて栄えた時代に説教を通じて民間伝承の世界へ伝わったことが想定できるが、その詳細を究めることは今後の研究の課題である。

注

(1) Jirmunsky, Victor. 1960. *Skazanie ob Alpomishe I bogatirskaya skazka.* (Moscow: Nauka)、Jirmunsky, Victor. 1962. *Narodniy geroicheskiy epos.* (Moscow-Leningrad: Gosudarstvennoe izdatelstvo hudojestvennoi literature)、Jirmunsky, Victor. 1974. *Tyurkskiy geroicheskiy epos* (Leningrad: Nauka) を参照。

(2) 日本側の研究では善事太子譚あるいは善友悪友両太子の物語の名称が使用される。筆者はフランス語やロシア語での名称を考慮に入れ、本稿では善事太子譚を『善事太子と悪事太子の物語』と呼ぶことにする。

(3) Bell, Alexander Peter. 2000. *Didactic Narration: Jataka Iconography in Dunhuang with Catalogue of Jataka Representations in China.* 1901. (Munster: Lit), 藤井佐美「百合若大臣と仏典の間」(『鷹と鍛冶の文化を拓く　百合若大臣』三弥井書店、二〇一五年)を参照。

(4) 内藤龍雄「大方便報恩経について」(『印度学仏教学研究』三巻二号、一九五五年)、Sumet Supalaset「『大方便報恩経の成立問題』(『印度学仏教学研究』五七巻二号、二〇〇九年)を参照。

(5) Takakusu, Junjiro. “Tales of the Wise Man and the Fool.” *Journal of the Royal Asiatic Society of Great Britain and Ireland (Jul)*, 平岡聡「『賢愚経』を形成する説話の帰属部派」(『印度学仏教学研究』五四巻二号、二〇〇五年)。

(6) Tikhonov, Dmitriy. 1966. *Hozyaistvo i obshestvenniy story uygurskogo gosudarstva X-XVI vv.* Moscow, Leningrad: Nauka を参照。

(7) 『大方便仏報恩経』『賢愚経』における『善事太子と悪事太子の物語』の展開における相違について藤井佐美「百合若大臣と仏典の間」を参照されたい。

(8) フォジル・ユルダシュ・オグリの語った『アルポミシュ』が初めて記録されたのは一九二二年であるが、その記述は現存しない。一九二八年に再び書き留められ、ハミッド・オリムジョン(Olimjon, Hamid)という文学者による多少の編集を経て一九三九年に出版された。サマルカンド州ブルングル派のバージョンである。本バージョンは今日まで記録されたものの中で一番完成度が高く、内容が豊富なものであるとされている。

(9) ポルカン・ショイルの語った『アルポミシュ』は一九二六年に記録された。エルガシュ・ジュマンブルブル・オグリも記録の際、ポルカン・ショイルに代わって、ある部分を演じたことから、このバージョンはポルカン・ショイルとエルガシュ・ジュマンブルブル・オグリの『アルポミシュ』と呼ばれる。サマルカンド州のコルゴン派のバージョンである。

(10) ベルディ・バクシの語った『アルポミシュ』は一九二六年に記録された。タシケント州のバージョンである。

(11) フシュボク・マルドナクル・オグリの語った『アルポミシュ』は一九九〇年代に記録された。スルハンダリョ州のバージョンである。

(12) これらの三つのモチーフは緊密に結び合っているので、まとめて分析する。

(13) Jirmundsky, Victor & Hodi Zarifov. 1947. *Uzbekskiy narodniy geroicheskiy epos.* Moscow: Gosudarsvennoe Izdatelstvo Hudojestvennoy literature を参照。

(14) Korogli, Halik. “bakhshi” Bolshaya Sovetskaya Enciclopedia (first entry: 2013, last entry 2015, September) http://biblioclub.ru/index.php?page=dict&termin=676087 を参照。

(15) Eitel, Ernest J. 1904. *Hand Book Of Chinese Buddhism Being A Sanskrit Chinese Dictionary With Vocabularies Of Buddhist Terms In Pali, Sinhalese, Siamese, Burmese, Tibetan, Mongolian And Japanese*

HC. (Tokyo: Sanshusha) 三一一頁を参照。

(16) Uspenskiy, Victor & Victor Belyaev. 1928. *Turkmenskaya muzika.* (Moscow: Muzikalniy sector) 三一九頁を参照。

(17) Radlov, Vasiliy. 1888-1911. *Opit slovarya tyurkskih narechiy.* (Moscow: Izdatelstvo vostochnoy literature) を参照。

(18) Bartakhanova M. 1999. "Perevodcheskaya deyatelnosti uygurov v XII-XI vekah." *Shestaya buddologicheskaya konferenciya:* 15-18を参照（ロシア語からの翻訳は筆者による）。

『聖母行実』における現報的要素
――『聖母の栄耀』との比較から

張　龍妹

ちょう・りゅうまい――北京日本学研究センター教授。専門は『源氏物語』を中心とする平安仮名文学。主な著書に『源氏物語の救済』（風間書房、二〇〇〇年）、『日本文学　古典篇』（高等教育出版社、二〇〇八年）、『今昔物語集　本朝部』（翻訳、人民文学出版社、二〇〇八年）、『東西方文学交流研究』（知識産権出版社、二〇一三年）などがある。

『聖母行実』は十七世紀のカトリック東方布教時代に広く読まれた作品であるのに対し、『聖母の栄耀』は十八世紀に成立したカトリックの正統な経典である。この二書における共通する話が存在する。それらを比較し、二書における特徴を指摘した上で、『聖母行実』における現報的要素を指摘する。

一、『聖母行実』と『聖母の栄耀』について

『聖母行実《せいぼぎょうじつ》』は高一志《こういっし》（一五六六～一六四〇　P. Alphonsus Vagnoni イエズス会宣教師）が訳述し、龍華民《ろうかみん》《ロン・ゴバルディ》（一五五九～一六五四　Nicolò Longobardo）・羅雅谷《らがこん》《ロー・ジャコモ》（一五九三～一六三八　Giacomo Rho）・湯若望《とうじゃくぼう》《アダム・シャール》（一五九二～一六六六　Johann Adam Schall von Bell）が共訂して、一六三一年に刊行されたものである[1]。その内容については、小峯和明氏の論文に詳しい紹介があるため[2]、ここでは簡略にまとめておく。当書は三巻からなり、巻一は「推聖母所生幷自幼之老行迹　附宮室霊異」を総論として、聖母の生涯および被昇天後の宮室の霊異を述べる。巻二は「援古今聖賢之論発明聖母大徳　分為十二端」と、「聖母始胎」「聖母誕生」などの十二の項目から聖母の聖徳を解説する。巻三は「述聖母賚人之恩略紀聖跡萬一　分為十端」と、十項目に分けて総数一〇七篇の聖母の霊験譚を収載している[3]。

このテキストの伝本についても小峯氏の前掲論文の紹介によれば、中国の各地の天主堂が必ずと言っていいほどこのテキストを出版し、日本・韓国にも流布していた。カトリック

伝来当初、このテキストが東アジアにおける布教活動におおきな役割を果たしてきたことが容易に想像される。

一方、近頃、カトリック上海教区の姚景星《ようけいせい》神父（一九一六〜二〇一三）によって、聖アルフォンソ・デ・リゴリ（一六九六〜一七八七　Alphonsus de Liguori　亜尔方索・利高烈）の*The Glories of Maria*が翻訳出版された。当該書は上下二巻から構成され、上巻は*Salve Regina*に関する注釈・解説で、二十二篇からなり、下巻はリゴリによる「布教文」、「聖母七苦（七つの悲しみ）」、「聖母聖徳」、「聖母敬礼」の四つの部分からなる。上巻の各篇は聖書の文言を引用しながら聖母信仰の道理を述べたのち、事例として一つの説話を挿入し、「祈祷」で結ぶ。下巻の「布教文」九篇と「聖母七苦」七篇は、上巻と同じような構成で、十六の説話が挿入されている。したがって、本書には合わせて全三十八篇の説話が挿入されている。

姚景星神父はまず*The Glories of Maria*の説話部分を抽出し、二〇〇一年に『聖母小故事』を上海のカトリック関係の出版社、光啓社から出版した。(4) その後二〇〇三年にその神父昇進六十周年を記念して*The Glories of Maria*の前半Salve Regina(5)を『申尔福』という書名で同じ出版社から出し、さらに二〇〇八年には一九八七年出版のフランス語版から*The Glories of Maria*の全文を訳出し、『聖母の栄耀』と題して同社から非売品として出版している。(6)

*The Glories of Maria*はイタリア語によって書かれ、一七五〇年に出版されたものである。著者のリゴリは至聖贖罪主修道会（Congregatio Sanctissimi Redemptoris）の創立者で、偉大な宣教師で、多くの著作が残されている。『聖母の栄耀』の底本であるフランス語版には当時の至聖贖罪主修道会の神父であるTheodule Rey-Mermet（一九一〇〜二〇〇二）による「前書」と著者自身による「読者へ」および「著者のイエスと聖母に対する祈祷」が添えられている。それらから、当書について以下のような情報が分かる。まず、当書に収載された聖母説話は著者が十七・八世紀の教会内の学問であり且つ正直な作者たちの著作から採録したものであること。それから、リゴリが生きていた時に、すでにイタリアで十三版を出し、ドイツ語訳（一七七二年）が出版されていたこと。ドイツ語訳に続いて、一七七四年にスペイン語、一八一二年にアルメニア語、一八二〇年にブルトン語、一八二二年にカタルーニャ語、一八二五年フランス語、一八二七年アラビア語など、各国の言語ないし一地方の言語に翻訳出版されたこと。一九八七年のフランス語版まではすでに一〇〇〇以上の版を重ねたということ。以上から見ると、このテキストは文字通り時代を超えたカトリックの聖典の一つである。

このように、『聖母行実』は十七世紀のカトリック東方布教時代に広く読まれた作品であるのに対し、『聖母の栄耀』はカトリックの正統な経典である。『聖母の栄耀』から『聖母行実』をみた場合、どのような異同があるのか、極めて興味深く思われる。以下では両作品の聖母霊験譚を比較しながら、その相違について述べてみたい。

二、両作品の共通話

高一志とリゴリは一世紀以上その生存の時期が異なるが、先述したように、『聖母の栄耀』は著者が十七・八世紀の著作から説話を採録していたため、両書には共通の話も見える。共通するのは三話のみであるが、ともに『聖母行実』の「聖母提佑誦玫瑰珠等経者」という聖母をたたえる経文を唱える者をたすける項目に収められている。以下はまず『聖母行実』における話のあらすじを紹介し、つづいて『聖母の栄耀』と対照して異同を見てみたい。

（一）「賢士某」

『聖母行実』における話のあらすじは以下の通りである。聖徳ある賢士某がいた。その郡の主教が亡くなった時に次の主教に推薦されるほどの人物であった。これといった名利心もないため、彼はあえて主教を辞退した。その聖徳のために、人に嫉妬され、遂に役所に公訴された。役所でまったく弁解しようともしない態度が官吏の怒りを買い、職を免ぜられ、国中の人の嘲笑誹謗の的となった。それで、その憂いに堪えず、ある異境に入り、悪魔とキリストに背く血契（血液で書かれた契約書）を結び、悪魔は全てが意のままになると約束してくれた。実はその時に主教がすでに冤罪であることに気づき、元のままに彼を任用した。悪魔はそれを知っていて、それを自分の力によるもののように仕向けた。ところが、職に戻った彼はキリストの教えに背いたことに不安を覚え、聖母像の前で三日三晩涕泣哀訴すると、例の血契が空中から彼の手中に舞い落ちた。賢士は自分の罪が赦されたことを知り、主教の前に出向き赦しを乞い、信徒の前で自己の非を告白し、聖母の功徳をたたえた。それを終えると、その血契を手に入れた場所に戻り、そのまま亡くなった。主教によって聖堂の一隅に葬られ、聖人に列せられた。

『聖母の栄耀』では賢士某はテオフィル（Theophilus 得奥斐肋）という名をもち、シシリア（Cilicia）のアダナ（Adana）城の副主教であった。同じように主教に推薦されるほどの人物であったが、それを拒否した。後に悪人に讒言され、主教によって免職された。そのため、彼はユダヤ術師（Jewish magician）に会い、サタンと連絡を取ってもらった。そこで、キリストと聖母に背く契約を結んだ。翌日、主教が讒言であることに気づき、彼に謝罪し、副主教の職を回復した。その時に彼は懺悔し、聖堂に行き、聖母像の前に跪き、聖母にキリストへの代祷（intercession）を哀願した。四十日が過ぎたその日の夜に、聖母が示現され、彼はさらにサタンと交わした契約書の取り戻しを願った。それで、三日後の夜、キリストの赦しを得たことが告げられた。胸もとに例の契約書が戻されていた。夜が明けると、主教および信者の前に罪を告白し、赦された。さらに三日間聖堂に籠り、歓びとキリストおよび聖母への感謝の気持ちの中で世を去った。

『聖母行実』ではまず具体的な人名を記さず、「賢士某」と符号化されているのは、中国の伝奇小説類の主人公が「張生」「蘆生《ろせい》」などと記されるのが常であるからであろう。それから、役所に公訴されたとあるが、後半では『聖母の栄耀』と同じように主教に許されているのをみると、役所に公訴され、官吏の怒りを買ったというのが中国宣教のための改編で、それも後になると忘れられている。両者のもっとも大きな違いは、後者に四十日の懺悔の期間があったことである。その間のテオフィルの内面についての描写、聖母への哀訴の言葉、示現された聖母との対話が綿々と語られている。『聖母の栄耀』にこのような内容が盛り込まれているのは、聖母があくまでもキリストへの代祷（intercession）、つまり取り成しの役割しかないことを強調するためであろう。本書の論理では、聖母にはキリストと「我々」という二人の子がいる。母が子を慈しむかわりに、子が母のいうことを聴かないわけがないから、聖母が「我々」という子を慈しむため、「我々」のためにキリストに祈祷してくれるので、子としてのキリストは母のいうことを聞かないわけがない。よって、「我々」が許されないわけがないというロジックである。本話は『聖母行実』においては、明らかに聖母自身の霊験譚になっている。また、内面描写や対話がないのは、同じように中国の志怪・伝奇の文体と一致していよう。

（二）「名士」

『聖母行実』によれば、名門出身の男性が聖母の敬虔なる信者で、交友が広いため家財を使い果たし、山に入って隠居しようとした。忽ちに元の下僕に逢い、現在の憂苦を話すと、下僕は自分が神人の指示で大いに富を得た経験を語り、主人を悪魔に紹介した。悪魔がまず名士にキリストに背くように求めると、名士はそれを承諾した。続いてさらに聖母に背くように要求されると、名士はそれは敢えてできないと返事した。すると、悪魔が怒って飛んでいってしまった。その時に、名士がキリストに背いた大罪に気づき、慌てて聖堂に趣き、聖母に懇願し、キリストへの取り成しを求めた。居合わせた一人の老賢士は「神功」を行い、聖母がキリストの前に行き、キリストは最初赦したくなかったが、聖母が再三懇願するととうとう罪人を赦したという一部始終を見た。この老賢士は実は名士の家財を全部買い取った人物であり、その場で一人娘を名士の妻にし、自身の蓄えも加えて、全部名士にくれた。以後、以前よりも豊かになり、夫婦でますます聖母を信仰するようになった。

『聖母の栄耀』では、主人公は貴族の青年で、下僕はかつての使用人で、年を取り、魂を悪魔に売った魔法使い（sorcerer）である。あらすじは『聖母行実』と同じであるが、青年と下僕、青年と悪魔、聖母とキリスト、青年と聖母の対話が盛り込まれ、青年の心理描写も詳しい。

この話の趣旨は、たとえキリストに背いても聖母に背くことができないという聖母信仰の極限を語るものである。『聖母行実』における「名士」は「青年貴族」の訳語であろう。老僕の魔法使いという身分は中国での受容を考えて略したかもしれない。二者のもっとも大きな違いは居合わせた人物の一部始終を目撃する方法である。『聖母行実』において「老賢士」は「神功」を行い、天国における聖母とキリストの対話を目撃し、名士に聖母の加護があることを知り、一人娘をその妻にした。『聖母の栄耀』では、聖母とキリストの対話、聖母と青年の対話をともに目撃している。天国で行われる聖母とキリストの対話を目撃すること、キリスト教の世界では、これはよくある示現（神視 vision）にあたるであろうが、中国的な思考では、それは夢か神通によってでなければ実現不可能であるから、そのように改編したことと推測される。

（三）「賢女某」

『聖母行実』では、賢女某が山の中にある頽廃した古堂を発見し、心を痛めた。自分は貧しくて聖母にはお経を上げること以外何もできないと、お経を誦することを誓い、毎日怠ることなく勤めた。ある日、二人の賢者がその古堂を通り道端で一休みした。一人が居眠りし、一人は目が覚めていた。起きていた一人は、一人の「奇美之女」が一群れの綺麗に着飾った淑女を引き連れていくのを見た。誰がどこへ行くのかと従者に尋ねると、近所の聖女が世を去るので、聖母が引接にいくと答える。この賢者は同伴者を起こし、淑女たちの後について一つの茅葺きの家屋に至った。部屋が狭く、聖女が草の上に寝込んでいた。二賢者は聖女に示現を懇願すると、それを聖女が聖母に代祷を願ったため、二人は聖母と諸淑女がこの部屋にいて、聖女を慰め、その神（たましい）が天国に迎えられていくのを見た。二人は聖母の功徳を讃え、聖女の亡骸を善地に葬ったという。

『聖母の栄耀』では、この女主人公の身分は羊飼いの女で、聖母像に上着を作ってあげたり、花の冠を編んであげたりして、自分のできるだけのことを聖母にしてあげた。その羊飼いの女が重い病気にかかり、聖母が童女たちを引率して迎えにきた。その様子を近くで休んでいた二人の修道士が、一人はこの目で、一人は夢で見た。誰がどこへ行くのかを一人の童女に尋ねると、羊飼いの女を訪ねに行くと答えると、一行が掻き消えた。二人の修道士が互いに神視（vision）を語り、自分たちも羊飼いの女を訪ねにいくことにした。ついてみると粗末な草屋で、なかにいる羊飼いの女が修道士に、祈祷すると自分の床近くにいる人物が見えると話かける。修道士たちがひざまづくと、聖母が花の冠をもって、病床の傍らに立ち、羊飼いの女を慰めているのが見えた。まもなく童女たちが唱歌を始めると、聖母が花の冠を羊飼いの女にかぶせ、彼女の魂を引接して天国に向かった。

二者を比べると、『聖母の栄耀』のほうがストーリーの進展に細かい配慮がなされていることが分かる。『聖母行実』では羊飼いの女の重病についての描写がなく、聖母の引接が唐突に読める。また居眠りしていた修道士も夢で聖母の一行を見たことが、神視の傍証となっている。さらに、童女が答え終わると掻き消えたことも、修道士が祈祷すると病床の傍らにいる聖母と童女たちの行動が見えたことの伏線になっている。一方、『聖母行実』では、聖女の亡骸をきちんと場所を選んで葬っているところが、中国的な「入土為安」の現れかもしれない。

総じていうと、以上の三話は、細かい設定に相違はあるが、基本的には同話と考えてよいかと思われる。『聖母行実』は高一志の訳述で、話の出典がまだ解明されていない。『聖母の栄耀』に同話が存在し、とくにその話の出典またはそれを語った神父の名前が記されているため、『聖母行実』の説話の出典を考える糸口ともなる。たとえば、テオフィル（Theophilus）の話はリュトブフ（Rutebeuf　一二四五～一二八五）の「テオフィルの奇跡」などで広く知られているカトリック世界の古典であるが、リゴリはその伝承の経緯を語っている。それを考察することが『聖母行実』の「賢士某」の出典解明にもつながるはずである。

三、『聖母の栄耀』における聖母説話の特徴

以上でみた「名士」の話のような単純に現世的な幸福をもたらす聖母説話は『聖母の栄耀』では、むしろ例外的である。犯罪者が聖母を信仰し、祈祷することによって死刑を免れる

話はもっとも現世利益的かもしれない。その類の話は当書に三話見出されるが、たとえば「聖母不放棄罪人」(7)（聖母が罪人を見放すことなし）と題される一話の内容を見てみると、サタンの誘惑で強盗殺人を働いた青年が絞首刑に処されることになったが、処刑当日、聖母が彼の救助に現れ、処刑することができないように仕掛けた。救われた青年に対し、聖母は自分の教会に戻って贖罪の苦行（penance）をするように、そして免罪の書類が送られたら死の用意をするように言い渡した。長年の苦行の後に、聖母が示現し、手に一枚の紙を持っていた。青年はそれを見るとすぐさま死の準備をし、神聖な様子で死んでいった。ここで、処刑を免れたことは、贖罪の苦行をする期間が与えられ、苦行によってキリストの赦しが得られ、その結果天国に迎えられたことを意味している。

淫婦を救済するのも、『聖母の栄耀』の主な話型になっている。合わせて五話数えられるが、「淫婦幡然《はんぜん》悔改」と題される話では、長年淫らな生活を送っていた女性が、偶然に聖堂の前を通り、聖母と対話をし、ヨルダン川を渡って静かに贖罪の苦行をするように指示された。その言葉に従って、彼女はとうとう四十七年の苦行を行った。(8)亡くなってからは獅子が現れ、亡骸を葬ってくれた。また「我愛瑪利亞這個名字」（我マリアという名を愛す）というのは、十四年間の苦行を行って、やっと罪人の印である鉄の輪が割れ、その後二年経過すると、安らかに世を去った女性の話である。他に、具体的な贖罪の年数が示されていないが、死ぬまで贖罪の苦行を怠らなかった話が二つある。後の一話は死ぬまでに贖罪していなかったため煉獄に落ちた淫婦が、修道女の夢に現れ、ミサをお願いするものである。

もっとも極端な話を紹介しよう。「伝揚天主的仁愛」（キリストの仁愛を専宣揚す）と題される話であるが、父と兄を殺害した犯人が遊びほうけている間に、偶然に神父がキリストの仁愛（Divine mercy）を説くのを耳にした。彼がそれに感動し、その神父に会い、自己の罪を告白した。神父がその罪を聞いてから、赦しが得られるように、彼に聖母七苦の祭壇で祈祷するように勧めた。それに従って、罪人がその前に平伏して祈祷をすると、突然倒れて気絶した。翌日、神父が亡者のために祈祷を捧げると、一羽の白い鳩が飛んできて、一枚の紙を神父の足元に落とした。それを拾い上げて読むと、罪人の霊魂はすでに肉体を離れて天国に入り、あなたが続けてキリストの無限の仁愛を宣揚するように、と書いてあった。

仏教側から見れば、これはまさに現悪報の話であるが、贖罪の苦行も求められず、そのまま天国に生まれ変わることができたのは、聖母、キリストの最大の慈悲として語られている。『聖母の栄耀』が如何に来世志向的なのか、この一話で明らかであろう。

四、『聖母行実』にみえる現報善悪

すでに述べたように、聖母霊験譚は『聖母行実』巻三に収載されている。「聖母提佑下誦二玫瑰珠等一経者上」「聖母提佑下持二其斎一者上」「聖母蔭庇二諸精修之会一」「聖母蔭保二国家一」「聖母啓牖二愚蒙一護提二学者」「聖母護二生産者」「聖母援提二垂終之難一」「聖母提援二貞潔之危一」「聖母済レ窮振レ難」「聖母罰僇二不肖者一」という十項目に分けられている。

『聖母の栄耀』と違って、『聖母行実』では「賢士某」「賢女某」のような来世志向型の話はむしろ例外的である。「聖母啓牖愚蒙護提学者」に収載される「近世小西一老婦」の話を見てみよう。この老婦は長く邪術に親しんできたが、聖教に接し、篤く信仰するようになった。経文を習熟したら洗礼を受けることになっていたが、愚鈍のためなかなかできないでいる間に病気にかかり、死んでしまった。死んでから聖母に会い、聖母が自ら経文を教え、熟誦できるようにしてから、天神に命じて送り返した(9)。老婦が生き返って、一字も間違えずに経文を暗誦すると、思った通りに洗礼を受けることができた。本話では、「従是道日明。功日益。以報聖母霊恵。仍存世数十年。未敢少怠也」（これより道日ごとに明らめ、功日ごとに益《すす》み、もって聖母の霊恵に報いる。なお世に存すること数十年。未だ敢えて少しく怠らずなり）と話を結んでいるところが問題である。聖母の恩恵に応えるために、ますます信仰心が深くなったことは、常套的であるが、「仍存世数十年」とあるのはいかがであろうか。『聖母の栄耀』の四十七年間贖罪の苦行を行ったという「淫婦幡然悔改」の話では、「存世」の年数が長いのは罪が重いためである。しかし、当該話では「仍存世数十年」を明らかに聖母の恩恵と表現しているのである。

他には、貧しい信者に金品を与えたり、難産で死んだ赤ん坊を蘇らせたりする現世利益的な話が多く盛り込まれている。「聖母済窮振難」の一話であるが、「大瑪斯各《ダマスカス》」という古くからの名郡に、板の聖母像がある。その像から「神油」が流れ出し、それは「取之無病不癒。無禍不去。無難不除。無魔不逐。」（これを取れば癒されざる病なし。去らざる禍なし。除かれざる難なし。逐われぬ魔なし）という万能なものであるため、「遠近聞之。祈恩者接踵。無不沾其潤澤也」（遠近これを聞きて、恩を祈ふ者、踵を接す。その潤澤に沾《うるお》さざるなし）というような有様である。

一方、「聖母罰僇不肖者」という項目には、懲悪の話十話が収められている。中古西南国の異端者は聖母・天主を誹謗したため、「悪疾」に罹り、「四体」が「腐臭」して死んだ。その代わり、聖母を信仰しない人を殺した「古世善士」は獅子に助けられる。さらにこのような痛ましい話がある。瑪厄亞《マアヤ》国の一人の童子は、最初は賢師をしたって聖母の会に入って聖教を習っていたが、突然に邪教に溺れるようになり、賢師の教えや神の訓戒にも耳を傾けなくなった。ある日、悪友と遊び興を尽くして帰宅し、深い眠りに入った。すると、机の上の蝋燭がまずその着ている服を点し、ついにその体を焼いた。童子が目覚めて地上に転び落ち哀号したが、とうとう「痛不可忍而死」（痛みに忍びえずして死んだ）と焼き殺されてしまった。かつて信者であった功徳も無視され、懲罰されている。

むすび

人間は罪深い存在で、時にはキリストも聖母も背いてしまうことがある。しかし、聖母は憐れみ深く、一度だけでも「アヴェ・マリア」を口にしたことのある人ならば、かならず救済の手を差し伸べる。当然、それは現世での幸福を授けるのではなく、永遠の死から免れ、その魂を天国に迎えることである。『聖母の栄耀』はこのような聖母の深く広い慈愛を語る作品である。

それと比べると、『聖母行実』の話は随分現報善悪的になっている。「聖母罰僇不肖者」という項目の最初の「中古西南国異端者」の話の終わりに、「乃知聖母于善者。為慈母。于悪者。即為厳司」（乃ち知る、聖母は善者には慈母と為り、悪者には厳司となることを）とあるように、善人には現世的な幸福を与え、悪人をば直ちに懲らしめる勧善懲悪の聖母像が浮き彫りにされている。来世における救済とは違って、現報は霊験のあらたかなることの端的な現れであることは言うまでもない。カトリック伝来当初、このような聖母の霊験譚の宣揚が、仏教の霊験譚に馴染んでいた中国ないし東アジアの信者には親しみやすかったかもしれない。

注

(1) 本論で使用したテキストは一七九八年刊一冊十行、内題に「主教湯亜立山准」とある早稲田大学図書館蔵本である。

(2) 小峯和明「東アジアの〈東西交流文学〉の可能性――キリシタン・天主教文学を中心に」（『東アジアの文学圏――比較から共有へ』アジア遊学一一四号、二〇〇八年）。

(3) 小峯氏の論では説話数が一〇九篇としているが、十項目のうち、三項目の始めに概説的な文言が付されているため、それも説話と数えられたのではないか。あるいはまた、「聖母啓牖愚蒙護提學者」という項目には二行ばかりの話があり、それを見落としたのではないだろうかと思う。

(4) 本書では、三十六番の話が巻末に置かれているため、最後の三話の順序が他の書籍と異なっている。

（5）中国語で『又聖母経』とも訳される。

（6）中国語書名『聖母的栄耀』。本論に使用したテキストは天主教上海教区光啓社から二〇〇八年二月に私家版として出版したもの。同社二〇〇三年六月出版の『姚景星訳作集』には『中尓福』と『聖母小故事』が収載されているため、それをも参照した。なお『聖母的栄耀』は一八六八年八月十七日にニューヨークのO'SHEA PUBLISHERから出版された英訳*GLORIES OF MARY*の第二版の構成・内容と基本的に一致している。

（7）中国語訳には話のタイトルがついているので、それを掲げておいた。一八六八年版の英訳では、話のタイトルはなく、すべての話が「EXAMPLE」として挙げられているので、原著にも話のタイトルがなかったのだろう。

（8）年数について、前掲英語版では五十七年になっている。

（9）「天神」という用語については、拙稿『聖母行実』における「天啓」の表現構造」（『東アジアの今昔物語集』勉誠出版、二〇一二年）を参照。

◎コラム◎
聖徳太子のユーラシア

井上章一

いのうえ・しょういち――国際日本文化研究センター教授。専門は風俗史。主な著書に『日本人とキリスト教』（角川ソフィア文庫、二〇一三年）、『伊勢神宮と日本美』（講談社学術文庫、二〇一三年）、『京都ぎらい』（朝日新書、二〇一五年）などがある。

一、馬か、キリストか

聖徳太子は、さまざまな伝説につつまれた皇子である。眉唾物の神秘的な話も少なくなく、そのすべてを信じることは、とうていできない。太子の実在そのものをうたがう研究も、このごろは注目をあつめている。

ただ、太子伝説の中には、説話論的な興味をかきたてるものもある。それらは、歴史研究のよりどころになりえないかもしれない。しかし、神話分析の素材としてなら、じゅうぶん活かしうる。

なかでも、私はイエス・キリストの生誕伝説ともひびきあう太子の誕生譚に、そそられる。

太子は、母の間人后《はしひとのきさき》が厩《うまや》の戸にあたって産気づき、産みおとされた。そのせいで、厩戸皇子《うまやどのおうじ》とよばれるようになる。そう『日本書紀』をはじめとする諸文献には、しるされている。そのことが、いやおうなく馬小屋で生まれたキリストの物語を、しのばせる。

あとひとつ、『上宮聖徳太子伝補闕《ほけつ》記』に書かれた太子誕生の物語も紹介しておこう。こちらでは、よりキリストの生誕記に近い話が、くりひろげられていた。

のちに太子の母となる間人后は、ある晩夢を見る。金色にかがやく僧侶が、彼女へある御告《おつげ》を言いわたす夢である。僧侶は言う。自分は、この世をすくいたいと思っている。ついては、間人、お前の腹をかりて、この世へあらわれでたい、と。

間人はこの夢告をうけた一年後に、厩の戸で産気づき、太子を出産した。通常の太子伝に夢告譚のつけくわわった物語を、『伝補闕記』は展開したのである。

『聖書』のルカ伝は、大天使ガブリエルがマリアの夢に登場する話を、のせている。お前は、まもなく救世主を生むだろう。そんな夢告をうけて、マリアはキリストを馬小屋でもうけた。このルカ伝がつたえる生誕伝説と『伝補闕記』のそれは、おおむねかさなりあう。話の骨組が、そっくりにできている。

『伝補闕記』じたいは、九世紀のはじめごろにまとめられた。太子がかりにいたとしても、その二〇〇年後に書きあげられた文献である。のみならず、主人公である太子の生涯を伝奇的にあおろうとする傾向が、いちじるしい。太子、もしくは太子らしい人物にせまる史料としては、つかえないだろう。

だが、その記述が聖書のルカ伝とつうじあうところは、見すごせない。どうして、この二つは、これだけたがいに似かよいあっているのか。

歴史家の久米邦武は、聖書の伝説が日本で翻案されたせいだと考えた。「正しく基督《キリスト》の新約書を焼直したるものだ」、と（「聖徳太子の対外硬」『太陽』一九〇四年一月号）。

周知のように、中国の唐、長安へはキリスト教の一派がたどりついていた。七世紀にはネストリウス派（景教）の宣教師らが、布教をはじめている。八世紀の後半には、多くの信者をあつめ、隆盛期をむかえていた。

日本からも、遣唐の留学僧がおおぜいおくりこまれていた時期である。彼らが、長安の教会で聖書の物語を聞かなかったとは、言いきれない。救世主が夢告をへて、馬小屋へ嬰児となってあらわれる。この話を留学僧が聞きかじり、太子伝に付会した可能性は、否定しきれない。久米はそう考え、その線でおしきったのである。

もちろん、説話の伝播とその翻案をあかしだてる実証的な根拠はない。ただ、ひところは名のある歴史家たちが、この想像説を好意的にうけとめた。井上光貞、青木和夫、家永三郎らが、肯定的な見解をしめしている。たとえば、「推測だが、ありそうなことである」、などと（井上光貞「聖徳太子」一九六五年、『井上光貞著作集』第九巻、一九八五年）。

とはいえ、べつの仮説をだす研究者も、いなかったわけではない。直木孝次郎は、太子を馬の飼育になじんだ渡来人とつなげて、位置づけた。厩戸という名前がうかんだのは、そのせいだと書いている（「聖徳太子伝」『歴史と人物』一九七九年十二月号）。上原和も、騎馬民族文化圏の説話に、その源流をもとめていた（『斑鳩の白い道のうえに――聖徳太子論』朝日出版社、一九七五年）。

二十一世紀の研究者たちは、あまりこの問題に口をはさまない。おもしろそうなテーマなので、言及すれば、学界から白い目で見られる。あいつは興味本位の方向へながされていると思われるのがいやで、手を出さない。遠まきに見すごすことが、今は学界遊泳の平均的な世渡りとなっている。

往時とくらべれば、研究者コミュニティも、すごしづらくなってきたということか。

二、聖書と久米邦武

二十世紀初頭の久米邦武は、聖徳太子とかかわる記録の鑑定に、力をつくしていた。この文献は史料として、比較的信頼しうる。こちらはヨタ話でしかなく、まったく信じるにたりない。そう諸記録を値踏みして、分類する作業へのりだしていた。

『上宮聖徳太子伝補闕記』に言いおよんだのも、そのためである。そして、久米は空想的な作り話の多いこの文献を、低く見つもった。史料としてはとるにたらない。なにしろ聖書の翻案もまざっているような代物だから、と。史料批判で否定的な判断を下す。そのために久米は翻案説をひねりだした。それをおもしろがろうとする気持ちが、はじめにあったとは思いにくい。

ただ、結果的に文化交渉史のテーマをひろいだしたとは、自分でも考えていた。「渡唐の僧徒が、耶蘇基督《イエスキリスト》の事を聞知りたりといふは、一考すべき価値のある問題なり」（前掲「聖徳太子の対外硬」）。久米じしん、史料的な評価はとはべつに、そうのべている。

若い、三十歳台前半のころに、久米は欧米を歴訪した。一八七一年から二年間にわたり、いわゆる岩倉遣外使節の随行員として洋行する。使節の公式記録となる『米欧回覧実記』（一八七八年）をまとめたのも、久米である。歴史に通じた人でもあり、自らのことは遣唐使の末裔としても、とらえていただろう。

また、久米は使節のなかで、キリスト教問題を担当する役目も、あたえられている。彼らをむかえる西洋側は、キリスト教がひろがらぬ日本を、にがにがしくながめてきた。イギリスのパークスは、キリスト教への理解を、日本側へ熱心にすすめている。久米はそのため、訪問先でほぼ毎日曜日に、教会へかよったのである。

司祭の語るキリスト生誕の物語も、いやおうなく耳にしただろう。聞けば、太子の誕生譚とよく似かよっていることにも、気づいたはずである。そして、久米に遣唐使の後継者という自覚があったなら……。

遣唐の僧が長安で聖書に接し、馬小屋の物語を日本へもちかえる。この着想も、ごく自然に久米の脳裏をよぎり得たのではなかろうか。岩倉使節で教会がよいを余儀なくされた。聖書翻案説は、そんな久米がおかれた立場の、必然的な産物だったような気もする。

さきほどは、この説を史料批判という作業の副産物として、位置づけた。そして、久米の立場を読むかぎり、そううけとめるのが妥当であるだろう。しかし、内心ではこのテーマにそうとうつきうごかされていたと、私は考える。

長安へつたえられた聖書が、日本へ飛火して太子伝説になった。そのことを、久米はただ一行、「一考すべき価値のある問題なり」と、のべている。史料批判を論じた文章全体の中では、ささやかな指摘としてしかうつらない。

しかし、この短い指摘に、久米は万感の想いをこめていただろう。洋行中の教会へかよった日々のことが、脳裏をよぎったりもしたのではないか。

久米邦武は、明治期の実証史学を代表する歴史家であった。聖書からの翻案説を、そんな歴史家らしくない想いつきだなとみなすむきはいよう。久米ほどの人にしては、軽はずみなことを言いだしたものだな、と。

だが、岩倉使節での仕事を考えれば、そうたやすくあなどれない。翻案説へいたらざるを得ないようなつとめを、久米ははたしていたのである。

三、さまざまな赤い糸

聖書の物語が太子伝になったことを否定する人々は、しばしば日本の騎馬文化を強調する。厩戸の名が浮上したのは、馬とかかわる文化があったせいである。わざわざ、聖書の感化を言いたてる必要はない、と。あるいは、厩の文字がつかわれている地名などを、厩戸の背後に読みとくむきもいる。

とはいえ、問題は厩戸という名前の由来だけを読みといても、かたづかない。騎馬文化の介在などを説いても、不十分である。

じっさい、『上宮聖徳太子伝補闕記』には、金色の僧侶による夢告の話ものっている。救世の願いがある者、救世主の誕生を馬小屋と関連づける筋立てに、それはなっていた。この部分は、日本側の事情をいくら説明されても、うなづけない。やはり、聖書の感化などを、どうしても考えたくなってくる。

そうはいうものの、久米邦武の読み解きで、すべてがすんなりいくわけでもない。

久米は長安へきていたネストリウス派が、聖書をもちこんだと考えた。しかし、彼らがネストリアンであったことを、かみしめてはいない。キリスト教の一派としてとらえるに、とどまった。

くりかえすが、大天使ガブリエルによる夢告譚は、ルカ伝におさめられている。そして、ルカ伝にしかのっていない。聖母マリアを美化する度合いの強いルカ伝だけが、これをつたえている。マタイ伝やマルコ伝、そしてヨハネ伝にこの話はふくまれていない。

ネストリウス派は、マリアの聖性を否定する一派であった。それゆえに、エフェソスの公会議（四三一年）では、異端だとみなされている。ペルシャをへて中国までやってきたのは、そのためであった。地中海方面での布教をあきらめ、東方へむかわざるを得なかったのである。

そんなネストリウス派が、はたしてルカ伝を中国へもちこんでいただろうか。マリアをないがしろにしがちなこの一派が、マリアの奇蹟を長安でうるわしく語ったか。その点では、どうしてもとまどいをおぼえる。彼らがマリアやガブリエルの話を、喜々としてつたえたようには思えないのである。

ただ、ネストリアン以外の伝播者を想定する余地は、なくもない。

中国の西側、いわゆる西域では、数多くのマニ教文献が見つかっている。二十世紀初頭に、ル・コックを代表とするドイツの東洋学は、それらを発見した。トルファン、カラシャールといった諸地域に。

のみならず、それらのマニ教文献は、古代ギリシャのイソップ童話もたずさえていた。

イソップには、毛利元就が語ったとされる「三矢の訓」とほぼ同じ話が、収録されている。そして、毛利の伝説は、いっぽんに吐谷渾《とよくこん》の説話へさかのぼると、みなされてきた。しかし、すぐ西側のトルファンにとどいたイソップを源流とすることも、できるだろう。トルファン、吐谷渾、そして日本という系路も、考えうる。

ユーラシアをまたぐ諸情報の伝播は、あなどれない。マニ教以外にも、さまざまな伝播のルートを想定しうる。ビザンチンの聖書を、アラブの商人が中国の江南あたりへもちこんでいたかもしれない。ルカ伝や聖書の外典類が、唐代に東方へつたわる可能性は、否定しきれないのである。

『伝補闕記』の元ネタを、これだと特定することはむずかしい。その系路をうんぬんするのも、今は困難である。しかし、聖書起源説のかすかな命脈は、ネストリアン以外のところで、たもちたい。

天界の塔と空飛ぶ菩提樹
――〈仏伝文学〉と〈天竺神話〉

小峯和明

こみね・かずあき――中国人民大学高端外国専科、立教大学名誉教授、フェリス女学院大学客員教授、早稲田大学客員上級研究員。文学博士。専門は日本中世文学、東アジアの比較説話。主な著書に『中世日本の予言書――〈未来記〉を読む』（岩波新書、二〇〇七年）、『中世法会文芸論』（笠間書院、二〇〇九年）、編著に『〈予言文学〉の世界――過去と未来を繋ぐ言説』（アジア遊学一五九号、勉誠出版、二〇一二年）などがある。

〈仏伝文学〉及び〈天竺神話〉論の一環として、中国明代の『釈氏源流』の注解に端を発して、太子時代の釈迦が妻争いで射た矢が天界に達し、塔に祀られる故事をもとに、釈迦にちなむ様々な聖遺物を納めた地上の塔と天界の塔との対照を検証し、さらにスリランカにおける舎利伝来と塔供養の起源譚とそれにかさなる菩提樹の伝来、奇蹟の物語を分析した。

一、悉達太子の技芸比べ譚から

仏法を創始した釈迦の伝記を中心に、本生譚（ジャータカ）や舎利譚、仏弟子譚等々をも含む広義の概念として〈仏伝文学〉を提唱し、日本と東アジアに及ぶ多面的領域と、種々のイメージとテクストやメディアの重層し合うミックスメディアの観点から総合的にその展開を追究している。ここではその一環として、釈迦の太子時代の嫁取り争いをめぐる技芸譚を起点とし、そこから派生する天界の塔（卒塔婆）や空を飛び旅する菩提樹などにふれ、〈仏伝文学〉からさらに〈天竺神話〉とも呼ぶべき世界像にふれてみたい。

ことの発端は、北京を中心に活動している『釈氏源流』を読む会（東アジア古典研究会）での輪読にある。『釈氏源流』はすでに随所でふれているように、十五世紀、明代の宝成編、各段に漢字四字の表題、出典を明記した十数行の文章と挿絵からなる刊本で、幾度も改編されている。仏伝にはじまる天竺から中国に至る仏法伝来史を僧伝主体で綴る一大雄編であ

図1　『釈氏源流』宝成本

り、その影響は朝鮮、日本、ベトナムなどまさに東アジアに浩瀚に及んでいる。

ここで問題とする第十七段「諸王捔力《しょおうかくりき》」（図1・2）は、悉達太子が提婆達多らと技芸比べを行い、抜きん出た力量を示して耶輸陀羅を娶る一連の章段で、弓矢で鉄の的を射ぬいたり、象を投げ飛ばしたりする一節。まず宝成本から全文を引用しておこう（以下、北京外大の何蔚泓氏の担当報告に拠るところが大きい）。

本行経云、浄飯王与大臣娑呵提婆、論諸釈種童子、武芸之中、誰能最勝。於戯場中、安施鉄鼓、提婆達多、射徹三鼓、難陀即射、亦徹三鼓。有司進弓、太子試弓以弓力弱、令取内庫、祖王所用良弓、太子牽挽、平胸而射、一箭穿過七箇鉄鼓、其箭射達、十拘盧奢。復更別立鉄猪、太子一箭、便穿七鉄猪。彼箭入地、即成一井、於今人民、常称箭井。爾時諸天、各将天花、散太子前、帝釈取箭、**上天起塔供養。**

時浄飯王、既見太子技能、皆悉勝彼、勅取白象、擬太子乗。提婆達多、先入城、見此白象、問言何往。答言、擬太子乗。時提婆達多、我慢興盛、左手執鼻、右手築額、一挙倒地。遂即命終、塞彼城門、往来不通。難陀次至、見象塞路、執彼象鼻、牽離城門。太子見已、左手挙

図2　『釈氏源流』憲宗本

象、以右手承、従於虚空、擲置城外、一拘盧舎。而象堕地、即成大坑。至今人民相伝、此処名為象坑。

（北京文物局複製本）

前半が弓矢、後半が象の投擲をめぐる内容。提婆達多や難陀に対して、悉達太子は一矢で七つの鉄豚を射貫き、その矢が地に入り、井戸を掘り、帝釈天がその矢を取って天上界の塔に収めて供養した。ついで白象を提婆達多が一撃で倒し、難陀がその象を道の脇にどけたのに対して、悉達太子は左手で象を持ち上げ、城外に投げ飛ばした、という。十九世紀の改編本『釈迦如来応化事蹟』（図3）では「諸王捔力」、「擲《てき》象成坑《ぞうじょうこう》」の二段に分離され、本文を分けて挿絵もそれぞれ別途につけている。典拠の「本行経」は仏伝経典を代表する『仏本行集経』を指す。大幅な抄出からなるが、部分的に『過去現在因果経』（『釈迦譜』）に近い部分もある。

参考までに『仏本行集経』巻十三「捔術争婚品下」から前半の弓矢の部分のみ抄出しておこう。

悉達太子取其祖父獅子頬王所用之弓、而暫施牽挽作声。為此因縁、浄飯大王将於無量無辺諸物、用供太子。是時、太子施張彼弓右手執箭、出現如是微妙身力、牽挽彼箭、平胸而射、過阿難陀及提婆達多乃至大臣摩訶那摩三人等鼓。其箭射逮十拘盧奢所安置処、皆悉洞過、没於虚

図3　『釈迦如来応化事蹟』

空。爾時諸天在於虚空。而説偈言。（略）爾時諸天、説是偈已。各将種々天妙雑花、散太子上、散已忽然没身不現。是時太子所射之箭、天主帝釈、従虚空中、秉執将向三十三天、至天上已。為此箭故、於彼天中、建立箭節。常以吉日、諸天聚集、以諸香華、供養此箭。乃至於今諸天、猶有此**箭節日**。

爾時、釈種諸眷属等、復作是言、悉達太子射技最遠、已勝衆人、今更須試射鞭之物。（略）

便穿七鉄猪過。七猪過已。彼箭入地、至於黄泉、其箭所穿、入地之処、即成一井、於今人民、常称**箭井**。（大蔵経）

帝釈天が太子の矢を取って天界で供養する話題と地に入った矢が井戸を掘る話題とは別であることが分かるが、ここで問題となるのは、『釈氏源流』が上記を抄出していながら、末尾の太字部分「帝釈取箭、上天起塔供養」の一文が、『仏本行集経』には「箭節」「箭井」だけしかみられないことである。この起塔供養の記載はどこからきたのかが問題視されるであろう。

もう一つの代表的な仏伝経典『過去現在因果経』をみても塔供養の条はみられない（『釈迦譜』巻二も同）。

太子又言、此弓力弱、更求如是七弓将来。師即授与。太子便執七弓以射、一箭過七鉄鼓（略）爾時提婆達多、最先射之。徹三金鼓。次及難陀、亦徹三鼓。（略）諸臣答言、太子祖王有一良弓、今在王庫。太子語言、便可取来、弓既至已。太子即牽以放一箭。徹過諸鼓、然後入地泉水流出。又亦穿過大鉄囲山。（大蔵経）

下って、玄奘《げんじょう》の『大唐西域記』巻六・劫比羅伐卒堵国《こうひらばつそとこく》（七「自在天祠及箭泉」）には、

城南門外路左有窣堵波。是太子與諸釈角芸射鉄鼓。従此東南三十余里有小窣堵波。其側有泉。泉流澄鏡。是太子与諸釈引強校能。弦矢既分穿鼓過表。至池没羽因涌清流。

時俗相伝、謂之箭泉。夫有疾病飲沐多愈。遠方之人、持泥以帰。随其所苦漬以塗額。霊神冥衛多蒙痊愈。箭泉、東北行八九十里、至臘伐尼林。（上海古籍出版社版）

とあり、伝説を現地で確認する、聖地巡礼がはたされているが、ここでも「箭泉」とあるのみ。

一方、『釈氏源流』とほぼ同時代の十五世紀、朝鮮王朝の仏伝をみると、世宗の命で最初に編纂された『釈譜詳節』巻三は、『釈迦譜』（『因果経』）に拠っており、やはり問題の一節はみられない（千柄植『釈譜詳節第三注解』亜細亜文化社、一九八五年）。ところが、『釈譜詳節』にもとづく仏伝歌謡の『月印千江之曲』（図4）上巻・第三十九〜第四十一には、「天上塔」の表現がみえる。原文はハングル漢字交じりなので、ここでは河瀬氏の日本語訳で示そう。

難陀と調達は象を持ち上げたり倒したりしましたが、二人の力に違いがありません。太子は一人で象を高くあげて受け止め、二人の力に一度でお勝ちになりました。(39)

身の程を知らないので、二人が放った矢は、三つの的を射抜いただけでした。神力がこれ程までに強いので、一度お放ちになった矢は、四種七つづつの鼓を射抜きました。(40)

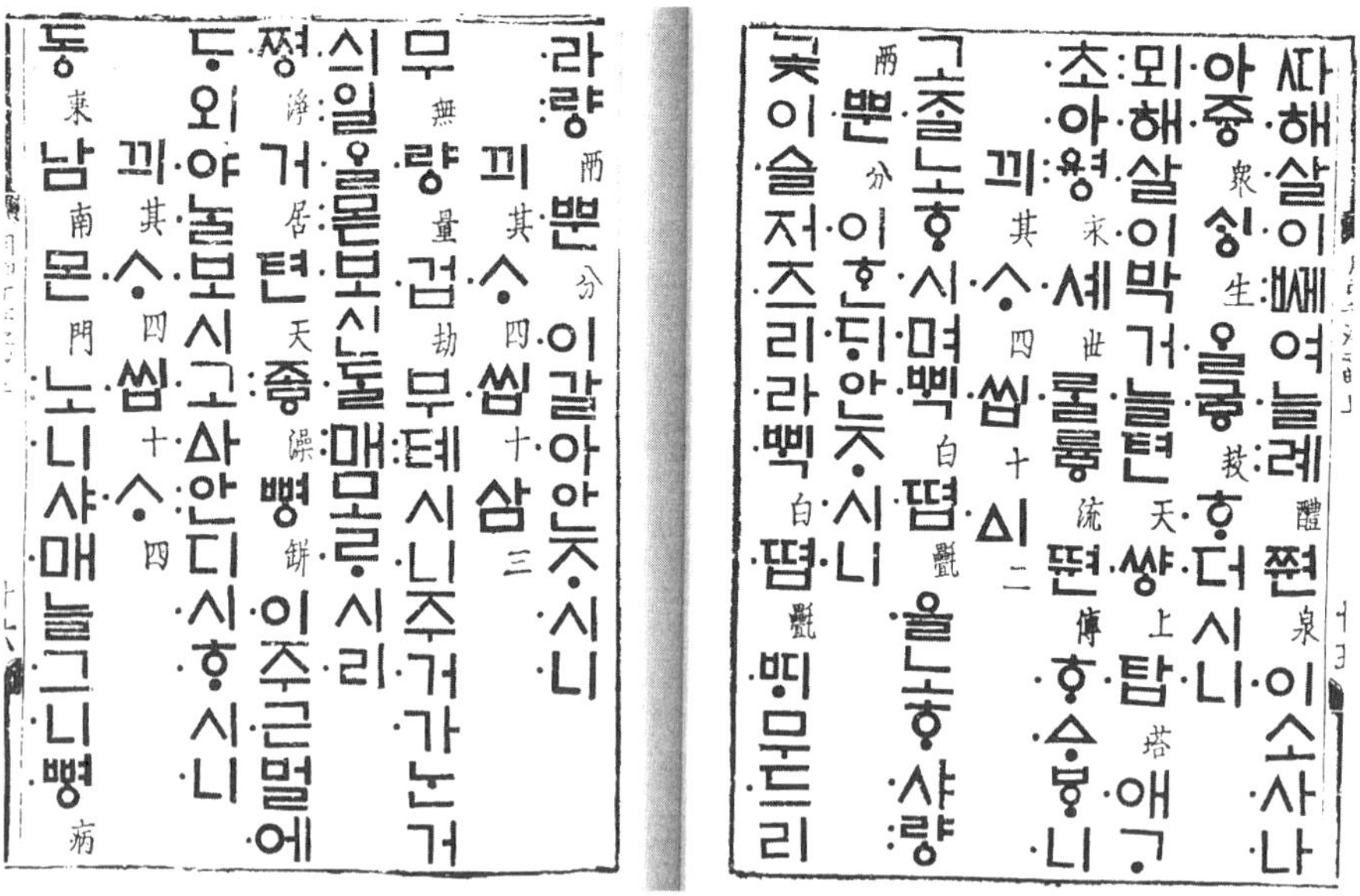

図4　『月印千江之曲』

地を矢が射抜いたので、そこから醴泉が湧き出し、衆生をお救いになりました。山に矢が突き刺さったので、**「天上塔」**に納めて、永世に流伝申し上げました。(41)

(河瀬幸夫訳『釈譜詳節』上巻、春風社、二〇一〇年)

「天上塔」は原文にも漢字で書かれていることが確認できるので間違いないところであろう。

なお、『月印千江之曲』を『釈譜詳節』で注解した『月印釈譜』は当該巻が現存せず、詳細は不明である。『月印千江之曲』がハングル創始で名高い世宗によって作られ、宮廷で歌われたことが『朝鮮王朝実録』世祖十四年(一四六八)五月十二日条にみえる。

上御思政殿、与宗宰諸将談論、令各進酒。又命永順君溥、授八妓諺文歌詞、令唱之。即**世宗所製月印千江之曲**。上慕世宗黙然、呼戸曹判書盧思慎与語。良久堕涙。思慎亦伏俯泣下、左右皆変色。

世宗の息で後に王になった世祖が八人の妓女にハングルの歌詞を与えて歌わせた。それが世宗の作った「月印千江之曲」で、世祖は亡き世宗を想い、涙を流したという。宴席で歌われる歌謡で、日本の後白河院編纂『梁塵秘抄』の今様の法門歌などと対比できるであろう。

他方、日本の仏伝をみると、中世十四世紀以降の真福寺蔵『釈迦如来八相次第』では、以下のようになる。

汝ガ祖父獅子頬王ト宝ノ弓、大梵寺ト云寺ニ、香花ヲ備テ供養スル弓アリ。此弓ハ劫初ノ転輪聖王ノ宝ノ御弓ナリ。此時ニ当リテ、此弓ヲ取出スベシトテ、召寄セラレタリ。此弓ヲバ誰カハルベキ。(略)

後ニコソ悉達太子ノ五百ノ童子ト能クラベノ時、祖父獅子頬王ノ財ノ弓、昔転輪聖王ヨリ伝レル御弓ヲ、太子自ラ張リテ弦打シ玉フ音ト人皆知ニケレ。(略)的ヲタテテ、ユミヲヒキ、矢ヲハナツニ、アマリニツヨク射玉ヘバ、七ノ鼓ヲ射徹シテ、其矢大空ラヲサシテゾ走リケル。忉利ノ天王帝釈下リ向テ、虚空ノ中ニシテ菩薩ノ矢ヲ取テ、忉利天ニ返テ、菩薩ノ**宝ノ矢ノ会**ト云会ヲ立テ、供養スルコト今ニ不絶ト、経ニハ説レタリ。(略)

アマリニツヨク射タマヘバ、七ノ鉄ノ猪ノ股ヲ射トヲシテ、其矢大地ヲ射サキテ、八万由旬ノソコ、金輪際ニ射付タリ。矢ノトヲリタル跡ハ水流レイデテ、今ニ至ルマデ不絶。此井ヲバ**菩薩ノ矢ノ井**ト名クト、経ニハ説タリ。

(真福寺善本叢刊)

ここでは、「宝ノ矢ノ会」とか、「菩薩ノ矢ノ井」があるものの、やはり塔の供養はみられない。結びの「経ニハ説タリ」は『仏本行集経』をふまえているとみてよい。また、日本の中世には、掛幅の仏伝図がいくつも制作され、釈迦八相図などに弓矢・相撲・象投擲の場面は定番となっているが、矢が忉利天まで飛ぶごとく天上界が描かれることはまずない。

さらには、日本近世の仏伝をみても、十七世紀の仮名草子『釈迦八相物語』巻四・六「小弓勝負の事」に、射芸の場面で悉達太子と提婆達多の東西対決があるが、空中に投げ挙げた球を射落とすもので、それが太子の愁嘆の深まりにつながり、もともと耶輸陀羅の妻争いをめぐるものではない。十九世紀の読本『釈尊御一代記図絵』巻二「悉達太子与提婆達多競技」も、『釈迦八相物語』をさらに増幅させ、弾丸の儀式や鉄鼓の的の儀式、相撲などがあるのみで、天界への視野はみえない。

二、箭塔と天上四塔

このように一連の仏伝場面をみてくると、あらためて『釈氏源流』の「帝釈取箭、上天起塔供養」の出所が問題視される。先引のごとく、典拠の『仏本行集経』十三「捔術争婚品」では、天主帝釈が「箭節」を建立、吉日に諸天が集まり、香華を供えて供養する。「箭節日」としたとあるが、「起塔」についてはふれることがない。いったい、『釈氏源流』の記述はどこからきたのか。

そこで該当するらしいのが、先引の河瀬幸夫『釈譜詳節』現代語訳の注に指摘する、『景徳伝燈録』巻三十「深信共崇鉢塔成」の一節である。

乃用鉢盛奉献、菩薩食已、将其鉢擲向尼連河中。天帝釈収帰天上、建塔安置供養。故名鉢塔、此天上四塔之一也。四塔者、一**髪塔**、二**箭塔**、三**鉢塔**、**四牙塔**。人間亦有四塔、一**如来生処塔**、二**如来成道処塔**、三**如来転法輪処塔**、**四如来涅槃塔**。

釈迦が苦行を終えて尼連禅河で沐浴、鉢を河に捨てたため、龍宮の王と帝釈天とで争奪戦となり、帝釈天が金翅鳥に変化して鉢を奪い取り、天上界で鉢塔を供養した、という故事により、天上の四塔にふれる。釈迦の髪、箭、鉢、牙の四塔で、二つ目に「箭塔」が出てくる。この天上四塔は人間界の四塔、すなわち釈迦の誕生、成道、転法輪、涅槃の塔に対応するという。

ここで、天上四塔と人中四塔が問題になるが、先取りしておくと、一般の天上四塔のうち、「箭塔」の例はここのみで、逆に『景徳伝燈録』には、「爪塔」「衣塔」がないことが留意される。

あらためて天上四塔について、代表的な『釈迦譜』(『経律異相』引用)で検証すると、巻八「釈迦天上四塔記第二二」

（出集経抄）にいう、

忉利天城東、照明園中有**仏髪塔**。忉利城南、麁渋園中有**仏衣塔**。忉利城西、歓喜園中有**仏鉢塔**。忉利城北、駕御園中有**仏牙塔**。大智度論云、天帝釈取菩薩髪、於天上城東門外立髪塔。又持菩薩宝衣、於城東門外立衣塔。

祐案経律、人中有四大塔。**生処塔**、在迦維羅衛国、処三千日月、万二千天地之中。**成道塔**、在摩竭提国、善勝道場元吉樹下。**転法輪塔**、在波羅奈国、古仙人住処鹿野苑中。**涅槃塔**、在拘夷那竭国、力士生地、秀林双樹間。

祐仰惟、至人処世利益弘大、髪爪衣鉢咸為法事。故能宝刹霞起広被人天、造塔之源、非唯散身而已也。

この部分、十三世紀の日本の『渓嵐拾葉集』巻十一などにも引用される。忉利天、城東の照明園に「仏髪塔」、忉利城南の麁渋園《そじゅうえん》に「仏衣塔」、忉利城西の歓喜園に「仏鉢塔」、忉利城北の駕御園《がぎょえん》に「仏牙塔」がそれぞれあるという。一方、『大智度論』では、城東門外に髪塔、衣塔があったという。

ついで「祐案経律」とあるように、編者道祐が『経律異相』から人中四塔の例を引いて対照し、髪爪衣鉢が法事として供養され、それが人天に広まったとされる。『経律異相』巻六「天上四塔十二」、及び「人中四塔十三」をふまえる。

また、『経律異相』巻六「天起牙及缺瓫《けつおう》塔九」には、

仏右牙右缺瓫骨。在忉利天師子洲起塔。請得二缺瓫及牙。今在釈宮。出善見毘婆第二巻。

とあり、忉利城北の駕御園に仏牙塔があるとする先の記載と異なる。

ついでに髪塔や爪塔に関して『経律異相』からみておくと、

仏久遊諸国。長者須達、思恋渴仰。白仏言、願留少物常得供養。仏与髪爪。願聴起塔。仏乃舎衛国造作欒栱。彩画荘厳。出十誦律善誦第一巻。（巻六「須達起髪爪塔十」）

仏至月氏国。西降女羅刹。時宿石窟中、于今仏影猶在。有人就内看之、則不能見。出孔則光相如仏。有時飛到罽賓国、隷跋陀仙人山上、住虚空中。降此仙人。仙人言、我楽住此。願仏与我髪爪起塔供養。塔今現在此山下。有離越寺。離越応云隷跋陀。出大智度第十二巻。

（同「身去影存仙人従化起髪爪塔八」）

仏の思慕に髪や爪を収め供養する塔の建立が信仰のあかしのようになっていた。『大唐西域記』にもその遺蹟が巡礼の対象になっていたことを知る。

城西南八九里毒龍石窟、昔者如来伏此毒龍於中留影。雖則伝記、今無所見。其側有卒堵婆、無憂王之所建也。高二百余尺。傍有如来経行遺跡及**髪爪卒堵婆**。病苦之徒、求願多癒。

（巻五・憍賞弥国「二、具史羅、世親、無著及諸遺跡」）

この種の例は他にも多く、今は省略にしたがうが、仏を思慕する供養塔が地上と天上界とで相対するかたちで建立されていたのである。

三、宝蔵としての塔――仏遺物と塔

仏塔といえば、一般には舎利塔のみ知られているが、仏の遺物はすべて崇敬の対象となり、その遺徳をしのぶために仏に関する物まで天上と地上とで祀られていた。身体に関するものでは舎利、髪であり、物では衣、鉢、そして矢である。結局、今のところ「箭塔」に関しては『景徳伝燈録』の割注のみで、他に見出しえていない。だからといって、『釈氏源流』が直接これに拠ったと短絡することはできない。もっと広範な口頭伝承から聞書や疏釈書類をはじめ多層の資料源が背景にあるはずで、今分かるものだけで、点と点を直線で単純につなげることはできないだろう。

さらには、仏の舎利や物を塔に収蔵し、供養するのは地上と天上界ばかりではなかった。もうひとつの異世界、すなわち海底の龍宮世界である。天界と地上と龍宮との自在な往還、それらに遍在する仏の力と、仏への崇敬が全体をつらぬく。それが〈天竺神話〉の基軸となる舞台であった。

たとえば、忉利天の鉢塔を例にすれば、先にもふれたように、帝釈天と龍王との争奪戦があった。ここは、『仏本行集経』巻二十五「精進苦行品下」で示そう。

爾時彼河尼連禅主、有一龍女。名尼連茶耶、隋言不寡。従地湧出。手執荘厳天妙筌提。奉献呈菩薩。菩薩受已、即坐其上。坐其上已。取彼善生村主之女所献乳糜。如意飽食。悉皆浄尽。菩薩既食彼乳糜已。縁過去世行檀福報業力熏故、身体相好、平復如旧。端正可喜。円満具足。無有缺減。

爾時菩薩、食彼糜訖。以金鉢器、棄擲河中。時海龍王、生大希有奇特之心。復為菩薩難現世故、執彼金器。擬欲供養。将向自宮。是時**天主釈提桓因**、**即化其身**、**作金翅鳥金剛宝嘴**。**従海龍辺**、**奪取金鉢**。向忉利宮三十三天、恒自供養。於今彼処三十三天立節。名為供養**菩薩金鉢器節**。従彼已来、至今不断。

爾時菩薩、食糜已訖、従坐而起。安庠漸漸向菩提樹。彼之筌提、其龍王女、還自収摂。将帰自宮。為供養故而有偈説菩薩如法食乳糜。是彼善生女所献食訖、歓喜向道樹、決定欲証取菩提。

苦行を終えた仏が村の娘から施された乳糜《にゅうび》を食して回復、金鉢を河に投げ捨てる。それを見た龍王が取って供養しようとするのを、帝釈天が金翅鳥に変じて飛来、奪い取って忉利天に収め、「金鉢器節」として供養したという。これも天上界と龍宮の対峙となり、おのずと忉利天の鉢塔供養の起源譚となっている。先の「箭節」と同様である。

龍宮に関する塔供養として問題となるのは、やはり舎利塔であろう。舎利は仏涅槃後に信仰の対象となり、王権護持をはじめ多種多彩に展開することになるが、仏が自らの舎利を収めた舎利塔を礼拝して、そのいわれを語る話がみられる。

『経律異相』同「仏現菩薩時舎利塔十五」にいう、

> 有七宝塔、従地踊出。仏従座起。為塔作礼。時道場菩提樹神問曰、「如来最勝最尊何縁而礼此塔」。仏答曰、「昔行菩薩道時、有全身舎利在此塔中。因是身早成仏道」。使阿難開塔、取舎利示此大衆。阿難啓塔開七宝函。舎利紅白。仏言、「是戒定慧之所勳修。甚難可得最上福田」。大衆歓喜恭敬頂礼。出金光明経第四巻。

地より踊出した七宝塔を仏が礼拝、菩提樹神がそのわけを尋ねると、「前世の菩薩道修行時代の舎利を祀る塔だ」と言い、弟子の阿難が七宝函を開けると紅白の舎利が出てくる。「戒定慧を勤修したからで、最上の福田は得がたいものだ」と仏が語ったという。舎利塔をめぐる釈迦の前世に及ぶ語りで、本生譚の一種である。釈迦が自らの前世の舎利を前にその因縁を語る構図で、日本中世の『釈迦の本地』などにもつらなる定型化した本生譚といえ、生の紅白の舎利そのものが拠り所となる。卒塔婆だけではもはや語りのリアリティを支えきれなくなり、紅白の舎利という遺物が必要となったのであろう。ここでは、幾度もくりかえされた仏の生涯の過去と現在の対峙があり、双方をつなぎとめるのは釈迦の語りのみである。

さて、龍宮の舎利塔はどうであろうか。

『釈迦譜』巻九「釈迦天上龍宮舎利宝塔記第二十九」（出菩薩処胎経）によると、涅槃後荼毘に付された仏舎利をめぐって争いになりかけたのを大臣優波吉が調停し、諸天と龍王と八人の王とで三分することになるが、分ける際に大臣はこっそり瓶の内側に蜜を塗っておいて舎利の量を増やすようにした。そして、天上界、龍宮、八国にそれぞれ舎利を祀る七宝塔が建てられ、荼毘の際の灰や土四十九斛も祀り、四十九宝塔が建てられたという（当闍維処亦起宝塔。高三十九仞）。

ついで『釈迦譜』巻九「釈迦龍宮仏髭塔記第三十」（出阿育王経）では、仏荼毘の後、難頭禾龍王が人の姿に変じて涅槃の場に向かう途中、阿闍世王《あじゃせおう》が八万四千の舎利と髭を得て鳴り物入りで帰還する所に遭遇、舎利を所望するも断られたため、国土を粉砕するぞと脅して譲り受け、須弥山下の海底八万四千里に水晶の瑠璃塔を建てて安置する。阿闍世王の後をついだ阿育王がそのことを知って怒り、鬼神に鉄の網を作らせ、龍王を捕らえようとしたため、龍王は謝して阿育王を水晶の塔に連れて行き、仏の所有する経戒や袈裟応器を塔に納めた、弥勒の世に出すつもりだったと事情を説明し、阿育王宮殿に舎利を返したという。

　これが有名な阿育王の八万四千の舎利塔供養の故事に当たる。

『釈迦譜』の編者道祐は以下のようにいう、

　祐以為、能供三宝本在天人。故忉利閻浮塔廟森列。至於難頭龍王及大士応化。所以法滅之時、収蔵尊経。其能建刹不亦宜乎。

　三宝供養の大本は天人にあり、それで忉利天や閻浮提に塔廟が林立しているのだ、龍王が法滅に備えて経典を収蔵するのもしかり、またよいことであると龍宮の役割を讃えている。

　阿育王の話は『今昔物語集』巻四第三「阿育王、殺后立八万四千塔語」にも語られ、阿育王が寵愛する后をねたんだ八万四千人の后達を殺戮する罪の恐れから八万四千塔を供養する件に結びつけている。天界と地上と龍宮との三層構造が天竺世界観の基底にあったことがよく分かるであろう。

　また、『蓮華面経』巻下にも、鉢と舎利を天界で供養する話題がみられるが、ここでは省略に従う。

四、舎利塔と菩提樹

『釈氏源流』の一節をめぐって思わぬ旅をしてきた感があるが、舎利や鉢にとどまらず、さらにこれに菩提樹もからんでくることが、『経律異相』巻六「天愛帝須王起塔請舎利及菩提樹五」にうかがえる。菩提樹は釈迦が悟りを開く成道の場としてあまりに有名であるが、この菩提樹は無数に存在し、空を飛んだり、はては龍宮にも行ったりする。まさに旅する菩提樹の様相を呈していることに驚かされる。かなり長い話題なので、ここでは以下、概要を示すにとどめよう。

　阿育王の息子の僧摩哂陀《ましんだ》らが師子国（今のスリランカ）の天愛帝須王のもとで供養を行い、帰還する際に王は涅槃のことを尋ね、舎利を納める塔を建てたいと言う。阿育王の孫、沙弥修摩耶に頼むと、修摩耶は帰国して祖父阿育王に尋ねる。阿育王は「帝釈天のいる忉利天に右牙と右缺瓫骨二つあるからもらってこい」と言い、はたして帝釈天から舎利を譲り受ける。（先にみた『経律異相』巻六「天起牙及缺瓫塔九」に対応する）。天愛帝須王は喜び、塔はどんな形かと僧摩哂陀に尋ねると、稲を積んだような形と応え、王が塔を建てて供養すると、天地が震動し、様々な奇瑞が起こる。

大王夫人阿菟羅求《あとらぐ》は摩哂陀に出家の得度師を依頼するが、摩哂陀は女人の扱いを拒否、代わりに波吒利弗《はたりほつ》国にいる妹の伽蜜多比丘尼を奨め、天愛帝須王《てんあいていすおう》に菩提樹を迎えに行くように言う。王は甥の伽蜜多を使わし、摩哂陀《ますや》は神通力で船を一日で届けさせる。しかし、阿育王は娘の伽蜜多《きゃみった》が自分のもとを去ることに反対する。比丘尼は目連が言った釈迦の五つの予言を示し、「菩提樹の枝が自然に切れて金の器に入り、虚空に舞い上がって一週間後にまた金の器に戻り、枝葉が茂って実がなれば、師子国が舎利を得て、我が在世のように栄えるだろう」とさとす。

八月十五日に樹枝を絵に画くと根がひろがり、阿育王は誓いを立てて菩提樹の根を一つ断つと、それが細い根を増やし、枝が網の目のようにどんどんひろがり、阿修羅や梵天も賛嘆し、やがて菩提樹は六色の光を放ち、虚空に舞い上がり、七日間留まり、王は菩提樹を閻浮利地《えんぶりち》王として礼拝し、九月十五日に菩提樹はもとに戻る。王はついに比丘尼に師子国に向かうことを許す。多摩摽《たまひょう》にまで来て、諸王たちが水に首までつかりながら菩提樹をかついで船に乗せる。阿育王は伽蜜多に因果を含めて涙ながらに見送る。すると、途中で龍王がこの菩提樹を奪おうとしたため、比丘尼は金翅鳥に変じて対峙し、龍王は龍宮で七日間だけの供養を懇願し、龍王は菩提樹を王位として礼拝、供養する。

そして、師子国の天愛帝須王は閻浮倶那衛諸《えんぶくなえいしょ》まで菩提樹を出迎えに行く。十月十四日に城内に入り、さらに各地を巡回し、菩提樹は虚空に飛翔し光を放ち、国中を照らす。摩哂陀や比丘尼は菩提樹の下に集まり、その種を植え、金の器に入れるとたちまち八株に増え、それを各地に植えるとさらに増えて、国中に満ちる。菩提樹によって国土安穏で災厄もなく、王夫人や甥も出家し、皆羅漢果を得る。最後に、僧摩哂陀は王の孫が大塔を建てることを予言し、王は孫の名を記した石柱記を刻んだという。

獅子国における舎利塔供養をめぐる話題であるが、焦点はむしろ光を放ち、天に昇り中空に止まり、数々の奇瑞を起こし、増殖する菩提樹にある。菩提樹をかついだり、練り歩く儀礼の光景が印象深い。おそらくこの種の祭祀儀礼が行なわれていたのであろう。

ここでも天界の阿修羅たちが供養したり、寿祝したりするし、龍王が航海の途次に菩提樹を奪おうとし、比丘尼が金翅鳥に変じて対峙する。先の帝釈天が金翅鳥に変じて龍王から鉢を奪うモチーフがここにも生きている。阿育王の天竺国から獅子国への仏法伝来であり、王権の支配構造の伸張とも関係が深いであろう。

五、〈天竺神話〉論へ

〈仏伝文学〉の探究を機縁に、ここでかいま見たように、須弥山を中心とする天界から海底まで自在に駆け巡る巨大な世界にことは及ぶ。これを以て〈天竺神話〉と呼ぶことが可能であろう。その巨大さはたとえば、須弥山にそびえる巨樹などにうかがえる。

須弥山南有一大樹。高四千里。諸鉢叉鳥恒栖其上、樹常不動。有一小鳥、形類鶉鴳、住止其上、樹輒震撫。鉢叉問樹神言、「汝無知、我身重大而自不動。小鳥来時反更震揺」。神言、「此鳥雖小、従海底食一金剛、金剛為物。所堕之処無不破散。所以大怖不能自安耳」。出十巻譬喩経第七巻。（『経律異相』巻三「須弥南樹七」）

七宝ノ瓶ニ香水ヲ盛リ満テ、亦須弥山ヨリ四ノ樹ヲ下セリ。其ノ樹、各千囲也。高キ事、百由旬、四天王ニ随テ同時ニ下テ、荼毘ノ所ニ至レリ。樹ヨリ甘乳ヲ出ス。（『今昔物語集』巻三第三四）

前者は、須弥山南側の高さ四千里もある巨樹、鉢叉鳥《はちしゃちょう》が群れをなして住処としていても全く揺れることがないのに、小鳥が留まると大きくゆらぐ。理由を尋ねると、この鳥は小さくても海底の金剛を食べていて、金剛はあらゆるものを打ち砕くからだ、と樹神が答えたという。

後者は、釈迦の涅槃にちなむ話題、荼毘に付す場面で遺骸に火がつかなかったのを、須弥山の中腹にいた四天王が香水を持ってくる。「囲」は広さの単位で巨大な樹をあらわし、四天王とともに釈迦のところまで降りてきて、甘乳の樹液を出しても火がつかなかったという。

円形の九山八海の中心から屹立する須弥山とその頂上である天界の忉利天（帝釈天）と海上に浮かぶ島である南閻浮提、そして海底の龍宮を舞台に、帝釈天、四天王、阿修羅、龍王、金翅鳥等々が自在に駆け巡り、巨樹や供養塔等々が林立する一大スペクタクルが展開する。

以前、検討した「須弥山図」（ハーバード本、敦煌本等々）の意義もあらためて浮き彫りにされる。釈迦の存在もまたそうした世界でこそ、より巨大で深遠な相貌をおびる。〈仏伝文学〉は〈天竺神話〉を背景において読まれる必要があり、〈天竺神話〉もまた〈仏伝文学〉とあわせてとらえなくてはならないだろう。〈天竺神話〉には、漢訳仏典を基軸とする〈物語力〉と呼ぶべき、躍動する想像力や空想の淵源がここにあるといってよい。

東アジアの文芸世界に刻印された〈仏伝文学〉と〈天竺神

話〉の豊饒さにさらに想いをいたすべきであろう。

＊「須弥山図」に関しては、以下の論考を参照。
高陽「須弥山と天上世界――ハーバード大学所蔵『日本須弥諸天図』と中国の『法界安立図』をめぐって」（小峯和明編『漢文文化圏の説話世界』竹林舎、二〇一〇年）、「東アジアの須弥山図――敦煌本とハーバード本を中心に」（小峯和明編『東アジアの今昔物語集――翻訳・変成・予言』勉誠出版、二〇一二年）、小峯和明『今昔物語集・宇治拾遺物語』（新潮古典文学アルバム・新潮社、一九九一年）、『中世説話の世界を読む』（岩波セミナーブックス・岩波書店、一九九八年）、「須弥山世界の言説と図像をめぐる」（国際日本文化研究センター編『アジア新時代の南アジアにおける日本像　インド・SAARC諸国における日本研究の現状と必要性』二〇一一年）、「須弥山の頂上を往く」（『図書』岩波書店、二〇一二年）。

長谷寺「銅板法華説相図」享受の様相

内田澪子

国宝に指定されている長谷寺「銅板法華説相図」について、これを伝えてきた人々は、その時々、同図をどのように理解・解釈してきたのか。モノとしての「説相図」が出来上がったのち、当初の製作目的とは必ずしも関わりなく、時間の推移と共に特に長谷寺の始原につながる遺物としての意味が重要視され、折々の必要に柔軟に対応しつつ再解釈が繰り返される様相をみてとることができる。

はじめに

長谷寺に伝えられた「銅板法華説相図」（以下「説相図」と略称）は、白鳳時代の仏教美術を現代に伝える優品として広く知られており、国宝にも指定されている。およそ八〇センチメートル方の銅製で、三層の多宝塔を中心に諸仏がレリーフ状に表され、下部には銘文が刻まれている。

本図成立の時期を直接伝える文言は、残念ながら記されていない。銘文中に「降婁《かぶる》漆兎《しつと》上旬《かみのとをか》」との文言があり、これが「戌年・七月・上旬」を意味している、ということは、伴信友の指摘[1]以来ほぼ定説となっている。が、では十二年毎に現れるどの「戌年」と比定すべきか、美術史学・日本史学からするあつい先学によっても、未だ、確定するには至っていない。本稿ではこの点はひとまず措き、およそ白鳳期あたりの作風とみる見解に、まずは従っておきたい[2]。

うちだ・みをこ――お茶の水女子大学比較日本学教育研究センター研究協力員。主な論文に「縁起の〈縁起〉――『長谷寺縁起文』成立周辺」（『論集 中世・近世説話と説話集』和泉書院、二〇一四年）、「『十訓抄』序文再読」（『日本文学』七〇九号、二〇一二年）などがある。

一、「説相図」銘文と図様

よく知られたものではあるが、「説相図」銘文全文は次の通りである。(3) 銘は十二文字二十七行に刻まれているが、銅版向かって右下方角一部が欠損しており、銘文冒頭も一部欠ける。欠損文字は「□」とした。一方で銘文冒頭には『甚《じん》希《け》有《う》經《きょう》』を引用する箇所（引用「 」内）のあることが明らかになっており、『甚希有經』により補った文字は［ ］にくくった。

惟夫霊応□□□□□□□□立称巳乖□□□□□□□□□□真
身然大聖□□□□□□□□不図形表刹福□□□□□□□□日夕
畢功慈氏□□□□□□□仏説、若人「起窣堵［波、其量下
如］阿摩洛果、以佛駄都［如芥子許］安置其中、樹以表
刹量［如大針］、上安相輪如小棗葉、或造佛［像］下如
穬麦」此福無量、粤以A奉為天皇陛下、敬造B千仏多宝仏
塔、C上厝舎利仲擬全身下儀並坐、諸仏方位菩薩囲繞、声
聞独覚翼聖金剛師子振威、伏惟聖帝超金輪同逸多、真俗
双流化度无央、庶冀永保聖蹟欲令不朽、天地等固法界无
窮、莫若崇拠霊峯、星漢洞照、恒秘瑞巌金石相堅、敬銘
其辞曰、遥哉上覚、至矣大仙、理帰絶妙、事通感縁、釈
天真像降茲D豊山、鷲峯宝塔涌此心泉、負錫来遊、調琴練
行、披林晏坐、寧枕熟定、乗斯勝善、同帰実相、壱投E賢
劫、倶値千聖、歳次降婁漆兎上旬、F道明率引捌拾許人、
G奉為飛鳥清御原大宮治天下天皇敬造

（欠字部略）……仏説キタマハク「若シ人、卒塔婆ヲ起テタテマツルニ、其ノ量下阿摩洛菓ノ如クシ、仏駄都ノ芥子許リノ如キヲ以テ其ノ中ニ安置シタテマツリ、樹テタテマツルニ表刹ノ量大針ノ如キヲ以テシ、上ニ相輪ノ小棗葉ノ如キヲ安キタテマツリ、或ハ仏像ヲ造リタテマツルニ、下は穬麦ノ如クスレバ、此ノ福ハ無量ナリ」ト。粤ヲ以テ、天皇陛下ノ奉為ニ、敬テ千仏多宝塔ヲ造リタテマツル。上ニ舎利ヲ厝キ、仲ニ全身ヲ擬リ、下ニ並坐ヲ儀フ。諸仏ハ方位シ、菩薩ハ囲繞シ、声聞・独覚ハ聖ヲ翼ケ、金剛・師子ハ威ヲ振フ。伏シテ惟ルニ聖帝ハ金輪ヲ超ヘタマヒ逸多ニ同ジ。真・俗双ナガラ流ルルモ化度央クル无シ。庶冀ハクハ、永ク聖蹟ヲ保チ、不朽タラシメント欲ス。天地ハ等固ニシテ、法界ハ无窮ナリ。崇テ霊峯ニ拠リ、星漢洞照シ、恒ニ瑞巌ニ秘シ、金石相堅キニ若クハ莫シ。敬テ其辞ヲ銘シテ曰ハク、「遥カナル哉上覚、至レル矣大仙、理ハ絶妙ニ帰シ、事ハ感縁ニ通ズ。釈天ノ真像、茲ノ豊山ニ降リ、鷲峯ノ宝塔、此ノ心泉ニ涌ク。錫ヲ負ヒ来遊シ、琴ヲ調ベテ練行ス。林ヲ披キテ晏坐シ、枕ヲ寧メテ熟定ス。斯ノ勝善ニ乗ジテ、同ニ実相ニ帰セム。壱シク賢劫ニ投ジテ、倶ニ千聖ニ値ハム。」歳ハ降婁ニ次ル漆兎ノ上

旬、道明捌拾許ノ人ヲ率引シ、飛鳥清御原大宮ニ天下治メタマヒシ天皇ノ奉為ニ敬テ造リタテマツル。

＊訓読は原則として注2『古京遺文注釈』記載のものに従い、一部私に改めた箇所がある。

＊参考　『甚希有經』冒頭[4]

如是我聞、……中略……、於諸如来般涅槃後「起窣堵波、其量下如阿摩洛果、以佛駄都如芥子許安置其中、樹以表刹量如大針、上安相輪如小棗葉、或造佛像下如穬麦」如是二種所生福聚何者爲多、……以下略

銘文中A「奉為天皇陛下」や、G「奉為飛鳥清御原大宮治天下天皇」とあるから、本「説相図」は天皇を意識し作られたもので、製作主体はF「道明」と読める。また、自らをB「千仏多宝仏塔」と称していて、C「①上厝舎利、②仲擬全身、③下儀並坐、④諸仏方位、⑤菩薩囲繞、⑥声聞・独覚翼聖、⑦金剛・師子振威」は、上部に表現された図様ときちんと対応している。図様の中心には三層の多宝塔が大きく据えられ、上層には舎利を納めた容器と思しき宝珠様のもの（①）、中層には坐像仏の全身（②）、下層には多宝仏と釈迦が座を分け合って並坐する様子（③）が表されている。更にその多宝塔の四方を取り囲むように、下方左右に「一如来四菩薩二僧形[5]」、上方左右に「中尊を如来倚坐像とする三尊仏[6]」が配され（④）、更にこれら全体を千体以上の小さな仏が取り囲む（⑤）。僧形の声聞と独覚は多宝塔の両翼に立像で表され（⑥）、前足を踏ん張った二頭の獅子は多宝塔の下部に、金剛力士は更に下段の銘文の両脇に配されている[7]（⑦）。銘文の記すところとレリーフの図様は緊密である。

多宝塔内に二仏並坐の描かれる図様は、『法華経』巻四「見宝塔品」の、霊鷲山で釈迦が説法をしていると地中から大多宝塔が湧出。塔内には多宝仏が在り、釈迦を招き入れると座を分け合って坐り、釈迦が説法を続けるという場面を念頭においたものであることが周知となっている。更に「見宝塔品」には現れない舎利が、塔の上層に装飾を施し強調して配されている（C①）ことから、本図には「多宝塔の湧出自体」を表現しようとする意図があって、そこには舎利の出現が含意されていること。またB「千仏多宝仏塔」やE「賢劫倶値千聖」といった銘文の文言や、中央の塔や仏を囲むように千体以上の仏を配する図様表現（C⑤）は、「賢劫《けんごう》千仏の表現」を意識したものともされる[8]。

また、先述のとおり銘文冒頭には、小さな仏塔であっても造立供養することに功徳のあることを説く『甚希有經』が引用されており、八〇センチメートル方程の銅版に多宝塔を刻む、という意識と連動したものかと考えられている。『甚希

有經』は全二三〇〇字余の短いものであるが、玄奘三蔵が六四九年に漢訳したものとされるから、「説相図」の成立がこれを遡ることはない。長安では、この『甚希有經』漢訳に触発され、〈小さな仏塔〉である多宝塔塼《せん》の製作が大規模に行われたらしく、「説相図」はその影響を受けているのではないか、との指摘もある。(9)

他に、唐では六五〇~六七〇年ころ、玄奘が印度から請来した塼仏を踏み返し、「偏袒《へんだん》右肩の降魔印如来坐像」塼仏が多量に製作されたことが明らかにされている。(10)近い頃、日本でも塼仏は盛んに製作されていたらしく、奈良県川原寺（弘福寺）の境内跡から大量に出土した遺品が広く知られている。中でも出土数の多い「方形三尊塼仏」は七世紀中頃のものとされているが、この中尊は偏袒右肩の倚坐で定印を結び、上方に天蓋、その両脇には飛天が配されていて、橘寺出土塼仏の図様もこれに似る。(11)また當麻寺奥院に伝わった押出仏「如来倚像及び両脇侍像」の図様も「方形三尊塼仏」に似るが、天蓋の両脇には飛天ではなく化仏が配されている。(12)「説相図」上方左右の三尊仏に目を戻すと、中尊は偏袒右肩に倚坐で、天蓋と化仏が配されている。(13)

後に触れる『日本三代実録』の記事によれば、「説相図」銘に名前を刻む「説相図」製作主体と考えられる道明《どうみょう》は、塼仏が大量に出土した川原寺の僧でもある。七世紀中頃の長安での『甚希有經』漢訳、連動する多宝塔塼製作興隆の気運、大和国川原寺他周辺での塼仏や押出仏製作興隆という状況、あるいはその結果として生まれた作品群。時間的にも空間的にも、またレリーフ状の作品であることも併せ、「説相図」がこれらの動向と連続する流れの中で製作された可能性は低くないのではないだろうか。(14)

塼仏・多宝塔塼以外にも、「説相図」が宝塔を囲むように千仏を配している図様に、「千仏中に小龕《しょうがん》を設けて如来倚坐像を配するという龍門石窟（六八〇）や鞏県《きょうけん》石窟（六六六～六六八）にみられる作例との構成上の類似」を見る指摘もある。(15)「説相図」の成立が白鳳時代の最末期、七一〇年前後の成立であると仮定しても、この間は三十~四十五年ほどであり、銘文に引用されている『甚希有經』が漢訳されてからは六十年ほどである。玄奘が西域から長安にもたらした様々な文物や情報は、この程度の期間のうちに日本にも伝播し、「説相図」の製作に参観・引用された可能性がある。「説相図」は、漢訳仏典、塼仏、石窟彫刻など、シルクロードを経由したさまざまの文物や情報を、集合・受容したような作品ということになるだろうか。直接的な製作意図が那辺にあったにせよ、「説相図」製作が、遠く仏教の始原と繋がっていることに、その正統性を見出す精神性の上に成立したことは、認められるであろう。

二、「説相図」銘の享受

「説相図」は現在長谷寺に属する。ただ、銘文にみえるD「豊山」は、大和長谷寺の山号である可能性が高いものの、この「説相図」と長谷寺との関係がどのようなものであったのか、また製作主体である道明と長谷寺との関係も、この「説相図」銘文だけではさほど明らかではない。管見のかぎり白鳳期ころの資料に道明という人物を確認することもできていない。(16)

しかし道明は、白鳳期からは一五〇年ほど降った貞観十八年（八七六）『日本三代実録』五月二十八日条に、「説相図」ではなく長谷寺そのものの草創に関わる人物として現れる。

……先是、律師法橋上人位長朗申牒称「大和国長谷山寺、是、長朗先祖川原寺脩行法師位道明、宝亀年中率其同類、奉爲国家所建立也、霊像殊験、遐迩仰止、請、毎年安居、令居住僧等、講演最勝・仁王両部経、誓護朝廷、其布施・供養、用寺家物」、太政官処分、依請、

……是ヨリ先、律師法橋上人位長朗、申牒シテ称ハク「大和国長谷山寺ハ、是、長朗ガ先祖川原寺修行法師位道明、宝亀年中ニ其ノ同類ヲ率シ、国家ノ奉為ニ建立セシ所也。霊像殊ニ験、遐迩仰止ス。請フラクハ、毎年ノ安居ニ、居住僧等ヲシテ最勝・仁王ノ両部ノ経ヲ講演シ、朝廷ヲ誓リ護ラシメ、其布施・供養ハ、寺家ノ物ヲ用ヒンコトヲ」。太政官処分ス、請フニ依レ。

本記事は、長谷寺住僧によって最勝王経・仁王経の講演を行う許可を求めた申牒《しんちょう》が、長朗《ちょうろう》より朝廷に出されていたこと、その申牒に対して太政官が許可を与えたことを伝えている。その長朗の申牒（引用「」内）前半に長谷寺建立の由来が記されていて、道明については、長朗の先祖で川原寺の脩行法師位、宝亀年中「奉為国家」に長谷寺を「建立」した人物であると記されている。

申牒の提出者である長朗は『維摩講師研学堅義次第』(17)に存在を確認できる薬師寺僧で、貞観十年（八六八）維摩会の講師を勤め、翌貞観十一年には大極殿での最勝会講師も勤めている。(18)凝然《ぎょうねん》（一二四〇〜一三二一）による『華厳五教章』の注釈『五教章通路記』第二十四章第六の中にも、「薬師寺長朗上綱、並義聖律師評之」などと名があがっているから、後代になっても薬師寺の学僧として認知されていたようだ。

その長朗が、長谷寺は国家と所縁のある寺院であること、霊験灼かであること、広く信仰を集めていることを言い、毎年の安居《あんご》に朝廷を護る目的で、所謂護国経である最勝王経・仁王

経を長谷寺で講ずることを申請していた。なぜ今殊更に護国経の講演が必要なのか、その理由は記されていないのだが、申牒の日附を少し遡る同年四月十日に平安京大極殿が焼亡している。[19]平安京遷都以来初めての焼亡である。長朗も同殿で貞観十一年正月に最勝会講師を勤めていたが（前述）、大極殿は、天皇の即位をはじめ国家としての重要な儀式を執り行う場として当時機能していた。焼亡後復興のため種々手続きや準備がなされたであろう。四月二十八日には担当者が材木調達の準備に紀伊国に派遣され、七月二十一日には作事始と見えている。[20]

長朗の申牒は、太政官が許可を出した五月二十八日よりも前に提出されていたのだから、まだ焼亡の記憶もなまなましいころではなかっただろうか。「誓護朝廷」の目的で護国経を講じるという長朗の申請が、この大極殿焼亡という事態を背景に出されたものである可能性は低くないように思う。[21]その護国経講演を長谷寺において行う理由として、長谷寺「霊像」の霊威の他に、そもそも長谷寺が国家のために建立された寺院であることを述べていた。その、

道明、宝亀年中率其同類、奉為国家所建立也

という文字列の背後には「説相図」銘文の文字列、

道明、率引捌拾許人、奉為飛鳥清御原大宮治天下天皇敬造

が意識されていたと考える方が自然であろう。「説相図」が白鳳期に完成していたとして、この間、どのように伝えられてきたかは不明である。しかし少なくとも長朗は、「説相図」銘文末のこの一文を――意識的か無意識か正否も含め不問とし――長谷寺草創について語る記事であると理解、あるいは解釈している。長朗は、「説相図」銘文を〈長谷寺草創期を伝える遺物〉として享受した、早い段階の人物のひとりである。[22]

三、「説相図」の享受

長朗によって解釈されて以降の「説相図」の動向も不明であるが、長谷寺縁起の決定版とも言える『長谷寺縁起文』（以下『縁起文』と略称）が編まれたころ、長谷寺周辺において改めて着目されたようだ。長谷寺の縁起は、少しずつ内容の異なるものが数多く伝えられているのだが、[23]『縁起文』は、そのそれぞれの縁起が伝えた話の要素をほぼ全て取り込みつつ、再構築したかとみえる内容を持つ。『縁起文』の成立時期は、諸説呈されており未だ定説を見ないのだが、稿者は十三世紀中半以降と推す。[24]

『縁起文』本文の中で、「説相図」と関連する箇所は次の通りである。[25]

前略……称、長谷寺者夫於南閻浮提陽谷、輪王所化之下、

破馭盧嶋［日本国名也］水穂国長谷神河浦北豊山峯而[a]徳道聖人建立十一面観世音菩薩利生之道場也。

此豊山有二名。一者泊瀬寺又云[b]本長谷寺。二者長谷寺又云後長谷寺。

其差別者、「十一面堂西有谷。自其西岡上[c]有三重塔并石室仏像等。是泊瀬寺也。得号者泊瀬河上瀧蔵権現坐。其所勝地而往古以来諸天影向砌也。脇彼社在天人所造之毘沙門天王。古人喚為天霊神矣。雷取登空之時、御手宝塔流而泊此山麓三神里神河瀬。武内宿祢卜筮曰、斯授天徳表地栄也云々。則自手崇而北峯西北隅納之。仍改旧号三神将泊瀬豊山矣。其後経三百余歳道明聖人移之石室。自爾以降繁昌有於此山。故提里名尚安寺号矣。[d]是天武天皇更勅、弘福寺道明聖人建精舎此矣。[e]彼金銅仏像下有□天皇御筆縁起文。其聖人六人部氏人矣。」

次、谷東岡上有十一面堂等者長谷寺也。従大悲利生之谷長而称者。専答徳道聖人之願而北家嚢祖房前臣、奏元正天皇奉□聖武詔勅以所建立也。……以下略

引用箇所冒頭にはa「徳道聖人建立十一面観世音菩薩」とある。徳道は長谷寺縁起の中でも、二丈六尺の巨大な十一面観音像を刻むことになる御衣木の由来譚を中心に語る縁起（『三宝絵』下巻二十「長谷寺菩薩戒」前半部など）[26]で、像造立を発願する人物として現れる。長朗の申牒には徳道の名はなかったが、他の縁起の多くに徳道の名前は現れる。そして道明・徳道の名を並記する縁起の場合、それぞれの関係を「二人相共所建立也」（『扶桑略記』神亀四年三月三十日条前半部）、「沙弥徳道造堂、道明造仏」（『東大寺要録』末寺章長谷寺条）などと説明することもある。『縁起文』では、長谷寺にb「本長谷寺」と「後長谷寺」と称される〈二種類の長谷寺〉が存在することを唱え、道明をより初期的な「本長谷寺」の縁起（引用文「」内）に関わる人物と定位しており、dで天武天皇の勅により弘福寺の道明が「本長谷寺（＝泊瀬寺）」を「建」てたと記している。

しかし、先の『日本三代実録』所引長朗の申牒では、道明が宝亀年中（七七〇～七八〇）に活動していたことを伝えていた。六八六年崩御の天武天皇とは生きた時代が合わない。『縁起文』が天武天皇と道明を組み合わせたのは、「説相図」銘Gの「飛鳥清御原大宮治天下天皇」を天武天皇と解釈した結果であろう。

またe「彼金銅仏像」の「彼」が指し示すものは、本文中に求めるならばc「有三重塔并石室仏像等」とある「仏像」か、あるいは文字化されていないことを念頭においた「説相図」をさしているかもしれない。いずれにせよその「金銅仏

像」の下に「縁起文」があるとすることから、この「金銅仏像」は「説相図」を指している。ここでは「説相図」銘の内容だけでなく、モノとしての「説相図」も長谷寺草創期を語る文脈の中に在る。

天武天皇と道明の生存期にはおよそ一〇〇年ほどのひらきがあるし、そもそも「説相図」銘にはG「天皇」の「奉為」に「敬造」とあるのだから、これは『縁起文』eに言うような〈天武の筆になる縁起〉ではない。『縁起文』は「説相図」銘の文脈から完全に離れ、「説相図」そのものを〈天武天皇と長谷寺との所縁を伝える遺物〉として、捉え直している。

四、公からの喜捨の記憶

ところで、『続日本紀』神護景雲二年（七六八）十月二十日には、称徳天皇（七一八～七七〇）が「幸長谷寺、捨田八町」との記事が見え、これが長谷寺が記録に見える最初である。この行幸や喜捨が事実であるとすれば、当時長谷寺は、既に相応の信仰を集める場であったことになる。この称徳天皇の喜捨から八十年ほど降った、承和十四年（八四七）に長谷寺は定額寺となる。『続日本後紀』同年十二月二十五日条には、

勅、大和国城上郡長谷山寺、高市郡壺坂山寺、元来霊験之蘭若也、宜付所由編為定額、永以官長令検校也、

とあって、「長谷山寺」がこの時点で「元来霊験之蘭若」などと記されるほどの時を経過した寺院であったことがわかるし、また『日本霊異記』下巻第三話も、「帝姫阿倍の天皇（＝称徳天皇）」の御代に大安寺僧「弁宗」なる人物が、「泊瀬の上の山寺」に祀られた「十一面観音菩薩」に祈り、おかげを蒙った話を伝えている。

称徳天皇のころ、長谷寺が霊験灼かな霊場として既に認知されていたとすると、先の長朗の申牒に、称徳天皇の喜捨（七六八年）から数年後の宝亀年中（七七〇～七八〇）、道明が長谷寺を「建立」したとあることと齟齬が生じてしまうかに見える。が、「建立」は必ずしも開創や創始の意でなくともよい。称徳天皇のころなんらかの〈長谷寺〉は既に存在し、霊験灼かな十一面観音像の存在は知られていた。そこに天皇からの喜捨を得て、例えば後の長谷寺にとって中心的な堂舎となる十一面観音像のための観音堂が建立された、あるいは『続日本後紀』が「長谷山寺」、『日本霊異記』が「泊瀬の上の山寺」などとしていて呼称に揺れもあることから、寺院としての構えがまだ確たるものでなかったところ、この喜捨により整備がなされた、などと読むことが可能である。『日本三代実録』所引長朗の申牒に記された〈長谷寺建立〉の事情や時期、『続日本紀』が記した称徳天皇の喜捨の記事は、初

期的な長谷寺の様子の片鱗を伝えていると考える。

数多く残された長谷寺縁起群を観察しても、称徳天皇の喜捨によって長谷寺が整えられた、あるいは観音堂が建立されたというような記事は見いだせない[27]。けれど、公からの喜捨という出来事は重要な記憶であったらしく、ほぼ全ての縁起がそのことを語り、その多くは「稲三千束」を受けたと記している。「稲三千束」というとても具体的な記述は、先学の指摘もあるとおり長谷寺が定額寺となり大和国から燈分稲二四〇〇束を出挙されるようになったという、のちの出来事を受けて附会されたものかもしれない[28]。それでも、公からの喜捨が大切に伝え続けられたのは、『続日本紀』が記したような何らかの〈事実〉に裏打ちされていたからではないだろうか。

そして『縁起文』では、天皇の喜捨があり長谷寺にとって重要な建立があった、というこの文脈も活かされ、十一面観音像を刻むための用途として、神亀元年（七二四）聖武天皇の御代に税稲三〇〇〇束が下され、五年後の神亀六年（七二九）十一面観音が造立されたと記すのである。

五、『験記』による享受

『縁起文』を踏まえつつ、あまり時も移さず成立したのではないかと考えられる長谷寺十一面観音の霊験譚集が『長谷寺験記』（以下『験記』と略称[29]）で、上巻に十九話、下巻に三十三話を収める。その『験記』にも「説相図」は登場している。

まず長谷寺での「蓮華大会」の縁起を語った上巻第三話では、行基が泊瀬の地について語る中に、

……今此山ヲ勘見ニ、α天武天皇自金銅ノ塔ヲナシテ、β上ニ遺身ノ駄都ヲ納メ、中ニ金身ノ舎那ヲ居ヘ、下ニ並座ノ二仏ヲ安ズ。本御堂ト云是也。次沙門徳道神慮ヲ受ケ、公家ニ奏ス。十一面観自在菩薩ノ像ヲミガク。則冥衆感応シテ尊像ヲ造、宝石ヲ顕ハス。今御堂ト云是也。……

と見える。βの記事「上・中・下」の様は「説相図」の図様C①②③と合致しているから、αの「金銅ノ塔」は「説相図」を指しており、『縁起文』と同様に天武天皇「自」ら「ナシ」たものとする。さらに下巻第一話には、当の天武天皇と長谷寺との直接的な関わりを記す話が含まれている。

……天武天皇ハ舒明天皇之太子、天智天皇之御弟也。御兄ニテヲハシケレバ、天智天皇位ヲ取セ給テ、天武天皇ハ空キ御事ニテ有ルベクヲハセシニ、γ当山ニ伽藍建立之願ヲ発テ終ニ位ニ付セ給フ。其願ヲ果シテ此山ニ、δ金銅之千体釈迦之像ヲ造リ堂ヲ建テ、、ε自彼ノ金銅之像之下ニ縁起ヲアソバシテ今ニ当寺ニ有リ。ζ本堂ト云是也。

……

ここでもδは「説相図」を指しているし、εでその金銅像の下部には天武天皇自らが「アソバシ」た「縁起」＝銘のあることも記されている。

下巻第一話は、長谷寺建立以前の霊験譚が複数集められた話であるが、本話も、兄の天智天皇即位によって皇統からは外れた弟天武天皇が、γ長谷寺伽藍を建立するとの「願」をおこし、その結果皇位についたとする。そして「願」が適った故に、天武天皇はε自ら縁起を記したδ「金銅之千体釈迦之像」乃ち「説相図」を作成し、これを収める「堂」も建てた。やや詞足らずではあるが『縁起文』の文脈を援用すれば、ζ本堂は「説相図」を収めた「本長谷寺」を指すことになろう。『縁起文』ではd道明に天武天皇が勅を下し「本長谷寺」を建てたとのみあったが、その理由が本話で示されたことになる。

『験記』本話は『縁起文』とも緊密で、天武天皇と初期長谷寺との浅からぬ関わりを、より積極的に語ろうとしていることは明らかである。単に古代の天皇との所縁を説く必要があるならば、情報が伝わっていたかどうかは不明ながら、先述の『続日本紀』に記される称徳天皇との関わりを持ち出せばよかった。「説相図」を天武天皇の作としてしまうと、これも先述の通りいくつもの周辺情報と齟齬をきたす。しかしその矛盾を含み込んでも、『縁起文』や『験記』は天武天皇と長谷寺観音との関わりを示す方を優先したことになる。

しかし、霊威を得てせっかく手繰り寄せた天武系の皇統は、称徳天皇をもって絶えてしまう。次の光仁天皇は天智天皇の孫であり、母方も含め天武系の血は入らない。『験記』はこの光仁天皇と長谷寺観音との関わりを説く話も収載している。下巻第三話は、『験記』目録に「光仁天皇籠当寺、登帝位興皇胤事」とあり、一読典型的な観音利益譚である。皇統の主流からは外れ「凡夫」としてあった光仁天皇が、長谷寺に「密ニ」参籠。持っていた「末ナキ笏」を「ヨキ笏」に交換してもらうという霊夢を得て、その後皇位に着き「今ニ其御末、世ヲ取セ玉フ」ことになった、とするものである。ここでも、光仁天皇の即位に長谷寺観音の霊威のあったことが説かれ、その後の天智系皇統の繁栄も謂う。

下巻第一話の話も第三話も、どちらも非常に静かな話ではあるけれど、皇統奪取譚ではある。そして天智系から天武系に、天武系から天智系に、という両話を共に収載しており、どちらかの皇統との関係を説くことや、古代の個別の天皇との関係を説くことを越え、『験記』には長谷寺観音の霊威が皇統転換に作用したことを語る、そのことに両話収載の意図があるのではないかと読める。

『験記』では、『縁起文』を介在させながら、〈天武天皇と長谷寺との所縁を伝える遺物〉として「説相図」は享受された。が、新たな『験記』の文脈の中では、「説相図」の存在感はやや淡くなり、後景にひいた存在となっている。

おわりに

それでも『験記』がある程度の人々に読まれたとすれば、モノとしての「説相図」の存在は、長朗の時などよりもずっと広く人々に認知されることになっただろう。『縁起文』も長谷寺縁起の決定版として機能するようになる。そして更に広い人々に理解されることを目指して、漢文縁起の『縁起文』が和文化され、これを詞書とした縁起絵巻が作製された。およそ室町期に成立かとされている長谷寺縁起絵巻は、全三巻で、完本であるものに限っても十数種ほどが知られている。いずれも同構成で「同一原本からの転写本」であるとされている。[30]

縁起絵巻の詞書は、漢文縁起である『縁起文』をほぼそのまま和文化したものであるが、和文脈として文章が整えられたり、一部削除や改変が施された箇所もある。先引『縁起文』の「説相図」に関わる箇所は、縁起絵巻上巻第二段にあたり、その内「武内宿祢卜筮曰」から「其聖人六人部氏人矣」までに相当する箇所は、

武内の宿祢卜筮して云、斯天の徳を地の栄を表すと云々。則崇て北の峯、西北のすみに納む。仍旧号三神をあらためて、泊瀬豊山とす。其後三百余歳をへて道明上人、是を石室にうつす。其より此山繁昌し、観音応現す。故に里の名をとりてなを寺号にをく。是天武天皇更に道明上人に勅して西の嶺に石室仏像幷に三重塔を建立す。

となっている。[31]『縁起文』c「三重塔幷仏像石室」の建立譚がシンプルに語られており、『縁起文』と比較すると、絵巻詞書の文章は、随分すっきりと整えられていることがわかる。そしてその結果として、『縁起文』でやや追加記事的に記されていた、e「彼金銅仏像下有□天皇御筆縁起文」の一文はそっくり落とされている。「本長谷寺」の建立に天武天皇が関わるという文脈は受け継がれているが、縁起絵巻の詞書だけを読むと、「説相図」の存在は感じられなくなった。

しかし、モノとしての「説相図」の存在感は強かったと思しく、当該段の詞書をうけた絵の部分には、「説相図」そのものが大きく描き込まれている。絵画化された「説相図」は、実物にかなり忠実で、レリーフの図様も細かく描き込まれており、絵師が「説相図」そのものを見ていた可能性は高い。加えて、管見の限りどの伝本も、絵画化された「説相図」の向かって右下方角部分は、岩陰などに隠れたように描かれている。これは絵巻制作時、「説相図」の右下方角が、現在と

同様に既に欠損しており、絵師がこの状況を正しく反映させたことによるのではないだろうか。

「説相図」は成立以来、長谷寺の周辺において度々見出され、その都度必要に応える遺物として享受されてきた。そして縁起絵巻が製作されるころには、銘文の文脈や遠く仏教の始原と繋がる正統性は根の部分に保ちながらも、むしろ、確かに眼前にあるモノとしての存在、長谷寺の始原に繋がる遺物としての存在が重視され、きちんと右下方の欠けた形状のままに絵画化されたと考えられる。(32)

注

(1) 伴信友「長谷寺多宝塔銘文長谷寺縁起剥偽」一八四三年、『伴信友全集』二。

(2) 「銅板法華説相図」の成立年代に関わる論考は数多く、主たるものは「長谷寺銅板法華説相図銘」(『古京遺文註釈』桜楓社、一九八九年)や、田中健一「長谷寺銅板法華説相図の図様及び銘文に関する考察」(『美術史』一六八号、二〇一〇年)等に一覧されておりここでは繰り返さない。専論著書に片岡直樹『長谷寺銅板法華説相図の研究』(中央公論美術出版、二〇一二年)。一般に「白鳳時代」と呼ばれる大化元年(六四五)から和銅三年(七一〇)までの間に「戌」の年は六回現れ、一番新しいものは和銅三年の「庚戌」である。

(3) 銘文の文字は翻刻者によってやや違いがある。本稿では前掲注2『古京遺文注釈』所収のものに従い、漢字の字体は原則として通行のものに改めた。

(4) 大正新脩大蔵経データベースに拠る。

(5) 『飛鳥・白鳳の在銘金銅仏』(飛鳥資料館、一九七六年)。

(6) 前掲注2田中論文。

(7) 先述のとおり「説相図」には欠損があり、「説相図」に向かって右側の金剛力士像は、銘文の冒頭部と共に失われている。現在はその一部が木製部材で補われている。

(8) 前掲注2田中論文。

(9) 石橋智慧「初唐文化の日本への伝播と吸収過程」(『国際交流美術史研究会第10回シンポジウム東洋美術における西と東——対立と交流』一九九一年)。

(10) 肥田路美「唐蘇常侍所造の「印度仏像」塼仏について」(『美術史研究』二三号、一九八五年)。

(11) 『飛鳥の塼仏と塑像』(奈良国立博物館、一九七六年)。

(12) 「押出仏と塼仏」(『日本の美術』一一八号、一九七六年)。

(13) 「説相図」の中尊は施無畏印かと見える。

(14) 銘文には他にも六六四年、道宣の手に成った『広弘明集』所収「瑞石像銘」「光宅寺刹下銘」などが利用されていることも指摘されている(神田喜一郎「日本の漢文学」『岩波講座日本文学史』一六、一九五九年、東野治之「銘文について」前掲注5『飛鳥・白鳳の在銘金銅仏』、同「『続日本紀』所載の漢文作品」「白鳳時代における欧陽詢風の受容」『日本古代木簡の研究』一九八三年他)。

(15) 前掲注2田中論文。

(16) 片岡直樹「長谷寺銅板の〝道明〟について」(前掲注2同著書、『新潟産業大学人文学部紀要』二〇号、二〇〇八年初出)は、正倉院塵芥文書、天平勝宝四年(七五二)四月九日東大寺大仏開眼供養交名に「道明」を指摘している。同論では「説相図」の成立を文武二年(六九八)の戌年とみて、当時二十五〜

三十歳であれば七五二年の生存は可能とする。

(17) 宮内庁書陵部編コロタイプ複製本。他に「華厳宗、薬師寺、平城之人、上毛野氏、同十六年十二月廿九日任権律師、元慶三(八七九)年三月三日卒」との情報があり、『興福寺僧綱補任』(『僧暦綜覧』増訂版、笠間書院、二〇〇八年)は享年を七十七とする。

(18) 『日本三代実録』貞観十一年正月八日条。

(19) 『日本三代実録』貞観十八年四月十日条。

(20) いずれも『日本三代実録』同日条。

(21) 同年は五月十四、十五、二十一日と連続して地震も発生している(『日本三代実録』)。

(22) 福山敏男「長谷寺の千仏多宝仏塔銅板」(『日本建築史研究』続篇、墨水書房、一九七一年)も、長朗の申牒の謂いは「説相図」銘を「そのまま書き換えたもの」で「敬造」を寺の建立と誤解した」とする。

(23) 長谷寺縁起群の整理については、拙稿「寺社縁起と説話集――長谷寺縁起群考」(『中世の寺社縁起と参詣』中世文学と隣接諸学八、竹林舎、二〇一三年)。

(24) 拙稿「縁起の〈縁起〉――『長谷寺縁起文』成立周辺」(『論集 中世・近世説話と説話集』和泉書院、二〇一四年)。『縁起文』成立に関する研究史は上島享『日本中世社会の形成と王権』(名古屋大学出版会、二〇一〇年)、藤巻和宏「南都系縁起説と長谷寺縁起の言説世界――研究史の整理と新たな視点の導入に向けて」(『むろまち』九集、二〇〇五年)などを参照されたい。

(25) 横田隆志「長谷寺本・伝遊行三十七代託資上人筆『長谷寺縁起文』――翻刻と解説」(『国文論叢』三六号、二〇〇六年)掲載の本文に拠り、内容に即して適宜段落を設け、記号を私に附した。一部句読点等を私に変更した箇所がある。

(26) 前掲注23拙稿において「乙類」と分類。乙類の縁起には原則として道明は登場しない。

(27) 各縁起が記す天皇名には元正天皇や聖武天皇、天皇名は記さないなどばらつきがあるが、少なくとも称徳天皇の名は見えない。称徳天皇の喜捨が記録として伝えられてあり、長谷寺周辺でもそれを認知していたとするなら、なぜ称徳天皇の名を表に出さないのかは、別の課題として残る。

(28) 前掲注22福山論文。承和十四年(八四七)に定額寺となった後、『日本三代実録』仁和元年(八八五)十月三日条には「……大和国霊験山寺、有長谷・壺坂両精舎、並有燈分稲、付国司出挙、……」とあり、『延喜式』「主税式上、大和国正税」に「……豊山寺料二千四百束、壺坂寺料三千束……」と見える。

(29) 本文は『『長谷寺験記』注釈稿』(平成二十五年度大阪大谷大学特別研究費研究成果報告書、研究代表者横田隆志、二〇一四年三月)に拠った。『験記』の成立時期については、横田隆志「『長谷寺験記』の成立年代」(『日本文学』六八〇号、二〇一〇年)、前掲注24拙稿など。

(30) 中野玄三「社寺縁起絵論」(『社寺縁起絵』奈良国立博物館、一九七五年)。他に長谷寺縁起絵巻について、宮次男「研究資料」(『美術研究』二七五号、一九七一年)、平塚泰三「鎌倉・長谷寺所蔵『長谷寺縁起絵巻』弘治三年奥書について」(『日本美術の空間と形式』二〇〇三年)など。

(31) 本文は『堺長谷寺　縁起関連資料調査報告書』(研究代表者中原香苗、二〇一五年七月)所収、「堺長谷寺蔵大和『長谷寺縁起絵巻』」による。

(32) 縁起絵巻に描かれた「説相図」の意味は今後の課題としたい。

『大唐西域記』と金沢文庫保管の『西域伝堪文』

高　陽

こう・よう――中国清華大学外文系専任講師、立教大学日本学研究所特別研究員。専門は日本説話文学。主な論文に「鳥としての源流考」（『東京学芸大学大学院連合教育学研究科論文集』一八号、二〇〇八年）、「須弥山と天上世界――ハーバード大学所蔵『日本須弥諸天図』と中国の『法界安立図』をめぐって」（小峯和明編『漢文文化圏の説話世界』竹林舎、二〇一〇年）、「『今昔物語集』と漢籍のかかわりについて」（『東アジア比較文化研究』東アジア比較文化国際会議日本支部、二〇一〇年）、「日本中世の孔子説話――『今昔物語集』を中心に」（『知性と創造――日中学者の思考』第五号、二〇一四年）などがある。

玄奘三蔵の有名な『大唐西域記』を抄出した、称名寺所蔵・金沢文庫保管の『西域伝堪文』について初めて本格的に紹介し、その意義を述べた。この資料は従来ほとんど知られていなかった貴重な抄出本であり、単なる抜き書きだけではなく、内容の要約や注釈を施したもので、中世日本における『大唐西域記』の受容を知る上で、きわめて貴重な資料であることを明らかにした。

はじめに

七世紀に唐から天竺に赴き、仏教経典を持ち帰って漢訳した、名高い玄奘《げんじょう》三蔵の旅の見聞録が『大唐西域記《だいとうさいいきき》』である。西域や天竺諸国の当時の風土事情を記録した地誌の性格をも持ち、後続の天竺求法の指南書になるばかりでなく、諸地域の伝説や伝承をはじめ、仏伝やジャータカ（本生譚）などの説話、故事なども豊富に語られ、文学としても注目される作品である。

日本では鎌倉時代末期の『玄奘三蔵絵』が特に有名であるが、この絵巻とほぼ同じ時代に、金沢文庫保管・称名寺所蔵の「説草」と呼ばれる貴重な唱導資料群にも、『大唐西域記』に拠ったものが少なからずあることが分かってきた。私はその中で、すでに公刊された東大寺の弁暁草にみる『大唐西域記』所引の悪龍の説話について分析し、さらに『大唐西域記』のまとまった抄出である説草の『西域記伝抄』についても書誌的な紹介を初めて試みた[1]。ここでも、その延長として、

『大唐西域記』の抄出本である『西域伝堪文《かんもん》』という新出資料について紹介したいと思う。

金沢文庫発行『五寸四方の文学世界』には多くの今まで未紹介の説草資料群が公にされているが、今回扱う『西域伝堪文』はみられない。これが初めて紹介されたのは、二〇一五年十一月、金沢文庫における説話展の折りの小峯和明氏の特別講演であった。[2] 私もその折りに初めてこの資料の存在を知ったのである。弁暁草にみる『大唐西域記』や唱導用の『大唐西域記』抜き書き説草『西域記伝抄』と、あいついで金沢文庫の『大唐西域記』ゆかりの説草を紹介させて頂いた縁もあり、小峯氏の慫慂を受けてこの度紹介させて頂くことになった。

本稿では『西域伝堪文』と『大唐西域記』との本文を比較することによって、『西域伝堪文』の全容を具体的にとらえてみたい。『大唐西域記』のどの部分を選び、省略したのか、など、『西域伝堪文』の特徴をめぐる基礎的な報告を行いたいと思う。『大唐西域記』のテキストは上海古籍出版社版（范祥雍匯校）、及び中華書局版（董志翘訳注）によった。

一、『西域伝堪文』の書誌

はじめに『西域伝堪文』の書誌について簡単にふれておくと、架蔵番号は8―12。写本一冊の仮綴で、外題（中央）に直接「西域伝堪文」と書かれている。横長の全十六丁からなる小冊である（一五・〇×二四・四センチメートル）。料紙は楮紙で、漢字片仮名文で宣命書き、訓点もある。一面の行数は不定。基本は十七行程度で、最も少ないもので四行、多いもので十九行。書体も字の大きさもまちまちであり、複数の筆蹟からなる。第一丁は折紙であり、金沢文庫所蔵の紙焼き写真には紙背の仮名消息を中心にしている。また、第十面あたりからやや入り組んだ錯簡がある。

紙数順に『大唐西域記』の巻順と対照しておこう。

紙背の仮名消息については解読の余裕がなかった。茶地の帙に収められ、外題簽《げだいせん》に「西域伝堪文」。「昭和三十五年七月十日　以県費修理之　金沢文庫」とある。

本書は明らかに『大唐西域記』をもとに恣意的に抜き書きしたもので、法会などの唱導用の説草というより、学僧による学習ノートや手控えのようなものだったと思われる。

ちなみに外題の「堪文」の「堪」は本来、「勘」で漢字の仮借である（前漢『淮南子』「堪、天道也、輿、地道也」）。「堪文」本来の語義は、学者や官人が諮問を受けて事例を調べて報告する文書で、「校勘」などの言葉は今でも使われているが、比較・校定などの作業を行うことを指す。『西域伝堪文』は資料

表1　『西域伝堪文』と『大唐西域記』の対照表（『西域伝堪文』＝紙、『大唐西域記』＝巻、白紙＝白）

紙	0	1	2	3	4	5	6	7	8	9	10	11	12	13	14	15	16	17
巻	見返	序一	一	一	二	二	二	二	二、三	三	四	七	三、四	四	四	四	四、五、六	十一

紙	18	19	20	21	22	23	24	25	26	27	28	29	30	31
巻	白	七	七	七	九	九	八	八	七、八	八、九	八	白	十	白

の対校というより、資料の学習筆記の性格を持っているのではないかと思われる。

『大唐西域記』は全部で十二巻からなるが、『西域伝堪文』は序を含めて巻一から巻十一まで、語彙や対句、章段の概要、国名や旅程の列挙、本文の抜き書き、「〜事」の形式による概要の表題化等々、当該箇所ごとに多様な方法で抜き書きしていることが分かる。最後の巻十二に関しては抜き書きがみられない。以下、『西域伝堪文』（原則として「本書」と呼ぶ）と『大唐西域記』との本文関係及び抄出の方法について具体的に検討していこう。

二、見返しの書き込み

まず巻頭の紙背にも書き込みがみられる。以下に翻刻しておこう。

大徳倩聴比丘某□□三十日
出界為某事故遠来此中
安居文
妙理幽玄アリ非ス言談ノ所ニ究
聖迹昭著ナリ可モ足趾ノ所ヲル尋ル
歳月驟改アラタマリ
炎《エン》涼丞移テ
多宝篤御堂　御断会ニ六十五条
外ニ迫リ風露ニ　内ニ累《ワツラヒ》口腹ニ
顔色憔悴　形容枯槁ナリ
沈浮シ物外ニ　逍遙ス事表ニ
第シハラク　湫トヲク　綺カレハタ　質□ア□

判読できない箇所もあるが、最初の「大徳」以下の文言は末尾の「文」からみて、出典があるようだが、未詳である。『大唐西域記』とはかかわらないメモ書きのようであるが、あるいは本書の形成にかかわるものであろうか。後考を俟ちたい。中間部の「多宝篤」以下も同様である。これらとは別筆で、「妙理」以下の隔句対は『大唐西域記』巻七「戦主国」の「不穿耳《ふかんじ》伽藍」条にみえる。「歳月」以下の対句も同じ巻七「吠舎釐《はいしゃり》国」の「重閣講堂及諸聖迹」条にみえ、次の「外迫」以下の隔句対も先の巻七「戦主国」の「不穿耳伽藍」条にみえるものである。引用者が巻七を読んでいて、書き留めた対句であろう。最後の「浮沈」以下の隔句対は、巻二「印度総述」の「教育」条にみえるものである。末尾は「第」以下、四字の訓を附したもので、訓読の覚えとして記したと思われる。
後述するように、本書の抄出の特徴に対句の抜き書きが挙げられるが、ここでも対句への関心の深さがよくうかがえる。

三、序文の引用と注釈

『大唐西域記』は玄奘の弟子の辨機《べんき》撰で、序が二つあり、一つは秘書著作佐郎敬播《さろうけいばん》、もう一つは尚書左僕射《さぼくしゃ》・燕国公による序である。『西域伝堪文』は、この後者の燕国公の序から写しており、燕国公が権力の側から玄奘三蔵の功績を讃えるものである。『大唐西域記』の伝本によっては前者の敬播の序がないものもあるので、その系統本に依拠した可能性があろう。本書では以下のように数行の抄出のみで、ほとんど対句の形に着目したものである。

西域記序　燕国公
三恪照於姫載　周也
六奇光於漢祀　陳平　六奇也
奇開之歳
聚沙之年
昔聞荀氏八龍　蒙求ナリ
今見陳門双驥　玄奘弟兄也

以上の「燕国公」「周也」「陳平　六奇也」「蒙求ナリ」「玄奘弟兄也」の部分は小字で書かれているが、この部分は『大唐西域記』には見えないもので、本書で独自につけられた注記とみなせる。玄奘は俗姓が陳であり、本書の序では、陳氏が歴代、人材を輩出してきた家柄が強調され、「三恪照於姫載、六奇光於漢祀」という対句がみられ、まさにその対句が抜き出されている。「姫載」はここでは周の時代を意味し、故に「周也」という注釈がつけられている。「六奇」は漢代の名高い策士陳平のことで、『史記』「陳丞相世家」には「凡六出奇計、輒益邑、凡六益封、奇計或頗秘、世莫能聞也」とあり、陳平が六つの策略を考え出したことがよく知られ、『大唐西域記』序では、陳氏の歴代の栄光の先例として、「六奇光於漢祀」と書かれている。本書の「陳平、六奇也」の注はまさにその指摘にほかならない。

「奇開之歳、聚沙之年」は、序の「奇開之歳、霞軒月挙。聚沙之年、蘭薫桂馥」を略した引用で、玄奘が若い年頃に渡天したことを意味する。「聚沙之年」は、有名な『法華経』巻一「方便品」の「乃至童子戯、聚沙為仏塔」をふまえている。

ついで「昔聞荀氏八龍」以下の対句は、玄奘の学問は優れていて求法を志し、非仏教徒をも信服させて広く讃仰されたので、三国時代の策士荀氏《じゅんし》になぞらえられたもの。荀氏は

『後漢書』巻九二「荀淑伝」によるが、ここでは『蒙求』が指摘されている。『蒙求』の「荀陳徳星」を指しているのであろう。

「今見陳門双驥」は、注に「玄奘弟兄也」とあるように、玄奘の兄弟も優れた仏教徒であったことを意味している。

以上、巻頭の燕国公の序の抄出についてみたが、簡単ではあるが注釈もついていて注目される箇所であった。その後の第一巻から第十一巻までの抄出には注釈がほとんど見られないことと対照的である。

四、対句への着眼

以下、『大唐西域記』の巻順に従って、その概要と特徴をまとめてみていこう。

巻一では、話の内容や話のつながりは重視されず、時には原文の順序の前後をも配慮せずに、個々の内容の中から対句のみ抄写する例が目立つようである。たとえば、

唐尭之受天運ヲ　光格《ヲヽキニイタリ》四表ニ
虞舜之納《クルヽニ》地図ヲ　徳流九土
……
一《ニシテ》六合ヲ而光宅
四三皇ヲ而照臨ス

僧
耆艾《キカイ》ノ宿徳
博学ノ高才

……
司牧《ツカサトリヤシナヒ》黎元ヲ
疆画《サカヒカクツ》分野ヲ
……
玄伐滂流　祥風遐ク扇キ
同乾坤之覆載ニ　斉《ヒトシ》風雨之皷潤ニ
……
遠方輻湊《ツトテアツマテ》　高才類聚

等々で、今回、便宜上、部分的にだけ引用してみたが、ここからも分かるように、すべて対句文を抄出している。たとえば、僧についての形容をみると、「耆艾宿徳」「博学高才」と対句の形になっているが、巻一「僧徒粛穆、精勤匪怠、耆艾宿徳、博学高才」の部分の抽出で、徳のある老練の学僧を意味する。「博学」は『大唐西域記』伝本によっては、「碩学」とある。いずれも僧を形容する語句で、上に「僧」という言葉を書いて、線でつないで、「僧」の形容として抜き出したのであろう。対句に対する強いこだわりや自覚的な表現への意識がうかがえる箇所として注目される。学僧が唱導などの作文のために語句の表現や対句法に重点を置いていることがわかる。

五、「事」形式の表題

ついで巻一の最後の部分になると、「〜事」の形で内容を要約した箇条がみられる。以下のようである。

毘沙門霊異事
提謂波利事
西天炎僧事
商那和修袈裟事
羅漢沙弥起悪願為獣身事

これら表題形式の見出しは『大唐西域記』の原文にはみられないもので、本文の読みの過程でこうした要約にもとづき、表題をつけていったのであろう。先に紹介した同じ金沢文庫の『西域記伝抄』にも類似の要約式の表題リストがみられたことと対応するのではないだろうか。

この「事」形式の表題は、以後も続き、本書のほぼ全体をつらぬいていることが確認できる。次の巻二をみると、主に印度の地域にある各国の記述である。玄奘は印度について総述、それから国名・境域・数量・歳時・居住・衣食・文教・仏事・兵術・礼儀などにも言及する。『西域伝堪文』は特に歳時部分の詳細な抄写がみられる。教育・仏教・刑法についての抜き書きもあるが、分量が歳時と比べてはなはだ少ない。

やはり巻一と同様に、最後の部分に、「〜事」の形でいくつかの話を一言でまとめていることが見られる。たとえば、以下のようである。

昔如来値然燈佛得授記事
瞿波羅龍之崛真影事
醯羅城如来頂骨舎利事
迦膩色迦王如来滅後四百年可之記別事
脇尊者八十初出家学通三蔵事
世親造倶舎論事
如意論師断舌自死事
如来於此化鬼子母者害人事
独角仙人事
波你尼仙造声作論事
羅漢化波尼你仙経身ハラ門事

この巻は、瞿波羅龍《くばらりゅう》の説話や一角仙人をはじめ、いろいろ有名な説話が集まっているが、ここで注意すべき条は、「世親造倶舎論事」である。ほかの表題のまとめ方はほとんど話の梗概に近いものだが、「世親造倶舎論事」条は原文では、

脇尊者室東有故房、世親菩薩於此製阿毘達磨倶舎論、人而敬之、封以記焉。

とあるに過ぎず、とりわけ世親の『倶舎論』に着目した一節

であったことを示していると言えるだろう。

また、これら箇条より前に当たる仏事の部分の抄写でも、原文の「絓是仏経、講宣一部、乃免僧知事」（一部の経を講じることができる人は雑役を免じることができる）を引用しながら、さらにその前に一段上げて「天竺法依能免役事」として強調する例が見られる。筆写主体のこれら仏事への関心の持ち方がおのずと抜き書きのあり方に反映していることがよく分かる例である。

ところで、このような「〜事」形式の表題は、以前紹介した『西域記伝抄』にも、各説草の表紙にみられるものであった。同じ巻二で対照してみよう。

④「西記第二」（五之三）
釈迦菩薩値然灯仏得記別事
如来瞿波龍窟崛留影像事　依只真影真恨立止也

⑤「西記第二」（五之四）
迦弐色伽王記別事
白兎誘迦弐色伽王事
脇尊者事
一身両体像事
蟻噛僧形事
三尺塔神現事
盗賊改悔事
仏記七焼七建塔候事

⑥「西記二」（五之五了）
世親菩薩造倶舎事
如意輪師切舌事
波尼儞仙子得生速忘事
迦儞色迦王与脇尊者
訳倶舎事

太字が本書に対応する見出し項目で、対比させると以下のようになる。

『西域伝堪文』	『西域記伝抄』
昔如来値然燈佛得授記事	釈迦菩薩値然灯仏得記別事
瞿波羅龍之崛真影事	如来瞿波龍窟崛留影像事
醯羅城如来頂骨舎利事	
迦膩色迦王如来滅後四百年可之記別事	迦弐色伽王記別事
脇尊者八十初出家学通三蔵事	脇尊者事
世親造倶舎論事	世親菩薩造倶舎事
如意論師断舌自死事	如意輪師切舌事
如来於此化鬼子母者害人事	

独角仙人事
波你尼仙造声作論事
羅漢化波尼你仙経身ハラ門事
波尼儞仙子得生速忘事

表題のつけ方がそれぞれで、出入りも少なくないことから、両書に直接の関係は認められない。着眼点もおのずと異なるものの、迦膩色迦《かにしか》王の記別や瞿波羅龍の話題など相互に共通するものもあって興味深い。先にふれた世親の倶舎論の条はほとんど合致するから、それだけ重視されていたといえよう。有名な鬼子母神や一角仙人の話題は『西域記伝抄』では立項されていない。その一方で、『西域記伝抄』では、「蟻噛僧形事」のごとく、金色の蟻が石壁を噛む話題が立項されていて、本書にはみられないように、双方の読み方の差違が目立っている。

次の巻三では、北印度に属する八つの国の地理、民俗と仏教聖地などについて述べている。まず国の名前をすべて挙げて、個々の国についての記事を抜き書きする。抄録の末尾に、

無憂王不知凡聖召僧説□□事
如来滅後四百年迦膩色迦王脇尊者得三蔵事
世友尊者栄地事
如来涅槃後第六百年聞訖利多毀仏法詐為商旅□□事

云々と表題形式でまとめられているが、最後の例は、

如来涅槃後第六百年、光有疆土、嗣膺王業、樹心仏地、流情法海。**聞訖利多毀滅仏法**、招集国中敢勇之士、得三千人、**詐為商旅**、多賚宝貨、挟隠軍器、来入此国。

という本文の字句を抜き書きして「事」を付け加えたことが分かる。

この巻三の字体はそれまでと異なり、より大きい書体が目立っている。筆の違いや書写の時間差などを反映していると見られる。

六、対話問答の引用

『大唐西域記』巻四は北印度五つの国と中印度の十の国の地理、風俗、仏教聖跡などの状況を述べるが、本書で最も注目されるのは、磔迦《けつか》国条における幼日《ようにち》王と大族《だいぞく》王の争いの物語の引用である。大族王の暴虐により幼日王が貢ぎを止めて対立、戦さの犠牲者が出るのを恐れて逃走するが多くの人がつき従ったため、反撃に出て大族王を捕らえ、殺そうとすると、幼日王の母が面相の占いによって大族王を赦免し、北方の王に配属するが、そこでも暴虐を振るったため、ついに大族王は地獄に堕ちた、という話である。

ここでは、大族王が布で顔を隠しているのを、幼日王の母

が面相を見るために布をはずさせる、という緊迫した会話のやりとりのみが引用されている。

大族王対幼日王母曰、

昔為敵国之君、今為俘囚之虜、隳廃王業、亡滅宗祀、上愧先霊、下慚黎庶、誠恥面目、俯仰天地。不勝自喪、故此蒙衣。

王母曰、

興廃随時、存亡有運、以心斉物、則得喪倶忘、以物斉心、則毀誉更起。宜信業報、与時推移。去蒙対語、或存躯命。

大族謝曰、

苟以不才、嗣膺王業、刑政失道、国祚亡滅、雖在縲紲之中、尚貪旦夕之命。敢承大造、面謝厚恩。

於是去蒙衣、出其面。

抄出は原文通りで、捕虜となった大族王が祖先にも民にも合わせる顔がないから顔を隠しているのだ、というが、幼日王母は勝敗は時の運、助かる可能性もあるから、とにかく覆面をはずしなさいと説得、大族王もついに折れて覆面をはずす、という両者の緊迫した対話が展開、演劇的な興趣がひきたつ箇所であり、抜き書き者の興味を引いたのであろうか。会話の部分がまるごと引用されるのはこの箇所だけである。

七、巻五以降の引用をめぐって

本書は、巻五と巻六の抜き書きの量が一番少なく、それぞれ国を列挙して、「於奇旧来大銅銭拝見仏弟事」「依邪神謀捨命事」、「第一国失振摩羅見即（捨神也）□事」「舎利□国」云々としている。

ついで、巻七は主に中印度の婆羅痆斯《ばらにし》国、戦主国、吠舎厘《はいしゃり》国、及び北印度内の弗栗恃《ふつりつじ》国と尼波羅《にばら》国の見聞や話を記録したもので、本書はそれまでの巻と違って国名の列挙が見られず、見出しの形で「如来昔修菩薩行時為六牙象着袈裟猟士剥其牙」「如来昔修菩薩行時悲世無礼為鳥身与猿象見尼拘律樹事」「昔如来与提婆達多各盛鹿為孕鹿替命事」から始まる。国名のあとに「吠舎厘国　毘舎離国也　周五千里也」と国の範囲についても引用されている。

また、『大唐西域記』で有名なジャータカの月中兎の伝説「三獣卒塔婆」と「戦主国」の話の順序に関してみれば、本書では、まず「如来昔修菩薩行時焼身所事」があげられ、その次に「戦主国」の続きがきて、それからまた「月中兎事」のまとめが見られる。記事が前後したり、重複した抜き書きが見られる。

ついで、『大唐西域記』巻八と巻九は二巻にわたって摩掲《まか》陀《だ》国について述べている。玄奘が摩掲陀国の那爛陀《ならんだ》寺で五年間も滞在し、多くの聖跡を巡礼し、しかも釈迦の成道した場所でもあった。本書では、巻八の前半にみる有名な阿育王の故事が多く引かれる。

婆多里子城幸生感化妻送墓歳事
阿育王造地獄然後改悔事
阿育王廃地獄後就近護羅漢勅建八万四千塔事
滅後百歳後無憂王居臨守三宝点記事
如来所履双迹留石面一尺八寸事
設賓伽王壊仏法事
阿育王信根貞固三以閻浮洲施仏法事
阿育王弟大帝化国七日命申請証羅漢果事　陳毎日命護故也
阿育王最後福祐減以半阿摩羅果施僧事

『大唐西域記』では「無憂王」と表記されるが、本書の大半は「阿育王」としている。

その一方で後半に多い釈迦の成道関連の記載は少なく、著名な菩提樹をめぐる故事などはほとんど引用されない。『玄奘三蔵絵』に印象深く描かれる画面などと重ならないのである。釈迦の成道後に四天王が鉢を献上する話が目に付くくらいであろうか。

如来成覚後四天王各奉一鉢金銀銅乃至瑠璃等不為受之故各捧石鉢受之打畳成一鉢用之云々

ここでは、通常の「事」ではなく、話の梗概が記されていて、それだけ関心を持っていたことが示されているのだろう[3]。対句も種々引用されていて、ここでは引用は省略するが、戒賢論師をめぐる話題の部分に引用例が多い。

巻九では、「如来昔修菩薩行時成香象養育母事」に始まり、大半は「〜事」の形で一貫している。たとえば、鷲峯山の条では、「鷲峯亦名耆闍崛山事」とし、

精舎東有長石、如来経行所履也、傍有大石、高丈四五尺、周三十余歩、是提婆達多遙擲撃仏処也。其南崖下有卒塔婆、在昔如来於此説法華経。精舎南山崖側、有大石室、如来在昔於此入定。

という原文に対して、「提婆打仏石事　高丈四五尺、周三十余歩」「説法華経精舎事」とまとめている。本文は短くても話題性に富む話を細かく拾って、「事」書きで並べており、この巻が最も「事」の条が多くなっている。やはり『大唐西域記』の中でも最も焦点になる巻であることを物語っているといえよう。

最後の巻十と巻十一は国名を列挙し、里程を挙げるだけであるが、巻十の末尾には、

提婆至龍猛室試猛鉢満水ヲ出之提婆入針返之事

とあり、『今昔物語集』や『宇治拾遺物語』にみられる堤婆と龍猛の話題が取り上げられていることが目を引く程度である。

そして、巻十一の最後は「伐刺拏国　周四千余里　城々二十余里」で終わる。「二十余里」は本文では「二千余里」で誤写であろう。「出印度境」とあるので、そこで筆を擱いたのかもしれない。最後の巻十二と記讃は引用がみられない。

以上、『西域伝堪文』の全体について概要を摘記してみたが、本書は『大唐西域記』の読書ノート的な手控えの次元にとどまらず、唱導で駆使される対句の学習などにも供されたと想像される。日本中世の僧房で『大唐西域記』がどう読まれ、唱導などの場でどう使われていたかをうかがう上で実に貴重な資料であり、今後に益するところが大きいと思われる。

今後さらに『大唐西域記』が中国や日本をはじめ、東アジアに及ぼした影響を追究していきたいと考えており、本書はその問題に発展させていく大きなきっかけとなるだろう。翻字に難渋し、まだ正確に解読できていない部分も少なくないため、誤謬の多いことを恐れている。いずれまた機会を得て全文の翻刻紹介ができればと思う。大方のご批正を頂ければ幸いである。

注

（1）拙稿「悪龍伝説の旅――『大唐西域記』と『弁暁草』」（アジア遊学『東アジアにおける旅の表象』勉誠出版、二〇一五年）及び「『大唐西域記』と金沢文庫保管の説草『西域記伝抄』」（アジア遊学『日本文学のなかの〈中国〉』勉誠出版、二〇一六年）。

（2）小峯和明「説草にみる説話の世界」（金沢文庫・特別講演会、二〇一五年十一月）。

（3）拙稿「仏伝の鉢説話考」（小峯和明編『東アジアの仏伝文学』勉誠出版、二〇一七年出版予定）。

附記

本書の原本調査に関して、金沢文庫の西岡芳文氏に格別にお世話になった。また、成稿に際して、小峯和明氏のお世話になった。資料作成にあたって、清華大学新聞与伝播学部新聞学科の韓碩さんの協力を得た。記して深謝申し上げる。

本稿は北京市社会科学基金項目「『今昔物語集』的東亜比較文学研究」（項目番号14WYC058）、清華大学人文社科振興基金研究項目「故紙沈香『今昔物語集』与日本外来文化的受容研究」（項目番号2014WKHQ009）、及び清華大学SRT項目「関于日本古典『今昔物語集』的東亜比較文学研究」（項目番号1521T0259）のプロジェクトによる成果の一部である。

玄奘三蔵の記憶
――『玄奘三蔵絵』と三宝伝来との相関

近本謙介

仏教東漸の担い手として、玄奘はアジアの仏教史の記憶に深く刻まれる。玄奘の正統的な伝記『大唐大慈恩寺三蔵法師伝』に基づいて、鎌倉時代末に『玄奘三蔵絵』が作成されるが、これは興福寺の法相宗相承の正統性を玄奘を淵源としてかたる目的を有しており、一方同時期に製作された『春日権現験記絵』は、本地仏と神との置換によって天竺との回路を模索するものであった。両絵巻は、三宝の伝来と仏教東漸を説くあり方を示す合わせ鏡のような存在である。

はじめに

仏教東漸の担い手として、玄奘《げんじょう》三蔵（六六四没）はアジアの仏教史の記憶に深く刻まれている。玄奘の記録と口述に基づく渡天の記録『大唐西域記』や、玄奘没後に弟子の慧立《えりゅう》・彦悰《げんそう》によって編まれた伝記『大唐大慈恩寺三蔵法師伝』[1]（以下『慈恩伝』とする）は、中国はもとより、日本においても玄奘像を形成するうえでの根本史料であり続けた。『大唐西域記』は、天平年間にはすでに日本に伝来しており[2]、宝亀十年（七七九）淡海三船編になる『唐大和上東征伝』にも鑑真将来の典籍中に記されている。一方、『慈恩伝』も、正倉院文書天平十一年（七三九）七月十七日「写経請来注文」に「大唐三蔵法師伝十巻」として見えているから、両書ともに奈良時代には日本に伝来していたことが知られる。『慈恩伝』は興福寺・法隆寺に古写本が伝わり[3]、平安期の南都諸寺院におい

ちかもと・けんすけ――名古屋大学准教授。専門は中世宗教文芸。主な編著書・論文に『日光天海蔵 直談因縁集 翻刻と索引』（廣田哲通・阿部泰郎・田中貴子・小林直樹との共編著、和泉書院、一九九八年）、『春日権現験記絵注解』（神戸説話研究会編、和泉書院、二〇〇五年・二〇一四年改訂重版）、「南都における浄土信仰の位相――貞慶と『春日権現験記絵』をめぐって」（『國語と國文学』〈中世文学と信仰〉九二巻五号、二〇一五年）などがある。

て広く享受されていた。

シルクロードを経てもたらされた文物が東大寺正倉院に蓄積され継承されるのと併行して、その路を通じて多くの経典をインドから中国へともたらした唐代の僧玄奘の記憶は、主として『大唐西域記』と『慈恩伝』に基づきながら、シルクロードの東端日本においてもその像を結び展開していくのである。

そのようななか、鎌倉時代に至り、『慈恩伝』に基づきつつ玄奘の事蹟を集大成した絵巻『玄奘三蔵絵』十二巻[4]が作成される。

本稿は、玄奘の記憶としての『玄奘三蔵絵』がどのように構想されたかを論じるものであるが、シルクロードを介した文物の往来という点からも、本絵巻の有する情報は有益である。たとえば、『玄奘三蔵絵』巻八第二段には、古代北インドの王、戒日王《かいじつおう》（ハルシャ・ヴァルダナ王）の問いを受けて玄奘がその詳細を答えたという舞曲「秦王《じんのう》破《は》陣楽《じんらく》」のことが記されている。出典は『慈恩伝』巻五であるが、唐の太宗が秦王であった際に陣中で作ったという本曲は、『大唐西域記』・道宣《どうせん》『続高僧伝』巻四等にも記され、夙に知られるものであった。初期の玄奘伝がこの伝承を共有することから、唐の舞楽の情報が、シルクロードを経てインドを目指した仏僧を通じて、天竺・西方へと伝えられた経緯が物語られていて興味深い。さらに『玄奘三蔵絵』が製作された南都との関係という点では、この曲に関する経緯が、『玄奘三蔵絵』製作以前に、狛近真《こまちかざね》『教訓抄』にも記されることから、『慈恩伝』を介した情報が南都楽所にも流入していく経路を確認することができる。シルクロードは、書物とひとを介して東西のひびきを伝え媒介する路としてもあったのだ。

『玄奘三蔵絵』については、『実隆公記』長享二年（一四八八）八月十三日条に、

玄奘三蔵絵〈隆兼筆、南都大乗院絵、彼院家如血脈相承、異于他霊宝云々、畫図之彩色玄々妙々驚目者也、都合十二巻在之〉[5]

と、鎌倉時代末期の宮廷絵所絵師高階隆兼《たかしなたかかね》の筆になるものとの言及がある。実際、その画風は、同じ隆兼作『春日権現験記絵』と近似しており、『玄奘三蔵絵』は『春日権現験記絵』と同じく隆兼によって描かれたと見なされている。また、『実隆公記』からは、本絵巻が南都興福寺大乗院において、血脈相承の如く伝えられてきた重宝であることを窺うことができる。

次節より、『玄奘三蔵絵』に着目しながら、日本中世における玄奘の記憶の展開を、文芸と絵画の側面から考察する。

この問題を考える際、膨大な経典群を中国にもたらし、帰朝後に『大般若経』等の訳経を完成させた、「法」の伝道者としての玄奘のあり方は広く認識が共有されているが、同時に玄奘が釈迦如来像や舎利塔を将来している点にも注意を払うことにする。仏・法・僧の「三宝」の伝来・将来をいかに位置づけるのかは、常に仏教史言説と寄り添うテーマであり続けたものと考えられるからである。

一、玄奘将来品の記述
——仏宝・法宝伝来の構図

『玄奘三蔵絵』巻十第一段には、長安に戻った玄奘が将来品の経・像を弘福寺に運ぶ記事が、『慈恩伝』に基づいて記されるが、そこでは「西域にして得しところの如来の肉舎利一百五十粒」に続いて、七種の釈迦の像への言及が見えている。

西域にして得しところの如来の肉舎利一百五十粒、金仏の像一躯、摩掲陀《まがだ》国正覚山の龍窟の留影の金仏の像一躯、婆羅痆斯《ばらねち》国鹿野苑の初転法輪の刻檀の像一躯、優塡《うでん》大王の栴檀の像、曲女城に天宮より天降り給ひし銀の像、鷲峯山《じゅぶせん》に『法華経』を説き給ひし金像、那掲羅曷《ながらはる》国の伏毒龍所の留影の刻檀の像、毘舎離《びしゃり》国の巡城行化の像、並びに『大乗経』二四十部、『大乗論』百九十二部、諸部の経・律・論、『因明論』『声明論』等各々数十部、総て五百二十篋、六百五十七部を馬廿疋に負せて、弘福寺に送らる。(6)

これらの像については、以下のように『大唐西域記』にも詳細に記されるところである。

1. 金仏像一躯　擬摩掲陀国前正覚山竜窟影像
2. 金仏像一躯　擬婆羅痆斯国鹿野苑初転法輪像
3. 刻檀仏像一躯　擬憍賞弥国出愛王思慕如来刻檀写真像
4. 刻檀仏像一躯　擬劫比他国如来自天宮下降履宝階像
5. 銀仏像一躯　擬摩掲陀国鷲峯山説法花等経像
6. 金仏像一躯　擬那掲羅曷国伏毒龍所留影像
7. 刻檀仏像一躯　擬吠舎釐国巡城行化刻檀像

これらの模刻像について、敦煌画像等と詳細に比較検討した肥田路美氏は、『大唐西域記』の七躯の記事が、「釈迦のそれぞれの事蹟が、成道前から、寂滅の近いことを竜に告げる晩年まで、通時的に配列されている」ことを指摘し、七躯の像を含む将来された経・像が、弘福寺から大慈恩寺、さらに大雁塔へと移され安置されたものと推測している。(7)

これらの像のうち、3の如来を思慕してその姿を刻したという「擬憍賞弥国出愛王思慕如来刻檀写真像」（刻檀仏像一躯）は、いわゆる優塡王栴檀釈迦像の模刻のことである。すなわち、優塡王栴檀釈迦像の模刻像の唐から日本への伝来の縁起として著名な、入宋僧奝然《ちょうねん》が模刻して日本に将来し、清涼寺に安置され三国伝来の釈迦像として尊崇を集めることとなる像の伝来の経緯の先蹤および相似形が、同様の像のインドから唐への将来における玄奘の役割に置換することで見いだされるのである。

さきに引用した『玄奘三蔵絵』巻十第一段の、玄奘の将来経・像の弘福寺への搬入叙述は、以下の記事に接続される。

> その日、五色の綺雲ありて、日の北に現じて宛転として、経・像の上に当たりて、紛々郁々として巡れること数里、迎ふるが如く、送れるが如くして、寺に至る。衆人同じくこれを見る。遺法、東に流れてより以来、いまだ斯かる事なしとなむ。

当該記事が、玄奘による経・像の将来を祝福する奇瑞を意味するものであることは明白である。

玄奘将来品の弘福寺への施入における奇瑞は、『慈恩伝』巻六にも、

> 其日衆人同見天有五色綺雲。現於日北。宛転当経像之上。紛紛郁郁周円数里。若迎若送至寺。[8]

のように見えているから、すでに玄奘伝形成初期から構想されたものであるが、『玄奘三蔵絵』がそれを継承することの意味は小さくはない。『慈恩伝』が、この奇瑞を「遺法東流未有若茲之盛也」と位置づけるように、玄奘による経・像将来は、インドから中国への仏教東漸の文脈の中に定位されるものであった。

『大唐西域記』や『慈恩伝』に記される玄奘の計画的な釈迦模刻像将来の記事からは、膨大な経典という「法」の将来のみならず、仏跡巡礼と直接結びついた釈迦像という生身の「仏」[9]の将来も渡天の大きな目的であったことが窺われ、それを意識しつつ記しとどめられた正統としての玄奘伝の影響は、後世の日本における玄奘伝『玄奘三蔵絵』にも、三宝のうち「仏宝」・「法宝」の伝来に功のあった玄奘像の記憶として、確実に投影されることとなるのである。そうした意味において『玄奘三蔵絵』は、「仏宝」・「法宝」を中国にまで伝えた「僧宝」としての玄奘について語る絵巻でもあった。

二、巡礼と往生の記としての『玄奘三蔵絵』

（一）玄奘の仏跡巡礼における法滅との対峙

玄奘が多くの仏跡をたどる『玄奘三蔵絵』の構想が、求法の旅のみならず、巡礼の記としてもあったことは、諸氏によって指摘されるところである。上述の釈迦模刻像の根拠

や舞台となった仏跡のいくつかは、『玄奘三蔵絵』において、玄奘巡礼の聖跡として絵画化されることとなる。

仏跡巡礼の絵画化は、その読者においても巡礼を追体験するものとして機能したであろうことは想像に難くない(10)。こうした絵画の披見をめぐる意識は、多くの絵画化された求法取経すがたの玄奘三蔵像にも通底するものであろう(11)。

『玄奘三蔵絵』の問題に立ち戻るとき、注意すべきは、この絵巻の披見が玄奘による仏跡巡礼の追体験であると同時に、それが荒廃した仏跡の再確認でもある点である。苦難の末天竺にたどり着いた玄奘が目にしたのは、舎衛国における荒れ果てた祇園精舎のすがた（巻五第一段）であり、摩掲陀国における釈迦が悟りを開いた菩提樹下の金剛座の脇で、今や胸まで地に埋もれた二体の観音像のありさま（巻五第五段）であった。

菩提樹下の観音像は、『慈恩伝』巻三によれば、仏涅槃の後に、諸国の王が金剛座の東西の際に東向きに作り据えたものであり、この場面でも『玄奘三蔵絵』は『慈恩伝』に基づいて、

伝へ聞く、この菩薩の御身、地に入りて見へ給はずは、仏法当に滅すべしとなん。

との詞書本文を綴っている。『玄奘三蔵絵』における玄奘の仏跡巡礼は、法滅を予感させる光景に対峙する道のりでもあったのである。

そのようななかで、『玄奘三蔵絵』は、祇園精舎荒廃の場面を『慈恩伝』に依拠しつつも、以下のような独自異文を挟み込みつつ記している。

青苔礎を捲り、紅葉階を埋む。仏閣・僧院悉く傾き、晨鐘《じんじょう》・夕梵虚しく絶えて、唯、荊棘《けいきょく》の園、虎狼の栖となれり。

『玄奘三蔵絵』が『慈恩伝』を離れて独自に異文を綴ることは限られているので、祇園精舎荒廃の叙述は、『玄奘三蔵絵』にとって必須の改変であったと思われる。

こうした仏跡荒廃の言説は、鎌倉時代の説話集『発心集』跋文の

霊鷲山のいにしへの事、虎・狼のすみかとなり、祇園精舎のふるき砌は、わずかに礎ばかりこそは、残りて侍るなれ(12)。

『撰集抄』巻六第一話の玄奘渡天話における、

普く聖跡を拝み給けるに、祇園精舎はむなしく礎のみ残、白鷺池には水たえて草ふかく、退凡下乗の卒都婆はかたぶきて、文字きりくちすみかれて、その跡みえざりければ(13)、

に通じるものであり、[14]『撰集抄』が鎌倉時代後期から末期にかけての成立であることを考えると、『玄奘三蔵絵』もまた、ほぼ同時代の言説とイメージを基盤として絵画化された絵巻と位置づけられる。

（二）那爛陀寺における仏法隆盛への転換

こうした『玄奘三蔵絵』巻五第五段までの荒廃した仏跡巡礼における法滅との対峙に関する叙述と、続いて記される、巻五第六段以降の仏法教学隆盛の場たる那爛陀寺における正法蔵（戒賢《かいけん》）からの附法や、天竺の婆羅門との教義に関する争論における玄奘の優位性の叙述とは、きわめて対照的な構図を意識して本絵巻が構成されていることを窺わせる。同時にそれは、本絵巻の作成意図が奈辺にあったかを明確にものがたるものでもあるだろう。

那爛陀寺に赴いた目的を戒賢から問われた玄奘が、『瑜伽《ゆが》師地論《しじろん》』（以下『瑜伽論』）習得の志を述べると、戒賢は涕泣しつつ、我が身の病悩の三年前より耐えがたきことを厭い、命を捨てようとした際に得た夢告の内容を、弟子覚賢をして語らしめる場面がある。道宣『続高僧伝』巻四・京大慈恩寺釈玄奘伝にも、那爛陀寺で戒賢から『瑜伽師地論』を伝授される記事はあるが、『玄奘三蔵絵』巻六第一段はこれを『慈恩伝』に依拠しつつ、以下のように綴っている。

> ある夜の御夢に、黄金・白銀・瑠璃の三人の天人の、形皃端正なる来て、和上に問ひ給ふ。汝、何の故にかこの身を捨てんとする。経には、身に苦ありとは説けども、身を厭へとは見えず。汝、過去に国王たりし時、多くの衆生を悩ましき。その罪によりて、いまこの苦を受く。速やかに過去の罪業を懺悔して、苦痛を忍びて経論を講説せば、この苦、たちまちに消滅すべし。身を厭はゞ、遂に尽き難し、と仰せらる。

この戒賢自らの過去世の罪業の消滅と講説とのかかわりとの文脈において、唐の僧が『瑜伽論』伝授を欲して現れる旨の夢告を、戒賢が三人（黄金・白銀・瑠璃）の天人から嘗て得ていたことが語られる。[15]本章段末尾には、『瑜伽論』教授を戒賢に請う玄奘に対して、故郷を出てからの年数を問う戒賢への答えで、病悩の期間の三年という年数との符合が確認され、夢告の空しからざることが強調される。

夢告によれば、これら三人の天人は、それぞれ文殊菩薩（黄金）・弥勒菩薩（白銀）・観音菩薩（瑠璃）であったという。白銀の天人（弥勒）に、「我、常に尊の御許に参らんと願ふ。その願ひ遂ぐべしや否や」と尋ねる戒賢に対して、弥勒は「汝、広く正法を広めて後、都率に生まるる事を得べし」と答える。戒賢から玄奘への『瑜伽論』附法は、三尊が予祝したものであり、その附法により、戒賢自らの滅罪と兜率往生とを保証するものとしての意味合いをも有していた。[16]

本論はこのあと、『玄奘三蔵絵』が玄奘の往生伝として構想されている点に説きおよぶが、『瑜伽論』附法、ひいては法相宗の相承が往生伝の枠組みと相関する点を、玄奘みずからのみならず、玄奘への『瑜伽論』附法にあたった戒賢の往生話としての構図からも、見通しておきたいと考えるのである。

(三)附法・訳経から往生伝への展開

『玄奘三蔵絵』が興福寺大乗院を背景として作成されたと見なされることをも考慮するならば、『玄奘三蔵絵』が綴る戒賢から玄奘への附法は、『瑜伽論』に基づく法相宗の相承が、玄奘・慈恩大師基を経て興福寺にもたらされた系譜の正統性を保証するものとして位置づけることが意図されたものであろう。[17]『玄奘三蔵絵』が『慈恩伝』に依拠しつつも、玄奘を継ぐ慈恩大師基に関する叙述を補って記している(巻七第二段)[18]ことからも、本絵巻の作成に、慈恩大師基を経て興福寺に相承される法相宗の系譜が強く意図されていたことは明らかである。

そうした玄奘からの相承を定位する展開については、谷口耕生氏に以下にまとめるような重要な指摘がある。[19]『三宝《さんぼう》感応要略録《かんのうようりゃくろく》』巻下第十七「戒賢論師蒙三菩薩誨示感応」は、那爛陀寺での戒賢が語った夢告が主題となり、『玄奘三蔵絵』巻六第一段と同じく『慈恩伝』巻三を出典としているが、一方『今昔物語集』巻六第六話は、この『三宝感応要略録』を出典として戒賢と玄奘の出会いを綴り、『慈恩伝』を加えて玄奘伝を構成している。『今昔物語集』が末尾を「法相大乗宗の法、未だ絶えずして盛り也となむ伝へたるとや」とする点は、「我が国において玄奘を法相宗祖師として言及した最も古い記述として注目される」。

氏が指摘するように、『今昔物語集』における玄奘に対する意識は、『玄奘三蔵絵』が成立する鎌倉時代の終わりに向けて、院政期から醸成されつつあった法相宗の位置づけを考える上で極めて重要であると思われる。『今昔物語集』巻十一第四話における、日本から震旦に渡った道昭《どうしょう》の、玄奘から唯識教学を学んだ点への注目をも勘案すると、「玄奘は天竺・震旦・本朝という三国の法相宗相承を結ぶ祖師として明確に位置づけられている」との指摘も看過されるべきではない。日本への法相宗の伝来とその系譜を考える際に、入唐して玄奘のもとで修学を積んだ道昭(元興寺)を介した相承径路は、正統性を謳うに十分な論理を有するものであるが、『玄奘三蔵絵』にまったくその点への言及がないのは、これと同等あるいは超越する論理立て、換言すれば玄奘への直接的回路が、興福寺においていかに必要とされていたかを逆説的にものがたるであろう。

さらに『玄奘三蔵絵』は、玄奘の教学が、仏教誕生の地である天竺の婆羅門たちとの争論においてもそれらを凌駕するものであったことを強調しており、これを語ることは、天竺の仏教に対する玄奘の学識の優位性を説くと同時に、それを継承する興福寺の正統性・優位性の言説としても寄与することが意図されたものと見なされる。天竺から中国を経て日本へと東漸する法相宗の正統意識は、こうしたかたちで、『慈恩伝』を経由して、日本における正統的玄奘伝としての『玄奘三蔵絵』のうちに内包されることとなるのである。

仏跡巡礼の絵画化が、その読者に巡礼の追体験を促すものであることに言及したが、それは、言説の領域においても同様であったと考えられる。往生伝や高僧伝には、その書写と披見に結縁の功徳が想定されており、『玄奘三蔵絵』が玄奘のもっとも正統な伝記と見なされる『慈恩伝』に拠りつつ作成された点にも、その意識を認めることができるであろう。おそらく『玄奘三蔵絵』本文は、作成が構想された段階から、可能な限り『慈恩伝』に依拠すべき必然性を有していたのである。

『玄奘三蔵絵』巻十一第四段から六段にかけて綴られる『大般若経』訳経作業の場面では、広博たる『大般若経』を省訳する方法が検討されたものの、諸仏菩薩の思し召しにより梵本のままに訳出することを決めた際の奇瑞が記され、訳経の功成ったことを賀す供養斎会の場における『大般若経』の奇瑞の叙述、

> たちまちに光明を放ちて、遠近を照らし、異香を薫じて芬芳を施す。

へと引き継がれる。直後の第七段以降は、玄奘の入滅に向けての一連の章段となっている。『玄奘三蔵絵』巻十二第六段における玄奘の兜率天往生の前の第四段には、玄奘の入滅と葬送の様子が記されるが、ここでの入滅の場面は仏涅槃が意識されており、絵画もそれを意識した構図をとっている。『玄奘三蔵絵』は、玄奘による仏跡巡礼から往生への展開の構造を意図しつつ、法相宗相承を入念に織り込んでいる。

(四)道宣への玄奘往生の告

『玄奘三蔵絵』末尾は、玄奘入滅の後、西明寺の道宣律師(五九六～六六七)が、韋駄天から玄奘の兜率天にある弥勒菩薩の内院への往生を告げられて終わる。この部分も、『玄奘三蔵絵』は『慈恩伝』に依拠しつつ綴っているので、その往生の伝としての構想は『慈恩伝』を淵源とするものである。

> 法師亡後。西明寺上座道宣律師。有感神之徳。至乾封

年中見有神現自云。弟子是韋将軍諸天之子。主領鬼神。（中略）且如奘師一人九生已来備修福慧両業。生生之中外聞博洽聡慧弁才。於贍部洲脂那国常為第一。福徳亦然。其所翻訳文質相兼無違梵本。由善業力今見生覩史多天慈氏内衆。聞法悟解更不来人間。既従弥勒問法悟解得聖。宣受神語已。辞別而還。宣因録入着記数巻。見在西明寺蔵矣。

『慈恩伝』は、韋駄天の告げの内容を数巻に記しおき、それが西明寺に現存すると記すが、少なくとも、道宣『続高僧伝』を検ずるかぎり、玄奘の兜率往生記事は見えていない。このような点からも、『慈恩伝』の『玄奘三蔵絵』における典拠としての意味合いは深く、往生伝としての結構も、必須のものであったことが窺われる。そうした両書の末尾部分の記事配列を比較してみたい。

『玄奘三蔵絵』巻十二の構造

第一段　玄奘病床の夢の奇瑞。一生所修の福恵書写と衣資を喜捨しての仏像造立。

第二段　①兜率往生の後、弥勒と共に下生する意思の弟子達への表明。

②看病の僧明蔵の見た白蓮華を持つ二人の人の奇瑞。

③麟徳元年（六六四）二月五日の入滅。

④帝の「朕、既に国宝を失ひつ」との歎き。

第三段　慈恩寺明恵の見た玄奘入滅の奇瑞と如来滅度との対照。

第四段　玄奘の葬送と無遮会における天地が色を変じ、鳥獣の啼き悲しむ異変。

第五段　入滅後五年における墓所の改葬。

第六段　西明寺道宣が乾封年中（六六六～六六八）に得た韋駄天からの伝授による法義の解明と著述、および玄奘の兜率内院転生の告げ。

上記『玄奘三蔵絵』の章段番号および記事番号にしたがって、『慈恩伝』巻十末尾の配列を示すと以下のようになる。

『大唐大慈恩寺三蔵法師伝』巻十末尾の構造

第一段・第二段①②③・第三段・第六段・第二段④・第四段・第五段

『慈恩伝』が時系列に従いつつ、玄奘の「伝」を構築する意図を有するのに対して、『玄奘三蔵絵』における末尾の記事配列の改訂は、韋駄天から道宣への玄奘の兜率往生の告げをもって伝を綴じる往生伝の形式を明確に意図した作為に基づくものであろう。

『玄奘三蔵絵』は、多くの経・像とともに法相宗を唐にもたらした玄奘の往生伝として編まれたものであるわけだが、玄奘から慈恩大師基を経て日本に伝わる法相宗の系譜に連なる興福寺大乗院僧にとって、その経緯を綴り描く絵巻が重宝であったことは認められるものと思われる。

『大乗院寺社雑事記』応仁三年（一四六九）四月一日条によれば、記手尋尊は、興福寺大乗院の門跡を経覚から相承するにあたり、「門跡相承之玄奘三蔵絵十二巻」と「法相万陀羅一幅」を譲られている。法会・法儀にも用いられたであろう「法相曼荼羅」と番いとして伝授された、天竺に遡る宗の淵源としての玄奘の巡礼記であり往生伝でもある『玄奘三蔵絵』の重宝たることは、三条西実隆が『実隆公記』で比喩的に述べた以上に、実質を伴ったものだったのである。

『玄奘三蔵絵』を、玄奘の仏跡巡礼を通じての法相宗相承と往生伝の性格を有する絵巻と見なした上で、続いて、隣接して成立した『春日権現験記絵』との比較を通じて、その意義を確認していくこととする。

三、『玄奘三蔵絵』と『春日権現験記絵』
――三国と神祇と

（一）『瑜伽論』と法相宗の相承

鎌倉時代初期の興福寺僧解脱上人貞慶《じょうけい》（一一五五～一二一三）『中宗報恩講式』における玄奘重視の傾向[20]や、その『玄奘三蔵絵』への影響が指摘されている。[21]一方、『春日権現験記絵』は貞慶「御社験記」が始発としてあったことが知られ、その『春日権現験記絵』に占める比重が軽くはなかったことが判明してきている。[22]美術史研究の領域においては、両絵巻が時期を同じくして高階隆兼の工房で作成されたことが指摘されてきたが、それらの問題について、本論とのかかわりから幾ばくかの問題点を提起してみたい。

『春日権現験記絵』巻十六第一話には、長大な貞慶に関する春日霊験譚が綴られている。まず、貞慶の発心については、玄奘訳『般若心経』の最初の注釈書である慈恩大師基『般若波羅蜜多心経幽賛』に引かれる『瑜伽論』の文を見てのことであると春日神の託宣は告げる。また、正治元年（一一九九）秋、貞慶が笠置の草庵で得た春日神からの託宣の場面では、惣礼の詞として、

南無恩徳広大釈迦牟尼如来
南無甚深妙典成唯識論
南無護法等十代菩薩戒賢玄奘洪道等高祖大師[23]

といった、講式を彷彿とさせる文言が唱えられ、法相宗が、釈迦・弥勒・無著・世親・護法を経て、「戒賢↓玄奘↓洪道大師」と相承されたことを、春日神自らが説く構造をとって

いる。[24]

こうした法相宗の系譜に関する意識は、『玄奘三蔵絵』と共通するものであるが、それが貞慶の師覚憲の著した『三国伝灯記』にもすでに見えている。[25]その依拠資料として『慈恩伝』も確認できるから、[26]法相宗の優位性を唐における慈恩大師基を起点とするのではなく、天竺求法僧玄奘にまで引き上げて位置づけるのは、必ずしも貞慶に始まるものではない。

(二)三天人話と春日本地説

『玄奘三蔵絵』と『春日権現験記絵』に共通する法相宗相承意識において決定的に相違する構造は、『春日権現験記絵』における本地垂迹思想であろう。この点は、覚憲『三国伝灯記』と『春日権現験記絵』との間にも顕著に窺える相違点である。『今昔物語集』にも神祇信仰の影響が深く及んでいない点も注意され、この間に仏教史を綴る上での本地垂迹信仰のありかたに、大きな画期のあったことを窺わせる。

『春日権現験記絵』において、仏教誕生の地天竺とのつながりは、春日神の本地仏のかたちをとって示されることとなる。春日四宮および若宮の本地仏は、それぞれ以下のように比定されることが多い。一方で異説も併存し続けるので、それらは括弧に入れて示すことにする。

一宮　釈迦(不空羂索観音)　　二宮　薬師(弥勒)
三宮　地蔵　　四宮　観音
若宮　文殊

本稿の論点とのかかわりで着目したいのは、『玄奘三蔵絵』における三天人の逸話との関係である。戒賢のもとに玄奘への『瑜伽論』附法を教え諭すために現れたのは、文殊菩薩(黄金)・弥勒菩薩(白銀)・観音菩薩(瑠璃)であった。玄奘が弥勒菩薩に、兜率往生の願の成就について尋ねる場面は、

和上すなはち、弥勒菩薩を拝して申し給ふ、我常に、尊の御許に参らんと願ふ。その願、遂ぐべしや否やと。菩薩答へ給はく、汝、ひろく正法を広めてのち、都率に生まるゝ事を得べしと。

のように記されており、玄奘が弥勒から正法弘通をなすことが兜率往生の要件たることが告げられる構造となっている。また、これに続く場面は、

金色の天人自ら宣はく、我はこれ文殊師利菩薩なり。我等が来れる事は、汝むなしく身を捨てゝ、利益を施さゞらん事を教へんがためなり。我がことばに従ひて、『瑜伽論』等を、いまだ知らざる人のために広めば、癒えずといふ事なかるべし。すなはち、唐の僧来たりて、大法を汝に習はんとす。待つべし。

と、金色の天人、すなわち文殊菩薩が玄奘への『瑜伽論』附

法を促すものとなっている。

この部分も『慈恩伝』に依拠しつつ記されているが[27]、戒賢から玄奘への法相宗相承に関わる話柄で重要な役割を担う三天人が、春日本地仏に一致することは、『春日権現験記絵』における本地垂迹説が、天竺と結びつく回路としてもあったことを窺わせる。

さらに、『春日権現験記絵』における本地説との照合を行うならば、二宮の本地仏弥勒説が現れるのは、『春日権現験記絵』巻六第一話の蔵俊話においてであり、興福寺における法相宗相承の直系に結びついた本地説として注意されるところである[28]。

また、『春日権現験記絵』巻十六第一話において、貞慶の発心と、『瑜伽論』との関係を語る託宣が、文殊の智による発心の考え方に基づき、春日若宮神（すなわち文殊菩薩）によってなされたものと考えるのが妥当であること、さらに、当該話の託宣の構造が、文殊を機縁とする発心が念仏を通じた菩提心と結びつき、同時に臨終正念・順次生往生へと連接されるものであることは、貞慶『文殊講式』（六段）や『発心講式』とのかかわりから指摘することができる[29]。

『玄奘三蔵絵』と『春日権現験記絵』とをならべ考えたときに、『瑜伽論』と法相宗の相承をめぐる問題は、中核に据えるべき問題のひとつである。『玄奘三蔵絵』におけるそれは、戒賢から玄奘への附法による戒賢の往生を保証するものであったし、玄奘の天竺と結びついた法相宗の正統的淵源としての論理をもたらすものでもあった。一方、『春日権現験記絵』におけるそれは、春日本地説という本地垂迹思想を介しつつ、興福寺における法相宗の相承の直系である貞慶の発心の契機を語る託宣のかたちをとるが、その内実は、玄奘の訳した『般若心経』の最初の注釈書である慈恩大師基の手になる『般若波羅蜜多心経幽賛』に引かれる『瑜伽論』の文を見て貞慶が発心したという、玄奘・慈恩大師基に連なる系譜を強く意識した構造を有している。

これら両書の『瑜伽論』にまつわる夢告と託宣とが、文殊菩薩（若宮神の本地仏）を介して行われる点にも、両者の構想の深い次元での結びつきを確認することができそうである。

『玄奘三蔵絵』に玄奘の兜率往生への希求が説かれるように、『春日権現験記絵』においても、繰り返し弥勒（慈氏）への信仰が描かれる。『春日権現験記絵』跋文が、本地垂迹説に基づき、
社壇あに浄土にあらずや。しかれば、浄瑠璃・霊鷲山やがて瑞籬《みずがき》の中にあり。補陀落・清凉山なんぞ雲海の外にもとめむ。明恵上人の霊山とをがみ、俊盛卿に菩提の

道としめしたまひし、このことはりなりけん。

のように、文殊の浄土である清涼山を春日のうちに取り込む言説を有する意義は大きいのである。跋文に記されるこうした春日浄土観が、貞慶の著述に基づくことが知られており[30]、玄奘を介して天竺との回路を見いだそうとする『玄奘三蔵絵』と、本地垂迹説に基づいてそれを成そうとする『春日権現験記絵』とは、貞慶の影響を受けつつも相補う性格、または合わせ鏡のような関係を有するもの、と位置づけることができるであろう。

(三)道宣による往生確認と法義の著述

第二節(四)で、『玄奘三蔵絵』末尾の、道宣が韋駄天から玄奘の兜率天往生を告げられる場面について言及した。玄奘の往生が、玄奘によって弘福寺の訳場に招かれ、四分律を中心とした律学に没頭し、南山律宗の祖となった道宣に告げられる点は、南都の教学の範疇からも深い意義を有したものと思われる。ここでの告げの内容によれば、仏から涅槃後の遺法護持を託された韋駄天は、律学に勤しみ著述を成す道宣に対して、教義において疑義のある点を正さんとするため現じたものであり、道宣は多くを尋ね、韋駄天はそれらを逐一決していったとする。玄奘の事蹟の評価についても問う道宣に対して韋駄天は、玄奘を九生に並ぶものなき法器であるとして讃えている。

こうした教学とその著述に関する叙述に関しては、『春日権現験記絵』巻十六第一話の貞慶に対する託宣に、類似性を指摘することができる。中古以来の学者が法慳や嫉妬により、法義を記しとどめてこなかったことを嘆く春日神は、法相宗の法灯と見なす貞慶に対して、

なんぢ、抄出、いそぎ功終えよ。誤りありて、徳なからん事を恐れ疑ふ歟。善珠・護命の製作とても、かならずしも諸人あまねくやは行ずる。いはんや末代の事をや。

と、法義の書の述作を促す[31]。つまり、両絵巻は、律や唯識の法義の書の述作こそが遺法護持の根幹であることを神仏が告げる構図をも共有しているのである。

本論は、それぞれの製作と完成後の管理について、興福寺や藤原氏のさまざまな論理が交錯したと推測される両絵巻の先後関係や、作成段階における相互の意識について、現段階では議論しようとはしていない。しかしながら、ともに高階隆兼のもとで製作され、相互に興福寺の論理を推戴した両絵巻が、結果としてどのような関係となり、役割を担うかたちとなったかという点を、玄奘をめぐる視点から捉えようと試みたのである[32]。

四、南都における三宝伝来の構想と絵巻

『玄奘三蔵絵』・『春日権現験記絵』のふたつの絵巻に記される要素と構想は、両絵巻がともに貞慶との深い関わりの上に作成されることからも窺えるように、鎌倉時代初期にはすでに用意されているものであった。

中世の南都にあっては、入宋僧によってもたらされる経典や、仏像・絵画・工芸等の様式による洗礼を受けつつも、本場としての震旦を超える根源としての天竺との結びつきの回路と論理が模索されたことと思われる。院政期の覚憲が『三国伝灯記』において、法相宗の他宗との差別化のため、宗の淵源を天竺に求め、それを伝えた玄奘からの系譜上に自らのアイデンティティを打ち立てようとした動きも、そうした模索の結実のひとつであったろう。

しかしながらそれは、実際には荒廃・退転した天竺における仏教世界の現状と向き合うことでもあった。そのようななかで企図されたのが、仏跡巡礼の過程で、その荒廃を目の当たりにしながらも、多くの経典といった「法宝」と、釈迦の模刻像や仏舎利といった「仏宝」を唐に伝えた玄奘への回帰であり、それに連なる系譜としての自己認識である。そうしたなかで構想されたいまひとつのありかたは、本地垂迹説に基づく神祇と本地仏の関係への置換による、天竺の「仏宝」への回路の模索や論理の確立であった。

南都において、鎌倉時代初期にはすでにその双方が用意されていたと見なされるが、『玄奘三蔵絵』と『春日権現験記絵』とは、鎌倉時代末期にいたって、それらがほぼ同時に絵巻の世界として現出したすがたなのであった。

『玄奘三蔵絵』・『春日権現験記絵』作成前夜の永仁六年（一二九八）、西大寺真言律宗僧極楽寺忍性《にんしょう》によって、『唐大和上東征伝絵巻』が関東で作成され、唐招提寺に施入された。天平年間に鑑真は、仏舎利や仏像、経典類と共に律を伝えたが、その将来品のなかには、「玄奘法師の西域記一本十二巻」や「終南山の宣律師の関中創開戒壇図一巻」などを見いだすことができる。

鎌倉時代末期にいたって南都は、天竺から中国へと仏教を伝えた玄奘の絵巻のみならず、玄奘や道宣の記憶と共に「律」を中国から日本へ伝えた鑑真という、「僧宝」の日本への伝来を語る絵巻をも得て、「仏・法・僧」三宝の伝来を説く仏教東漸の絵巻を併せ持つこととなるのである。

注

（1）唐太宗貞観年間（六二七〜六五〇）末年に玄奘の高弟慧立が撰述。周垂拱四年（六八八）彦悰が増補し十巻として完成。

玄奘の根本史料としての『大唐西域記』や『慈恩伝』に依拠しつつ、その足跡を視覚的・感覚的に示したものとして、五天竺図（法隆寺蔵）などがある。

（2）「天平十二年五月一日経」（正倉院文書）。

（3）十巻が完備する興福寺本は延久三年（一〇七一）の奥書を有し、巻三・七・九のみが伝存する法隆寺本は天治三年（一一二六）法隆寺僧覚印の書写加点本である。両書ともに、興福寺・法隆寺を中心に用いられた喜多院点の訓点を有する。

（4）国宝。紙本着色。藤田美術館所蔵。

（5）引用は続群書類従完成会本による。割書部分を〈　〉で示した。

（6）引用は、藤田美術館蔵『玄奘三蔵絵』影印に基づき、適宜振り漢字等を施し、句読点を付した。以下同じ。

（7）「仏蹟仰慕と玄奘三蔵の将来仏像――七軀の釈迦像の意味をめぐって」（『早稲田大学大学院文学研究科紀要』四八〈第三分冊　日本文学演劇美術史日本語日本文化〉、二〇〇二年）。『大唐西域記』の記事は、『慈恩伝』に比して像の材質等について詳細である。

（8）『慈恩伝』の引用は、大正新修大蔵経による。

（9）前掲注7において、竜門石窟賓陽洞外の崖面に建立された伊闕仏龕之碑文および『古今図書集成』神異典九十所収の盛唐李嶠撰「洛州昭覚寺釈迦牟尼佛金銅瑞像碑」の内容から、仏跡における真影感得と瑞像の生身観について指摘する。

（10）絵巻の読者をめぐる追体験の問題は、たとえば、『玄奘三蔵絵』と密接な関係にある『春日権現験記絵』の披見が、春日社においては本絵巻のためだけの書見台「御験記台」を用いて行われ、数々の春日神の霊験を追体験する営みとしてあったこととも通じていよう。

（11）東京国立博物館蔵「玄奘三蔵像」に代表される、経巻を詰めた笈を背負う旅姿の典型的な玄奘像が数多く伝存する。

（12）引用は新潮日本古典集成による。

（13）引用は松平文庫本を底本とする撰集抄研究会編著『撰集抄全注釈』（笠間書院、二〇〇三年）による。

（14）『撰集抄』の仏跡荒廃叙述が、『平家物語』（延慶本）等と近似することが知られている。

（15）当該箇所の『慈恩伝』の記述を引くと、以下のようになる。「其金色人指碧色者。語和上曰。汝識不。此是観自在菩薩。又指銀色曰。此是慈氏菩薩。和上即礼拝慈氏問曰。戒賢常願生於尊処。不知得不。報曰。汝広伝正法後当得生。金色者自言。我是曼殊室利菩薩。我等見汝空欲捨身不為利益。故来勧汝当依我語顕揚正法瑜伽論等。遍及未聞。汝身即漸安隠勿憂不差。有支那国僧。楽通大法欲就汝学。汝可待教之。法蔵聞已。礼拝報曰。敬依尊教。言已不見」。なお、本話は、同じく『慈恩伝』を典拠としながら、『三宝感応要略録』下・第十七話「戒賢論師蒙三菩薩誨示感応」に記され、『玄奘三蔵絵』にさきだち、『今昔物語集』巻六第六話「玄奘三蔵渡天竺伝法帰来語」にも享受されている。

（16）『玄奘三蔵絵』における『瑜伽論』への言及は、巻三第二段・巻四第六段・巻七第三段・巻八第二段と繰り返されている。

（17）蔵中しのぶ「玄奘三蔵伝と『瑜伽師地論』」（『アジア遊学』二七号、二〇〇一年）参照。

（18）慈恩大師基の存在強調として、巻七第三段の玄奘が『唯識三十頌』を玄鑑居士から授けられる場面は、『慈恩伝』にはない文言を慈恩大師基著『成唯識論掌中枢要』から引用している点、巻十第三段で、訳経事業に参加した四人の門弟の中で慈恩大師基を特別に評価したことが記される点があり、これらについて谷口耕生「玄奘三蔵絵――三国伝灯の祖師絵伝」（奈良国立博物館『天竺へ　三蔵法師3万キロの旅』図録所収、二〇一一年）が指摘している。

(19) 前掲注18谷口論文参照。

(20) 齋木涼子「中世南都における玄奘三蔵と天竺観」（前掲注18奈良国立博物館図録）参照。

(21) 野村卓美「解脱房貞慶と『玄奘三蔵絵』――貞慶作『中宗報恩講式』をめぐって」（『文芸論叢』七三、二〇〇九年）。

(22) 拙稿「『春日権現験記絵』と貞慶――『春日権現験記絵』所収貞慶話の注釈的考察」（神戸説話研究会編『春日権現験記絵注解』（和泉書院、二〇〇五年）参照。

(23) 引用は前掲注22神戸説話研究会編書による。洪道は慈恩大師基の字。

(24) 玄奘がもたらした『瑜伽論』の他、訳経作業の中核となった『大般若経』に関する信仰についても、貞慶が笠置寺に『大般若経』六百巻を安置する般若台を創建したことがよく知られている。

(25) 『三国伝灯記』の構想については、横内裕人「東大寺図書館蔵覚憲撰『三国伝灯記』――解題・影印・翻刻」（『日本中世の仏教と東アジア』塙書房、二〇〇八年）に詳しい。『玄奘三蔵絵』との関係については、前掲注20の齋木論文参照。

(26) 『慈恩伝』の利用は、『三国伝灯記』とほぼ同時期におそらくは南都において成立した『今昔物語集』にも確認でき、さかのぼって『今昔物語集』が依拠した遼代の非濁（一〇六三年没）撰『三宝感応要略録』もそれに拠るところがある。前掲注18谷口論文に詳述される。

(27) 当該部分の『慈恩伝』本文については、前掲注15を参照。『三宝感応要略録』および『今昔物語集』もほぼ同様。

(28) 当該話において蔵俊が感得した本地仏は、一般的なものとは異なっており、四宮を護法とする点にも、法相宗の系譜との濃厚なかかわりが窺われるものである。

(29) 拙稿「南都における浄土信仰の位相――貞慶と『春日権現験記絵』をめぐって」（『國語と國文学』九二巻五号「中世文学と信仰」、二〇一五年）参照。

(30) 拙稿「『春日権現験記絵』成立と解脱房貞慶」（『中世文学』四三、一九九八年）参照。渡天を志した明恵には「大唐天竺里程書」がある一方で、春日神の制止により渡天を思いとどまる伝承があるが、これは天竺への憧憬と仏跡荒廃という現実に対する代替としての春日浄土観の論理的表裏関係のなかに、明恵をはじめとする南都僧の信仰意識があったことを示している。

(31) この託宣が、貞慶による『成唯識論尋思鈔』述作の経緯を語るものである点については、前掲注22の拙稿参照。

(32) 『玄奘三蔵絵』の製作過程をめぐる問題や神祇信仰とのかかわりについては、拙稿「『玄奘三蔵絵』の構造と構想」（玄奘フォーラム、二〇一五年十二月十三日、於筑波大学東京キャンパス）として発表する機会があったが、この発表については、本フォーラムの成果報告をまとめる計画が進行中なので、稿を改めることとする。

附記

本稿は、科学研究費補助金・基盤研究（B）「唱導文献に基づく法会の綜合的研究――寺院聖教調査の統合と復元的研究への展開」（研究代表者：近本謙介　課題番号16H03385）による研究成果の一部である。

遼代高僧非濁の行状に関する資料考
――『大蔵教諸仏菩薩名号集序』について

李　銘敬

り・めいけい――中国人民大学教授。文学博士。専門は日本中古中世説話文学・中日仏教文学。主な著書・論文に『日本仏教説話集の源流』（勉誠出版、二〇〇七年）、「日本古典文芸にみる玄奘三蔵の渡天説話」（『東アジアにおける旅の表象』アジア遊学一八二号、二〇一五年）などがある。

遼代の高僧非濁に関した重要な文献である『大蔵教諸仏菩薩名号集序』について、その全文に整理を加え、訓読文の作成を試みたうえで、非濁の行状について彼の早年の大乗菩薩戒への伝教活動及びその密教的学問という二点に絞って、『要略録』などと結び付けながら若干の考察を行なうことにする。

はじめに

遼代の高僧非濁《ひじょく》に関する資料としては、前稿(1)で論考した『奉福寺仏頂尊勝陀羅尼幢記』は現存の最も詳細なものと見られるが、それに次いでもう一つ注目すべき資料は、本稿で取り扱う『大蔵教諸仏菩薩名号集序』である。

『大蔵教諸仏菩薩名号集』とは、『一切仏菩薩名集』とも略称し、遼の新撰仏教経典であり、全部で二十二巻、前の二十巻は利州太子寺の講経論沙門徳雲が撰集したもので、後の二巻は上京管内僧録の純慧大師賜紫沙門非濁の補撰したものである。現在、この『一切仏菩薩名集』は序文とともに北京房山雲居寺所蔵の遼金時代に彫造された石経の中に見られ、中国仏教協会編輯『房山雲居寺石経』(2)および同協会と中国仏教図書文物館編『房山石経』（遼金刻経第二十八冊）(3)にその図版が収録されている。刻石は全部で二三三個（摺り紙で四六〇枚となる）、刻石の編号は千字文の「勿」と「多」という字号に当たる。彫刻年代は金の皇統七年から九年（一一四七～一一四九）までとなる。『中華大蔵経』第六十八冊(4)において

『房山雲居寺石経』所収本が転載されている。また、一九七四年に山西省応県仏宮寺釈迦塔（遼の建立）から発見された『契丹大蔵経』残巻十二巻のうちに『一切仏菩薩名集』巻第六（巻子本、「勿」字号）の残篇[5]、そして一九八七年八月、河北省豊潤天宮寺で発見された『小字遼蔵』と称された遼代の経典には『一切仏菩薩名集』（冊子本）六冊二十二巻が含まれている[6]。

『大蔵教諸仏菩薩名号集序』は、非濁と同時代の遼の高僧である思孝が重熙二十二年（一〇五三）に興宗皇帝の勅命を受けて撰述したもので、それが経文の前に置かれて『契丹大蔵経』に収録されているが[7]、その中には、非濁関係の記事も多く触れられている。長文なので、拙著『日本仏教説話集の源流（研究篇）』[8]においてその一部だけを示して検討してみたことがあるが、今回は、序文全文の紹介を兼ねて、まず序文の本文を翻刻してその訓読文を作り、そうしたうえで非濁の行状などに関して若干の考察を加えることにしたい。

一、『大蔵教諸仏菩薩名号集序』の翻刻と訓読

大蔵教諸佛菩薩名号集序

覺花島海雲寺崇禄大夫守司空輔國大師賜紫沙門　思孝奉　詔撰

古者能仁氏之王堪忍也、始獲正覺、談教法以度僧伽之衆、三寳於是乎現焉。埋世霧之六師蔑如霜殞、麗義天之五教朗若日懸。然有樂廣之徒、慕博知而常說、尚略之輩、希捷見以勤行。人既二類不同、法遂兩端亦異。為樂廣、廣開性相、曲示於淵玄、對尚略、略啟呪名、直增於功德。其性也實、多詮真理少議俗事、其相也權、多議俗事少詮真理。其呪也密、多從竺語少就支音、其名也顯、多就支音少從竺語。勃陁住世四十九年、年別續演、達磨疏歧一十二分、分各無紊。論夫析奥之幽、其閒甚衆、議乃拯淪之急、唯此為先。生死浪由是乎涸乾、圓寂峯以之而峭峻。

今我聰文聖武英略神功睿哲仁孝皇帝陛下、承祧以立、為世而来、乗宿敦菩薩之因、據現感皇王之位、體佛在之正化、闡佛後之遺風。俯控外氓、闢三學於三府、高提内冑、傳六明於六宮。教既内外齊敷、行復自他兼利。撿乎自慮、名與呪兮雙持、謂持阿蜜哩名及持鉢呾囉呪。勵乃他懷、呪與名兮迭用、謂用呪攝利根及用名接耎品。寔可謂空門之

墻壍、有海之桴航、三尊仗以住持、兆民賴之慶樂。匪唯修文偃武克宣人主之威、抑亦傳教利生聿布法王之令。故致洞性徹相、五緇繼武於城山、諷呪持名、二素差肩於朝野。既上行而下効、乃迩肅以遠安。我境我民、獨賀豐年為瑞、他邦他主、咸欽明德惟馨。豈比夫舞干羽於丹墀、但運有為之有道、垂衣裳於紫幄、空拘無道之無為者焉。以我皇帝行無為之有道、住有道之無為故也、奇哉。

眷化明敷、至教潛合、爰有燕京弘法寺校勘諫議大夫昌黎志德、進明呪集都三十卷、括一大藏一切明呪、上京臨潢府僧録純慧大師沙門非濁、進名号集二十二卷、撮一大藏一切名号。斯集之為利也、莫可得而言之。且如一呪之功、尚不可以河沙筭、況一藏之明呪乎、一名之益、猶不可以剎壤籌、況一藏之名号乎。剪意地之惑根、誠為利斧、湧心源之智水、實謂方珠。行羸者賴以進趍、勳倖手杖、學窘者憑之富足、美類掌珎。歷往古以久湮、良有待也、屬當今而併現、為應運歟。其猶乾欲明而烏兔昇、坤欲靜而丘岳鎮、盛事懸應、有如此者。

明呪之首自有引文、名号之前元無序說。帝慮遐裔罔殫厥由、詔委下才聊述其致。此集乃是德雲法師之所纂也、師本保靜人、俗姓清河氏、家傳儒素、躬博詩書、工翰工吟、具福具智、猒世塵之翳實、忻法味以清神。始於析津府崇仁僧伽藍摩出家、奉求寂戒、終於永昌軍太子招闘提逗屏跡、轉大藏經。攝歛一心、聯綿十載、酷探至趣、正存性相、居懷哀恤、迷倫兼務。呪名為念、復思持呪、如法方成。若使誦名、隨緣可辦。或耄或幼、任賢任愚、身不碍於四儀、心無妨於三性、施功極鮮、鳩利寔繁。繇是披尋經律論三藏教文、採摭已今當三世名号。披尋之際、凡遇一如来及遇一菩薩、或各礼三拜、表離三毒以超三悪、冀全三學以尅三身、或各礼四拜、表消四罪以越四流、期滿四弘以圓四智。採摭之時、持刀跪刺於雙肱、出其鮮血、滴墨和研於一硯、染乃柔毫。若是顯著名體俱同、更不紀錄、或有名同却疑體異、亦並書之。集成一部、分為兩門、初門標怛他蘖多、俾先忻於果實、後門列冐地薩埵、令續發於因葩。計數盈萬、以踰三勒、卷成十而齊二。慮草本之輕弃、營珉塔以深藏。當卜基未定、感吉夢以除疑、洎標剎適圓、發神光而表瑞。濡淨牋而爰畢、模貞板以期鏤。雖決意無移、罄奇工而必葺、奈何機罔契、逼大限以云殂。道失能弘、因成墜地、人微所託、屢歷周星。

後遇海山純慧大師、鳴艣飛帆、雲離自島、懸盂挂錫、萍寄彼藍、講花嚴億頌圓經、傳金剛三聚淨戒。八方輻輳、同歸不退轉輪。四衆子来、若覩大慈悲父。本州僧政沙門法常、當寺僧首沙門義鑑、虔守遺編、保護情踰玄鑒士、慶逢當器、委憑礼重玄奘師、即以授之、託其弘耳。濁公於是喜強緣而得遇、希巨利以靡辞、細披但劑於半珠、熟視未成於全寶、以宋朝新譯及我國創添經數頗多、雲皆莫覿、因伸石補、用冀天圓、復雙益於新名、乃兩增於舊卷。拾乎前闕、菁英已悉於華龕、示乃来蒙、雨露未清於塵域。

師會帝於累聖殿中、宣預道場、乃以其集捧之呈進。帝躬披閲、久而詰曰、「朕於宵旰時餘、勸懲務外、每謂但恢繩政、安民止擅於一期、不廓線詮、利物難臻於永劫。蒙仁今以是集見囑、信如鮑叔之能知我、卜商之善起予者矣。兼乃仁礼太師侍中國師為聲聞戒鄔波馱耶、朕礼太師侍中國師為菩薩戒阿遮梨耶。」然位異於君臣而義同於昆季、緬憶如来之付、共合遵承、復思親教之恩、彼應酬荅。況當九有已靜烽煙、宜使四民俱崇香火。尋頒綸旨、委以有司、俾刻印文、示諸未諭。所冀横遍蓮花藏界、異口河傾、豎窮帝網珠時、同音雷諷。七難隨聲而遽滅、千祥應念以遄生。率土之濱、黎民於變、普天之下、比屋可封。洞開不二法門、事關永撤、深入第一義海、理濕圓澄。有心鏡曉於無心、垢識掌翻於淨識、畢殫生界、咸返佛家。宸慮若斯、故記云耳。時皇朝七代歲次癸巳重熙二十有二年律中大呂蓂生十葉午時序訖

訓読文

大藏教諸佛菩薩名号集ノ序

覺花島海雲寺崇禄大夫、守司空、輔國大師、賜紫沙門ノ思孝奉詔シテ撰ス。

古、能仁氏ノ王タル堪忍ハ、始メテ正覺ヲ獲テ、教法ヲ談ズルヲ以テ僧伽ノ衆ヲ度スレバ、三寶、是ニ於キテ現レリ。世霧ヲ埋ムル六師蕕《ユ》クコト、霜ノ殞スルガ如クシテ、義天ヲ麗《カガヤ》ク五教朗ラカナルコト、日ノ懸グルガ若シ。然ルニ、廣ナルヲ樂ム徒ハ、博知ヲ慕イテ而シテ常ニ説キ、略ナルヲ尚ブ輩ハ、捷見ヲ希《ノゾ》ミテ以テ勤行スル有リ。人ハ既ニ二類ニシテ同ナラズ、法モ遂ニ兩端ニシテ亦タ異ナル。廣ナルヲ樂ム為ニ、廣ク性相ヲ開キテ淵玄ヲ曲示シ、略ナルヲ尚ブニ對シテ、略《ホボ》呪名ヲ啟キテ直《タダ》チニ功德ヲ增ス。其ノ性實ニシテ多クハ真理ヲ詮シ少クハ俗事ヲ議

ス。其ノ相權《カリ》ニシテ多クハ俗事ヲ議シ少クハ真理ヲ詮ス。其ノ呪密ニシテ多クハ竺語ニ從ヒ少クハ支音ニ就ク。其ノ名顯ニシテ多クハ支音ニ就キ少クハ竺語ニ從フ。勃陁、世ニ住ムコト四十九年、年別《ゴト》ニ演《ト》クコトヲ續クルモ、達磨ハ歧ヲ疏《トオ》スコト一十二分、分各《ゴト》ニ忝無シ。論ハ夫レ奥ノ幽ナルヲ析《ト》キ、其ノ閒ハ甚ダ衆《オオ》キ、議ハ乃チ淪ノ急ナルヲ拯《タス》ケ、唯ダ此ヲ先ト為ス。生死ノ浪ハ是ニ由リテ涸レ乾キ、圓寂ノ峯ハ之レヲ以テ峭峻タリ。

今、我ガ聰文聖武、英略神功、睿哲仁孝ノ皇帝陛下ハ、祧ヲ承ケテ以テ立チ、世ノ為ニシテ来《キタ》リ、宿ノ敦《アツ》キ菩薩ノ因ニ乗ジ、現ニ感ズル皇王ノ位ニ據リ、佛在ノ正化ヲ體シ、佛後ノ遺風ヲ闡ス。俯シテ外氓ヲ控エテ三學ヲ三府ニ闢キ、高《アオ》ギテ内冑ヲ提ゲテ六明ヲ六宮ニ傳フ。教ハ既ニ内外ニ齊《ヒト》シク敷キ、行ハ復タ自他兼《トモ》ニ利ス。自慮ヲ撿スルヤ、名ト呪ヲ雙《トモ》ニ持シ、謂ハバ阿蜜哩名ヲ持シ、及《ナラ》ビテ鉢呾囉呪ヲ持ス、ト。他懷ヲ勵スルヤ、呪ト名ヲ迭《カサ》ネテ用ヒ、謂ハバ呪ヲ用ヒテ利根ヲ攜《ツナ》ギ、及ビテ名ヲ用ヒテ耎品ヲ接ス、ト。寔ニ空門ノ墻壍、有海ノ桴航ト謂フベシ。三尊ハ仗リテ以テ住持シ、兆民之ニ頼リテ慶樂ス。唯ダ修文偃武シテ、克《ヨ》ク人主ノ威ヲ宣スルノミニ匪《アラ》ズ、抑テ亦タ傳教利生シテ聿《ヒロ》ク法王ノ令ヲ布《シ》ク。故ニ性ヲ洞《ミトオ》シ相ヲ徹シ五緇ヲ城山ニ繼武セシメ、呪ヲ諷シテ名ヲ持シ二素ヲ朝野ニ差肩セシム。既ニ上行シテ下効シ、乃チ迩クハ肅《ウヤウヤ》シクシテ遠クハ安《ヤスラ》カナリ。我ガ境我ガ民、獨リ豐年ノ瑞ナルヲ賀シ、他邦他主、咸明徳惟レ馨ナルヲ欽ス。豈ニ夫レ干羽ヲ丹墀ニ舞ヒテ但ダ有為ノ有道ヲ運《ハタラ》カセ、衣裳ヲ紫幄ニ垂ラシテ空シク無道ノ無為ニ拘ル者ニ比センヤ。我ガ皇帝無為ノ有道ヲ行フヲ以テ、有道ノ無為ニ住スルガ故ナリ、奇ナルヤ。

眷化ハ明ラカニ敷キ、至教ハ潛カニ合フ。爰ニ燕京弘法寺ノ挍勘、諫議大夫ノ昌黎志徳有リ、『明呪集』都テ三十巻ヲ進メ、一大藏ノ一切ノ明呪ヲ括リ、上京臨潢府ノ僧録、純慧大師ノ沙門非濁、『名号集』二十二巻ヲ進メ、一大藏ノ一切ノ名号ヲ撮《アツ》ム。斯ノ集ノ利タルヤ、得テ之ヲ言フ可キナシ。且ツ一呪ノ功ガ如キハ、尚河沙ヲ以テ筭スベカラズ、況ンヤ一藏ノ明呪ナルヲヤ、一名ノ益、猶刹壤ヲ以テ籌《ハカ》ルベカラズ、況ンヤ一藏ノ名号ナルヲヤ。意地ノ惑根ヲ剪クハ、誠ニ利斧ナリ、心源ノ智水ヲ湧カスハ、實ニ方珠ト謂フ。行クコト羸レル者ハ、頼リテ以テ進趍シ動クコト手杖ニ侔《ヒトシ》ク、學ブニ窘《トボ》シキ者ハ、之ニ憑リテ富足ニシ美ナルコト掌珎ニ類ス。往古ヲ歴テ以テ久ヒク湮レバ良《ヤヤ》待ツコト有ルナリ。當今ニ属シテ併現スレバ運ニ應ジタルカ。其レ、乾明ケント欲シテ烏兎昇リ、坤靜ニセント欲シテ丘岳鎮マルガ猶《ゴト》シ。盛事懸應ナルコト、此ノ如キ者有リ。

明呪ノ首《ハジメ》ニハ自カラ引文有リ、名号ノ前ニハ元ハ序説無シ。帝、遐裔スルニハ厥《ソ》ノ由殫《カ》クル罔《ナ》キヲ慮レバ、詔シテ下才ニ委セテ聊カ其ノ致《オモムキ》ヲ述ブ。此ノ集、乃チ是レ徳雲法師ノ纂スル所ナリ。師、本ハ保靜ノ人ナリ。俗姓ハ清河氏、家ハ儒素ヲ傳ヘ、躬《ミズカ》ラ詩書ニ博ク、翰ニ工《タク》ミ吟ニ工ミ、福ヲ具シ智ヲ具シ、世塵ノ實ヲ翳《オオ》フコトヲ猒ヒ、法味ヲ忻《ヨロコ》ビテ以テ神ヲ清《キヨ》ム。始メハ析津府崇仁僧伽藍摩ニ於イテ出家シ、寂戒ヲ奉求シ、終リハ永昌軍太子招闘提逗ニ於イテ屏跡シ、大藏經ヲ轉ズ。攝歛一心ニシテ、聯綿十載、至趣ヲ酷探シ性相ヲ正存シ、居《ツネ》ニ哀恤ヲ懷《オモ》ヒ倫《ミチ》ニ迷ヒテ兼務ス。呪名ヲ念ト為シ、復タ持呪ヲ思ヘバ、法ノ如クシテ方ニ成ル。若シ名ヲ誦セシメバ、縁ニ隨ヒテ辦ズ可シ。或ヒハ耄或イハ幼、賢ニ任セ愚ニ任セ、身ハ四儀ヲ碍《サマタ》ゲズ、心ハ三性ニ妨《サマタ》ゲ無シ、功ヲ施スコト極鮮《スクナ》クシテ、利ヲ嶋《アツ》ムルコト寔ニ繁シ。是ニ繇《ヨ》リテ經律論三藏ノ教文ヲ披尋シ、已・今・當三世ノ名号ヲ採摭ス。披尋スル際、凡ソ一如来ニ遇シ及ビ一菩薩ニ遇スレバ、或ヒハ各《オノオノ》礼スルコト三拜、三毒ヲ離ルルヲ以テ三悪ヲ超ユルヲ表シ、三學ヲ全スルを以テ三身ヲ尅ツヲ冀《ネガ》ヒ、或ヒハ各《オノオノ》礼スルコト四拜、四罪ヲ消スヲ以テ四流ヲ越ユルコトヲ表シ、四弘ヲ滿ツルヲ以テ四智ヲ圓スルヲ期ス。採摭スル時、刀ヲ持チテ跪キテ雙肱ニ刺シ、其ノ鮮血ヲ出シ、墨ヲ滴シテ和《アハ》セテ一硯ニ於イテ研《ミガ》ギ、ソノ柔毫ヲ染ム。若シ是レ顯著ナル名體倶ニ同ナラバ更ニ紀録セズ、或ヒハ名同ジク却テ體異ナル疑ヒ有ラバ亦タ並ベテ之ヲ書ス。集メテ一部ト成シ、分ケテ兩門ヲ為ス。初門ハ怛他蘗多ヲ摽シ先ズ果實ニ於イテ忻《ヒラ》カシメ、後門ハ冐地薩埵ヲ列シ續キテ因葩ニ於イテ發《ヒラ》カシム。計ルニ數萬ニ盈チ、以テ三勒ヲ踰エ、巻ヲ十ト成スコト二ニ齊《ヒト》シ。草本ノ輕ク弃ツルヲ慮《ハカ》レバ、珉塔ヲ營ミテ以テ深ク藏ス。基ヲト《ボク》スルコト未ダ定マザルニ當リ吉夢ニ感ジテ以テ疑ヲ除ク。剎ヲ標シテ圓ニ適フニ洎《オヨ》ビ神光ヲ發《ハナ》チテ瑞ヲ表ス。淨牋ヲ濡シテ爰《ココ》ニ畢リ、貞板ヲ模シテ以テ鎪《ソウ》ヲ期ス。決意移ル無ク奇工ヲ罄《ツク》シテ必ズ葺《オサ》メム雖モ、奈《イカン》ゾ機ヲ伺フコト契リ罔ク、大限逼リテ以テ殂《シ》ヌ。道ハ能ク弘ムルヲ失ヒ、因リテ地ニ墜ツルヲ成ス。人微ナレバ託スルトコロ、屢《シバシバ》周星ヲ歴タリ。

後ニ海山ノ純慧大師ニ遇ス。(純慧大師) 艣ヲ鳴ラシ帆ヲ飛バシ、島ヨリ雲離シ、懸盂挂錫、彼ノ藍ニ萍寄シ、花嚴億頌圓經ヲ講ジ、金剛三聚淨戒ヲ傳フ。八方輻輳シテ同ジク不退轉輪ニ歸シ、四衆子来リテ大慈悲父ニ覲《マミ》ユルガ若シ。本州ノ僧政ノ沙門法常、當寺ノ僧首ノ沙門義鑑ハ、遺編ヲ虔守シ保護ノ情ハ玄鑒士ヲ踰へ、慶ビテ當器ニ逢ヒ委憑ノ礼ハ玄奘師ヨリ重シ。即チ以テ之ヲ授ケ、其レニ託シテ弘メシムルナリ。濁公ハ是ニ於イテ強縁ノ遇シ得ルコトヲ喜ビ、巨利ヲ希《ノゾ》ミテ以テ辞スルコト靡キ、細ク披《ミ》レバ但ダ半珠ニ劑《ヒト》シキ、熟視スレバ未ダ全寶ト成ラズシテ、宋朝ノ新譯及ビ我ガ國ノ創リ添フル經ノ數頗ル多カレド、雲、皆覿《ミ》ルコト莫キヲ以テ、因リテ石ヲ伸べテ補ヒ、用ヒテ天ノ圓ナルヲ冀《ネガ》フ。復タ新名ヲ雙《フタ》ツ益《フヤ》シ、乃ハチ舊巻ニ兩ツ增ヤス。前闕ヲ拾ヒ菁英ハ已ニ悉ク華龕ニアリ、乃ノ来蒙ヲ示シ雨露ハ未ダ塵域ヲ清メズ。

師ハ帝ニ累聖殿中ニ於イテ會ヒテ、道場ヲ宣預シ、乃チ以テ其ノ集ヲ捧ゲテ呈進ス。帝ハ躬ラ披閲スルコト久シクシテ、誥シテ曰ハク、「朕ハ宵旰ノ時ノ餘ニ於イテ、務外ヲ勸懲ス。毎ニ謂フ、但ダ繩政ヲ恢《ヒロ》ムレバ、民ヲ安ンズルコト止《タ》ダ一期ヲ擅《モハラ》ニシ、線詮ヲ廓《ヒロ》ゲズンバ、物ヲ利スルコト永劫ニ臻リ難シ。蒙《コウ》ムルニ、仁ハ今、是ノ集ヲ以テ囑セラレ、信《マコト》ニ鮑叔ノ能ク我ヲ知リ、卜商ノ善ク予ヲ起《ヒラ》クガ如キ者ナリ。兼乃《クワウルニ》仁ハ太師ノ侍中國師ヲ礼シテ聲聞戒鄔波馱耶ト為シ、朕ハ太師ノ侍中國師ヲ礼シテ菩薩戒阿遮梨耶ト為ス。」ト。然レバ、位ハ君臣ニ異ナレド、義ハ昆季ニ同ジ。如来ノ付《フショク》ヲ緬憶スレバ共ニ遵承スベク、復タ親教ノ恩ヲ思へバ彼ニ酬荅スベシ。況ンヤ、九有ハ已ニ烽煙靜マルニ當リ、宜シク四民ヲシテ倶ニ香火ヲ崇《トウト》バシムベシ。尋《ス》グニ綸旨ヲ頒チ、以テ有司ニ委ネテ、印文ヲ刻セシメ、未ダ諭《サト》ラザルニ示ス。冀フトコロ、擴ニハ蓮花藏ノ界ニ遍《アマネハ》リテ異口河傾シ、豎ニハ帝網珠ノ時ヲ窮メテ同音雷諷ス。七難ハ聲ニ隨ヒテ遽《ニハカ》ニ滅ビ、千祥ハ念ニ應ジテ湍《スミヤカ》ニ生ズ。率土ノ濱、黎民ココニ於イテ変ジ、普天ノ下、比屋封ズベシ。不二法門ヲ洞開スレバ事ハ永撤ニ關ハリ、第一義海ニ深入スレバ理ハ圓澄ヲ濕《ウルホ》ス。有心ハ無心ニ鏡曉 (鏡のように明かすこと) セラレ、垢識ハ淨識ニ掌翻 (掌のように翻ること) セラル。畢《スベ》テ生界ヲ殫《ツク》シ、咸《ミナ》佛家ニ返ス。宸慮斯クノ若クナレバ、故ニ記ス云耳《ノミ》。時ハ皇朝ノ七代ニシテ歳癸巳ニ次《ヤド》ル重熙二十有二年、律中大呂蓂生十葉ノ午時ニ、序シ訖ハンス。

翻刻の底本は、『房山石経』（遼金刻経）第二十八冊所収のものによる。翻刻する際、原則として底本の表記通りにしたが、一部の入力し難い異体字を通行字体に改めた。また、もとは「大藏教諸佛菩薩名号集序　一　勿字号」（「獨賀豐年」まで）、「大藏教諸佛菩薩名号集序　二　勿」（「為瑞、他邦他主」から「心無妨於三」まで）、「大藏教諸佛菩薩名号集序　三　勿」（「性、施功極鮮」から「雨露未清」まで）、「大藏教諸佛菩薩名号集序　四　勿」（「於塵域」から「午時序訖」まで）という四枚の刻石からなるものだが、文意を解り易くするために六段落に分けることにした。その内容としては、第一段は仏教の勃興と名呪勤行の功徳、第二段は遼の興宗皇帝の治世と名呪兼持の意味効用、『明呪集』と『名号集』がそれぞれ進呈されることとその利益、第四段は『名号集序』勅撰の理由と『名号集』編撰の経緯、第五段は非濁による『名号集』補撰の縁起とその内容、第六段は『名号集』の進呈と版行の事情などを記述している。その中において非濁に関しての記述は次の数点を挙げることができる。

①序を奉詔で制作した海雲寺思孝大師は、高麗高僧義天（一〇五五～一一〇一）編『新編諸宗教蔵総録』（一〇九〇）によると、華厳、密教、浄土など多方面の内容に渉る著書があるが、非濁はそれと同時代の高僧であること。

②非濁は利州太子寺の講経論沙門徳雲法師の遺稿である『名号集』二十巻と、非濁自身が宋朝の新訳仏経や遼の新撰及び新たに追加された仏経を参照しつつそれを補撰した二巻を一つに合わせた『名号集』二十二巻を、上京臨潢府《じょうけいりんこうふ》僧録在任中の重熙二十二年（一〇五三）に、累聖殿で興宗皇帝に進呈して刊行の許可を賜ったこと。

③『名号集』を進呈する際に帝から大いに嘉尚され、「仁今以是集見囑、信如鮑叔之能知我」（この『名号集』をもって見せてくれた貴方は私のことをよく知っており、誠に鮑叔《ほうしゅく》が管仲を知るが如くだ）と、興宗皇帝が非濁を自分の仏教信教の「知音」として極めて厚い信認を示していること。

④「仁礼太師侍中国師為聲聞戒鄔波駄耶、朕礼太師侍中国師為菩薩戒阿遮梨耶」とある記事から非濁が興宗皇帝とともに守太師兼侍中国師圓融《えんゆう》大師澄淵《ちょうえん》に師事したことが明らかになること。

⑤非濁は嘗て利州太子寺に止宿し『華厳経』と「金剛三聚淨戒」を伝教し、大いに尊信されたことが窺われること。

以下、これらについて他の資料と結び付けて幾らかの考察を行なうことにする。

二、非濁早年の大乗菩薩戒伝教の活動について

前稿で取り上げた『奉福寺仏頂尊勝陀羅尼幢記』（以下は『石幢記』と略称）では、時間を軸にして非濁一生の行状を略記している。

大師諱非濁、字貞照、俗姓張氏、其先范陽人。重熙初、礼故守太師兼侍中圓融國師為師。居無何、嬰脚疾、乃遯匿盤山、敷課于白繖蓋。毎宴坐誦持、常有山神敬侍、尋克痊。八年冬、有詔赴闕、興宗皇帝賜以紫衣。十八年、勅授上京管内都僧録。秩満、授燕京管内左街僧録。(9)

右によれば、非濁は興宗皇帝の重熙（一〇三二～一〇五五）の初め、「守太師」・「兼侍中」である圓融国師に師事する。間もなく足病を患ったため遼の南京道管轄下の薊州にある盤山に姿を隠して日課として『白繖蓋《びゃくさんがい》』を修行していた。重熙八年には宮廷に召されて興宗皇帝から紫衣を賜わり、同十八年には上京管内都僧録を勅授される。都僧録の任期満了後、燕京管内左街僧録を授与された、というが、非濁が圓融国師に師事した具体的な事情は明らかではないし、重熙十八年に上京管内都僧録になるがその任期は何年間までに至ったのか明らかでなく、その任期内の活動も記述されていない。幸いなことに、これらの疑問については、『名号集序』が幾らかの解決の手がかりを提供しているのである。

まず、圓融国師のことについては、『石幢記』の撰述にあたる清寧九年（一〇六三）の時点で圓融が寂滅したこと、さらに圓融が生前に「守太師」・「兼侍中」・「国師」として大いに尊崇された高僧であったことなどが確認されるが、『名号集序』においては、さらに次のようなことにも言及されている。

師會帝於累聖殿中、宣預道場、乃以其集捧之呈進。帝躬披閲、久而諧曰、「朕於宵旰時餘、勸懲務外、毎謂但恢繩政、安民止擅於一期、不廓線詮、利物難臻於永劫。蒙仁今以是集見囑、信如鮑叔之能知我、卜商之善起予者矣。兼乃仁礼太師侍中國師為聲聞戒鄔波駄耶、朕礼太師侍中國師為菩薩戒阿遮梨耶。」然位異於君臣而義同於昆季、緬憶如来之付、共合遵承、復思親教之恩、彼應酬荅。

ここでの「太師侍中國師」とは、言うまでもなく圓融国師のことをさす。『名号集序』の撰述は重熙二十二年なので、それ以前、圓融が夙に太師・侍中・国師といった高位を一身に集めた高僧であったことが分かる。「聲聞戒鄔波駄耶」と「菩薩戒阿遮梨耶」とは、それぞれ聲聞戒《しょうもんかい》の親教師と菩薩戒の規範師ということであり、言い換えれば圓融国師は非濁に

とっては出家弟子として具足戒を授けられた親教師であり、興宗皇帝にとっては在俗弟子として菩薩戒を授けられた規範師である、ということを述べている。これによって圓融国師が皇帝から深い帰依を受けて国師号を賜った当代屈指の菩薩戒師であったということが一層明らかになる。

圓融大師の律宗著作である『四分律鈔詳集記』が義天撰『新編諸宗教蔵総録』巻第二に著録してあり、しかも朝鮮半島の海印寺所蔵の経板中に実存している。(10) その全称は『四分《しぶん》律刪繁《りつさんはん》補闕《ふけつ》行《ぎょう》事鈔《じしょう》詳集記』といい、道宣撰『四分律刪繁補闕行事鈔』についての注釈書であり、各巻冒頭に「燕台奉福寺特進守太師兼侍中国師圓融大師賜紫沙門澄淵集」といった撰者名が附いている。圓融大師がかつて燕台の奉福寺の住持に任じられていたことがこれで知られる。非濁は上京管内都僧録の任期満了後、燕京管内左街僧録を授与され、清寧六年の春、道宗皇帝から自ら燕京管内の懺悔主・菩薩戒師のことを授けられたが、その戒壇はまさしく師の嘗て住持に任じたこの奉福寺に設けた。師の足跡を継ぐことだったと見られよう。実際、同様のことは上京管内都僧録の任期中にも見出されている。

『石幢記』では、上京管内都僧録の任期中のことに触れていないが、『名号集序』では次のような記事が見えている。

> 後遇海山純慧大師、鳴艫飛帆、雲離自島、懸盂挂錫、萍寄彼藍、講花嚴億頌圓經、傳金剛三聚淨戒。八方輻輳、同歸不退轉輪。四衆子来、若覲大慈悲父。

ここでの「海山」とは何を意味するのか。『興城県志』(11)巻十・古跡・「桃花島」には、「本邑郷土志、覺華島俗名海山、在城南海中。(中略)島之東面有大悲閣一座。」とある文言によれば、「海山」は「覚華島」の俗称とされる。また、『名号集序』の撰者思孝は「覺花島海雲寺崇禄大夫守司空輔國大師賜紫沙門」で、金・王寂撰『遼東行部志』(12)には、

> 癸卯、是日得『海山文集』、乃遼司空大師居覺華島海雲寺時所制也、故目其集曰「海山」。師姓郎、名思孝、蚤年舉進士第、更歷郡縣。一日厭弃塵俗、祝發披緇、已而行業超絶、名動天下。當遼興宗時、尊崇佛教、自國主以下、親王貴主皆師事之、嘗賜大師號、曰崇祿大夫、守司空、輔國大師。

とあり、この記事によると、思孝が自分の著作を『海山文集』と名付けたのは「乃遼司空大師居覺華島海雲寺時所制也」と、彼が遼の司空大師として覚華島の海雲寺に居た時に制作したものであるためである。それにより「海山」が即ち「覚華島」であることはほぼ間違いなかろう。つまり、当時は、純慧大師非濁が覚華島に在住しながら船で「彼藍」(彼

の伽藍、言わば永昌軍太子招闘提逗、利州太子寺）に通って『華厳経』と「三聚浄戒」（大乗菩薩戒）を伝教していたのである。なお、興城は遼の中京道の厳州に所属し、現在の遼寧省葫蘆《ころ》島《とう》市に所属する興城にあたり、利州も中京道所属で、現在の遼寧省朝陽市喀喇沁《からちん》左翼蒙古族自治県の大城子鎮にあたる。

また、『興城県志』・「桃花島」の記事から分かるように島の南東部には大悲閣が一つあった。一昨年の夏、筆者が実地調査に赴いたところ、大悲閣の遺跡及びそれを修復した記事を刻んだ明の『重修大悲閣記』という石碑が現存していることが分かった。石碑は屋外に置かれたままであったため文字が風雨の浸食を受けて部分的に消えてしまっていた。幸いなことに『興城県志』巻十五・藝文に碑記の全文が収められており、明の天順四年（一四六〇）十二月、寧遠衛《ねいえんえい》（現在は興城市）の儒学教授である馬綸による撰文で、遼東左副總兵・東寧伯の焦礼父子が大悲閣を修造した経緯を記したものであるので、その一部を次に引用する。

大悲閣者、鎮守遼東左副總兵東寧伯焦侯父子所修也。其地在寧遠衛治三十里渤海之隈、湯池之南。天順元年、（中略）是歳冬、冰忽自結、使人視之、果有古跡、置一碑、上有千人邑記曰、「覺華島大龍宮寺、肇自大遼圓融大師所建也」。歴年彌遠、殿宇傾頽、上雨旁風、神像損壊、碑文剝落、誦不成章。睹此生傷、聞而興歎、歸白之、侯乃歎曰、「時有古今、物有興廢、吾守茲土、豈可坐觀成敗」。翌日、會諸大小官僚、告以修營、衆莫不悦。（中略）因其故廟、易而新之、去其太侈、葺其頽壞、乃修五脊六獸大悲閣一座、塑千手千眼観世音一尊。

即ち、天順元年（一四五七）に焦侯が人を覚華島へ派遣して視察させたところ、島には古跡があり「千人邑記」の石碑が置かれていた。その千人邑記の文言によると、島にある大龍宮寺が遼の圓融大師の建て始めたものだという。大龍宮寺の殿宇が傾き、神像も損壊したため、それを易《か》えて新たにして五脊六獣のある大悲閣一座を造修し、千手千眼観世音一尊を造像したものである。千人邑とは、遼の民間的な仏教信仰の結社で、これまでの資料を見ると、構成員は官吏・僧侶・百姓からなり、寺院への定期的な布施や、寺塔修造、仏経刊刻、法会開催などのために資財的支援をしたりした地方的組織であるらしい。「完葺一寺、結邑千人[13]」、「遂結千人之友、為念佛邑、毎會稱念阿彌陀佛名号[14]」などの遼碑文にみる記事からすると、圓融大師の手になる大龍宮寺修造当時の状況も同様で千人邑の協力があったと推測されよう。

金・王寂「留題覺華島龍宮寺[15]」には、「平生點検江山好、秖有龍宮覺華島。何年經創作者誰、興聖帝師孤竹老。」とい

う詩句が見え、龍宮寺修造の人物を、遼興宗の国師である「孤竹老」（孤竹国出身の高僧か）と示しており、圓融国師の出身地をたどる重要な資料の一つとなるものであろう。(16)

以上、見てきたように、圓融大師は同時に非濁の聲聞戒親教師と興宗皇帝の菩薩戒規範師であり、非濁と興宗皇帝は同門の兄弟のような仲にあった。重熙二十二年（一〇五三）、非濁は利州太子寺の講経論沙門である徳雲法師の遺稿を整理・補撰した『一切仏菩薩名集』二十二巻を、累聖殿で興宗皇帝へ進呈した際にそれを刊行する許可を賜った。また非濁は「上京臨潢府僧録」という僧職を務めている期間には、中京道所属の覚華島にある圓融大師の創建した大龍宮寺に在住、一時期はそこから舟で同じ中京道所属の永州太子寺に通って『華厳経』と「金剛三聚浄戒」（大乗菩薩戒）を伝教し、人々から大いに尊崇された。これによって、早年から圓融大師に追従して大乗菩薩戒を伝教してきたという非濁の仏教活動の軌跡がより一層明確になってきた。

従来の遼代仏教研究では、『随願往生集』の著述からの推断によるか、往々にして非濁のことが遼代浄土宗の高僧として挙げられるが、重熙年間、利州太子寺に止住して「金剛三聚浄戒」を伝授し、清寧六年の春、「燕京管内懺悔主菩薩戒師」と勅命されて翌年二月より奉福寺に戒壇を設けて数多くの僧俗に授戒したこと、「上京臨潢府僧録」「燕京管内左街僧録」など遼仏教界で最高レベルの僧侶管理職を歴任したこと、師事した圓融大師が興宗皇帝の菩薩戒師でもあったこと、こうしたことを見れば、非濁は遼朝では浄土宗よりまずは大乗菩薩戒を伝教した律宗の高僧として位置づけすべきであろう。

三、非濁の密教的学問について

これまで知られている非濁の著作には、『随願往生集』二十巻、『首楞厳経玄賛科《しゅりょうごんぎょうげんさんか》』三巻、『三宝感応要略録』（以下は『要略録』）三巻が挙げられる。『首楞厳経玄賛科』は義天『新編諸宗教蔵総録』巻一にその著録が見え、同書同巻にみる惟愨《いかく》の著作『首楞厳経玄賛』のために科段を加えたもので、すでに散佚している。『随願往生集』は義天撰『新編諸宗教蔵総録』と『大覚国師文集』、東大寺宗性撰『弥勒如来感応指示抄・第三』と『春華秋月抄草・第二十一』、そして『至元法宝刊同総録』などの文献にはその著録や抄録が見え、また日本真福寺蔵『桑門戒珠集往生浄土伝』と金沢文庫蔵『漢家類聚往生伝』など日本僧侶の手によって抄出編纂された偽撰往生集の形でその残篇が存する。また『要略録』は前田家本と観智院本、金剛寺本（上巻のみ）などの古写本と慶安三年版などの版本が現存する。

さて、『名号集』二十二巻は仏と菩薩の名号集であり、非濁の補撰となるその巻二十一と巻二十二との両巻については、

以宋朝新譯及我國創添經數頗多、雲皆莫覿、因伸石補、用冀天圓、復雙益於新名、乃兩增於舊卷。

とあるように、この両巻は宋の新訳仏経と遼の新たに制作された仏教文献から仏と菩薩の新名を採集して為されたものだと、『名号集序』に記されている。周知のように、宋では太平興国七年（九八二）に訳経院を創設し、天息災（法賢）、法天、施護などを訳経に従事させた。遼にも中インドマカダ国から来た慈賢による訳経が見られる。『房山石経・遼金刻経』巻第二十五・二十六・二十七には、千字文「刻」から「説」までの釈天息災訳『仏説大乗荘厳宝王経』四巻など宋訳仏経一八七部、千字文「丁」に見える大契丹国師中天竺摩竭陀《まかだ》国三蔵法師慈賢訳『一切如来白傘蓋大仏頂陀羅尼』など十部が所収されている。これらの新訳仏経は金の天眷二年（一一三九）から皇統九年（一一四九）までの期間に刻石され、その大部分が密教経典である。なお、皇統七年から九年まで刻された『名号集』と、一九七四年に山西省応県木塔で発見された『契丹蔵』残篇に含まれた『名号集』第六巻との両方にともに使用された千字文号などが完全に一致していることから明らかであるように、これら金代に刻された石経の底本は『契丹蔵』によっている。それによって、補撰となる二巻に使用された経典の状況は一層明瞭になってきた。ここでは、『要略録』と関連させて非濁と宋遼の新訳仏経などとの交渉状況を以下に考察する。

『要略録』巻下「南天竺尸利蜜多観音霊像感應第十九」とは、南天竺の尸利蜜多《しりみった》菩薩が観音霊像を造る縁起譚であり、尸利蜜多菩薩が三途の重苦を受けている衆生を悲しみ、発願して三年をかけて観音像造りをしたが、その造像は霊験あらたかで専心にそれを祈請すると、光明を放ち百千の軍騎が現われ、金甲を帯びて次々と十八地獄、餓鬼城、そして畜生に入り地獄の苦器を破壊したり、餓鬼に甘露を降らしたり、智光明を以て畜生の愚痴心を破ったりして三途の苦から救われる。この稀有な縁起を尸利蜜多菩薩が記して石に彫刻した、という話であるが、本話の冒頭部にみる文言から分かるように、これは実は釈智猛が後秦の弘始六年（四〇四）より二十年間天竺を巡歴した旅で南天竺の尸利蜜多菩薩塔に到着した際に当地の故老から聞かされた話であった。

本話はその題脚注「出釈智猛伝等文」によれば『釈智猛伝』などの文献から採録されたものらしい。しかし、ここで言う『釈智猛伝』とは、釈智猛が撰した『遊行外国伝』を指すもののはずである。梁・僧祐撰『出三蔵記集』巻第十五

「智猛法師伝第九」と梁・慧皎《えこう》撰『高僧伝』第三「訳経下」「宋京兆釈智猛」などにはこの話は直接出ていないが、智猛が天竺で見聞した話などが引用されている。例えば、「既至罽賓城、恒有五百羅漢住此國中、而常往反阿耨達池。有大徳羅漢見猛至止、歡喜讚歎。猛諮問方士、為説四天下事、具在其傳。」（『出三蔵記集』「智猛法師伝第九」）と、智猛が罽賓《けいひん》城に着いた時に大徳羅漢から四天下事を聞かされた話が「具にその伝にあり」という。この記事での「伝」とは、いわゆる智猛撰『遊行外国伝』のはずである。「以元嘉十四年（四三七）入蜀、十六年（四三九）七月七日於鐘山定林寺造傳」（同上）という文言からすれば、『遊行外国伝』は南朝宋元嘉十六年（四三九）七月七日より鐘山（南京）の定林寺で執筆されたものと考えられる。本書については、『隋書』「経籍志」二には「『遊行外国伝』一巻、沙門釈智猛撰」と著録してある。また唐・道宣撰『釈迦方志』巻下・「遊履篇第五」には次のような記述も見られる。

東晋後秦姚興弘始年、京兆沙門釋智猛、與同志十五人、西自涼州鄯鄯諸國至罽賓、見五百羅漢問顯方俗。經二十年至甲子歲、與伴一人還東、達涼入蜀、宋元嘉末卒成都。遊西有傳、大有明據、題云沙門智猛遊行外國傳。曾於蜀部見之。(17)

すなわち、その旅行記を「沙門智猛遊行外國傳」と題名し、道宣が自ら蜀地でそれを見たことがあったという。

また、この旅行記に関しての内容だが『出三蔵記集』と『高僧伝』に載る『釈智猛伝』のほかに、『出三蔵記集』巻第八にも次のような引用が見えている。

二十巻泥洹経記第十九　出智猛遊外國傳

智猛傳云、「毘耶離國有大小乘學不同。帝利城次華氏邑有婆羅門、氏族甚多。其稟性敏悟、歸心大乘、博覧衆典、無不通達。家有銀塔、縱廣八尺、高三丈、四龕、銀像高三尺餘。多有大乘經、種種供養。婆羅門問猛言、『從何來？』答言、『秦地來。』又問、『秦地有大乘學否？』即答、『皆大乘學。』其乃驚愕雅歎云、『希有！將非菩薩往化耶？』智猛即就其家得泥洹胡本、還於涼州、出得二十卷。(18)」

とあるのは、『二十巻泥洹経』についての由来記である。多少の違いはあるものの『出三蔵記集』『高僧伝』に載る『釈智猛伝』にも出ている。注意すべきなのは「出智猛遊外国伝」と「智猛傳云」との関係だが、明らかに、ここでの「智猛伝」と「智猛遊外国伝」とは同一のものであり、後者は前者の略称である。それで『要略録』巻下第十九話の題脚にみえる「釈智猛伝」も同様に『遊行外国伝』の略称として使用された可能性が強いものと推断されよう。管見の限りでは、『要略録』巻下所引の「南天竺戸利蜜多観音霊像感応」といった説話は、本書のほかには見えず智猛撰『遊行外国伝』を知るために極めて貴重な資料となるものである。これほど稀有な話であるが、十五世紀の前半に成立とされる玄棟撰『三国伝記』巻十二においては「第二十三戸利密多観音像事」として翻訳されている。実に感無量のことである。

ところで、本話の話末には、次のように非濁の書き入れた私記が割注してある。

私云、此事希奇、自非大聖嚴旨難信。晩撿新譯大乗寶王經、有此説利生相、更勘彼文、今欲勸造、且録傳文。(19)

即ち、「南天竺戸利蜜多観音霊像感応」という説話は稀有で不思議な話であり、戸利蜜多菩薩という大聖が自ら記録した縁起譚でなければなかなか信じがたいものだ、昨晩、新訳『大乗宝王経』を検すると、それには本話と同様に利生相を説くことを見つけた。その経文をさらに調べ考えて書写などを勧めんとするつもりだが、しばらくはこの「傳文」を採録したことにする、というのである。ここでの「傳文」とは明らかに題脚注にみる「釈智猛伝」、すなわち智猛撰『遊行外国伝』をさすものである。特に注目しなければならないのはこの私記に触れられた「新訳大乗宝王経」のことで、その全称は『仏説大乗荘厳宝王経』と言い、『大乗荘厳宝王経』とも言うが、北宋・天息災が宋太宗の興国八年（九八三）三月に訳されたものであり、歴代の大蔵経においてばかりか既述したように『契丹大蔵経』を底本にした『房山石経』にも金の天眷二年（一一三九）に刻された同経が収められている。その内容は観自在菩薩が「三途重苦への救い」、「三摩地の功徳」及び「六字大明呪の神力」などを説くものであり、殊にその巻第一には、『要略録』巻下第十九話にみる観自在菩薩が各々地獄・餓鬼・畜生といった三途の重苦を救いに出入する場面や同様な描写を見出すことができる。共通した部分を挙げると、以下の通りである。

聖観自在菩薩摩訶薩、入大阿鼻地獄之時、（前略）其大地獄猛火悉滅、成清涼地。是時、獄中閻魔獄卒心生驚疑、恠未曾有。（前略）是時、観自在菩薩摩訶薩入其獄中、破彼鑊湯、猛火悉滅、其大火坑變成寶池、池中蓮華大如車輪。（大乗荘厳宝王経）(20)

入十八泥梨、始自阿鼻旨、次第而摧破鑊器、苦具尋断壊。爾時、牛頭馬頭等一切獄卒、皆生恐怖心、投舎苦器、馳走向閻魔城、而白王言、「忽有百千騎兵軍衆、帯金甲、執持戈刃、摧破鑊器、断壊苦具、地獄反作涼池、苦器悉作蓮花。一切罪人、皆離苦悩、未曾見是事。（『要略録』）

是時、觀自在菩薩摩訶薩往詣餓鬼大城、其城熾燃業火悉滅、變成清凉。…是時、觀自在菩薩摩訶薩起大悲心、於十指端各各出河、又於足指亦各出河、一一毛孔皆出大河。是諸餓鬼飲其中水、飲是水時、咽喉寛大、身相圓滿、復得種種上味飲食、悉皆飽滿。」（『大乗荘厳宝王経』）

次入餓鬼城、右手流五百河、左手流五百河、於虚空中而雨甘露、一切飽滿、而為説法。（『要略録』）

傍線部で示したように、観自在菩薩が地獄に入った場面の表現においては、その叙述の順序が多少の異同はあるものの、地獄が清涼池となって蓮華も生まれたことや獄卒がその状況を目撃して未曾有だと驚異して止まないなど共通した記述が出揃っている。餓鬼城の描写において左右の両手にそれぞれ河を流して餓鬼に飲ませて皆を満足させたことも一致している。これらの共通部分は、いわゆる非濁の私記に述べられた「有此説利生相」というものだと見られる。これで非濁が宋の新訳仏経、特に密教の経典に詳しいことの一端を窺うことができよう。

また、『奉福寺仏頂尊勝陀羅尼幢記』には、非濁が圓融国師に師事して間もなく足病を患ったため盤山に隠居していた期間、日課として『白繖蓋』、すなわち『大仏頂白傘蓋陀羅尼』を修行した、という記事が見られる。旧稿で論考したがこの『大仏頂白傘蓋陀羅尼』に種々の漢訳がある。『房山石経』にはそれが頻見されるし、遼の新訳仏経の一種として大契丹国師中天竺摩竭陀国三蔵法師慈賢訳『一切如来白傘蓋大仏頂陀羅尼』も収められている。遼朝においてはこの『大仏頂白傘蓋陀羅尼』が大いに取りあげられていた有様が窺われる。なお、この『大仏頂白傘蓋陀羅尼』は「中印度那蘭陀曼荼羅灌頂金剛大道場神呪」という題名で『大仏頂首楞厳経』巻七「大仏頂如来放光《ほうこう》悉怛多《しったた》鉢怛囉《はんたら》菩薩《ぼさつ》萬行灌頂部」に収まっている。奇しくも非濁には『首楞厳経玄賛科』三巻（佚失）という著作もあった。ここには、この「白傘蓋陀羅尼」を自ら修持したことが後の著述にも繋がった彼の仏教教学上の一面が呈示されているのではないか。

『要略録』においては、上述した巻下第十九話も含めて密教関係の説話が数多く撰集してある。例えば、巻上「胎蔵曼荼羅相伝感応第三十二」「金剛界曼陁羅伝弘感応三十三」「建金剛界灌頂道場祈雨而得感応三十四」「礼拝金剛界大曼荼羅図感応三十五」「念胎蔵大曼荼羅諸尊像感応三十六」、巻中「写伝大毘盧遮那《だいびるしゃな》経感応三十四」「書随求陁羅尼繋頸滅罪感応三十五」「尊勝陁羅尼経請来感応三十六」、巻下「造千臂千眼《せんぴせんがん》観音《かんのん》像法延寿感応第二十四」「罽賓国行千臂千眼像法免難感応第二十五」「大波羅門家諸小児等感千手千眼観音像第二十

六」「南印度国造不空羂索像感応第二十七」「弥提国王画五大力像免病感応第三十六」「唐益州法聚寺釈法安画滅悪趣菩薩像感応第三十七」などの諸話がそれである。そのうち、胎蔵曼荼羅と金剛界曼陁羅の両曼陁羅の伝承系譜や、唐の大興善寺伝灌頂阿闍梨恵応の弟子が胎蔵曼荼羅の念誦による救難話、唐の善無畏・一行訳『大毗盧遮那経』、不空訳『普遍光明清浄熾盛如意印心無能勝大明王随求陀羅尼経』、唐の總持寺沙門智通訳『千眼千臂観世音菩薩陀羅尼神呪経』のような諸密教経典に関する霊験説話などから見れば、『要略録』では唐代の密教関係説話がかなり目立った位置を占めていることがわかる。これに加えて『一切仏菩薩名集』補撰にみえるような圧倒的に多い密教名号を併せて考えると、非濁は唐、宋、遼の各時代各王朝の密教経典と記事に精通していたという、その一斑を窺うことができよう。

おわりに

以上、遼代の高僧非濁に関した重要な文献である『大蔵教諸仏菩薩名号集序』について、その全文に整理を加え、訓読文の作成を試みたうえで、非濁の行状に関して彼の早年の大乗菩薩戒への伝教活動及び彼の密教的学問という二点に絞って、『要略録』などと結び付けて若干の考察を行なった。

『奉福寺仏頂尊勝陀羅尼幢記』には非濁が上京管内都僧録を務めている期間の記事は見えないが、今回『名号集序』についての考察によって、当時は非濁は中京道所属の覚華島大龍宮寺に在住、一時期はそこから舟で中京道にある永州太子寺へ『華厳経』と「金剛三聚浄戒」（大乗菩薩戒）との伝教のために通っており人々から大いに尊崇され、しかもその縁により利州太子寺講経論沙門徳雲法師の遺稿の整理を頼まれて『一切仏菩薩名集』二十巻にさらに二巻を補撰して興宗皇帝から刊行の許可を賜った、ということが明らかになった。

そして、非濁は律宗と浄土宗でよく知られている高僧であると同時に、華厳と密教にも精通していることは今回の調査の分析で初めて証明することができた。こうした非濁の仏教的活動と著述から、密教と華厳への重視が大きかったという遼代当時の仏教教学上の特徴が改めて裏付けられたことになる。

更に、圓融国師との師弟関係を追跡したことで非濁の遼代仏教界での位置付けと彼の大乗菩薩戒師という高い地位が明確になったのである。

注

（1）拙稿「『遼代高僧高僧非濁の行状に関する資料考』（一）——『奉福寺仏頂尊勝陀羅尼幢記』について」（『成城国文学論集』

三四輯、二〇一一年)。
(2) 文物出版社、一九七八年。
(3) 華夏出版社、二〇〇〇年。
(4) 『中華大蔵経』(編輯局編、中華書局、一九九三年)。
(5) 山西省文物局・中国歴史博物館主編『応県木塔遼代秘蔵』(文物出版社、一九九一年)。
(6) 李富華・何梅著『漢文仏教大蔵経研究』(宗教文化出版社、二〇〇三年)、方広昌「遼蔵版本及『遼小字蔵』存本」(『文献』二期、二〇一五年)。
(7) 『至元法宝勘同総録』巻十に『一切仏菩薩名号集』(「恒岱」との二帙)が著録してある。しかしその作者について「序」の撰者である「思孝」と誤認されている。
(8) 勉誠出版、二〇〇七年。
(9) 中国国家図書館古籍部所蔵、六峰閣蔵版、康熙二十七年(一六八八)九月。
(10) 大屋徳城『朝鮮海印寺経板考』(『鮮支巡禮行』所収、東方文献刊行会、一九三〇年)。
(11) 興城華昌印刷局、民国十六年(一九二七)。
(12) 賈敬顔著『五代宋金元人邊疆行記十三種疏證稿』(中華書局、二〇〇四年)。
(13) 陳述輯校『全遼文』巻五(中華書局、一九八二年)、一〇四頁『重修雲居寺碑記』による。
(14) 『全遼文』巻十、二八一頁『金山演教院千人邑記』による。
(15) 金・王寂撰『拙軒集』巻一・七言古詩に所収(『影印文淵閣四庫全書』第一一九〇冊「別集類四(金元)」)。
(16) 遼史・地理誌には「営州(現在、河北東部から遼寧省西部までの地域)、本孤竹国」、また「興中府、古孤竹国、漢柳城県地(現在遼寧省西部錦州一帯)」とある。
(17) 『大正新修大蔵経』第五十一巻史伝部三所収『釈迦方志』によるが、句読点は私意に改めたところがある。
(18) 中国仏教典籍選刊『出三藏記集』(中華書局、二〇〇三年)による。句読点は私意に改めたところがある。
(19) 小林保治・李銘敬『日本仏教説話集の源流』(資料篇)(勉誠出版、二〇〇七年)による。以下の引用も同。
(20) 『房山石経・遼金刻経』巻第二十五所収『仏説大乗荘厳宝王経』による。以下の引用も同。

附記

この論文は北京市社会科学基金項目(編号14WYB037)の成果の一部である。なお、本論文の日本語的な表現について、恩師小林保治先生に朱を入れていただいた。

投企される〈和国性〉
——『日本往生極楽記』改稿と和歌陀羅尼をめぐって

荒木　浩

寛和二年（九八六）の奝然の帰国は、日本の対外観に大きなインパクトをもたらした。『往生要集』『日本往生極楽記』以下の遣宋も、その直接的影響による一大イベントである。本稿では、『極楽記』遣宋に際して増補された聖徳太子と行基の説話が内在する三国仏法東漸思想と陀羅尼の如き表記の「倭歌」の意味に注目して再読を試み、『極楽記』改稿にかかる「中書大王」の比定と「潤色」の意味にも新たな考察を及ぼす。

あらき・ひろし——国際日本文化研究センター教授、総合研究大学院大学教授。専門は日本古典文学。主な著書に『説話集の構想と意匠——今昔物語集の成立と前後』（勉誠出版、二〇一二年）、『かくして『源氏物語』が誕生する——物語が流動する現場にどう立ち会うか』（笠間書院、二〇一四年）、『中世の随筆——成立・展開と文体』（編著、竹林舎、二〇一四年）、『夢見る日本文化のパラダイム』（編著、法藏館、二〇一五年）、『徒然草への途——中世びとの心とことば』（勉誠出版、二〇一六年）などがある。

一、『日本往生極楽記』をめぐる仏教史的環境

源《みなもとの》為憲《ためのり》が記す『三宝絵』（永観二年（九八四）十一月総序）中巻の序文（「趣」）は、「釈迦ノ御ノリ」が、その正覚を得てから涅槃に至る夜までに説かれた真実である、と語り出す。涅槃後、阿難による仏典結集があり、仏法は天竺に展開して震旦に広まる。「我国」日本にも伝わった。仏法僧の三宝のうち、中巻が主題とする「法宝」である。だが肝腎の天竺では、三蔵法師玄奘が渡天求法した時代に既に仏法衰滅の影があり、大唐でも度重なる廃仏があった。その結果、天竺震旦では「法文ノ跡スクナクヤ成ヌラン。アナタウト、仏法東ニナガレテサカリニ我国ニトヾマリ、アトヲタレタル聖昔オホクアラハレ、道ヲヒロメ給君、今ニアヒツギ給ヘリ」。日本でだけ特立的に繁栄していると、日本独自の東漸論を説く。そうして遅く欽明朝に百済から伝わった日本仏教の尊むべき

輪郭を閉じ、第一話・聖徳太子伝が、我国仏法の濫觴として始まる（引用は新日本古典文学大系）。以下の説話本文は、『日本霊異記』を根幹的な出典として、[1] 日本の仏教世界を叙述する。

『三宝絵』と期を接して撰述された慶滋保胤《よししげのやすたね》『日本往生極楽記』（成立については後述する）は、第一話を同じく聖徳太子から始め、第二話の行基菩薩伝は『三宝絵』に依拠して綴られている。[2] その一方で『日本霊異記』が「昔、漢地にして冥報記を造り、大唐の国にして般若験記を作りき。なにぞ、唯し他国の伝録をのみ慎みて、自土の奇事を信け《う》恐りざらむや。ここに起きて目に矚《み》るに、忍ぶること得ず。寝《やす》み居て心に思ふに、黙《もだあ》ること能《あた》はず。然《しか》あるがゆゑに、いささかに側《ほのか》に聞くことを注《しる》し、号《なづ》けて日本国現報善悪霊異記といふ」（上巻序、日本古典集成の訓読）と自らの著述意図を描くのと同じく、「大唐弘法寺の釈の迦才《かさい》、浄土論を撰しけり。その中に往生の者を載すること二十人。迦才の曰く……誠なるかなこの言。また瑞応伝に載するところの四十余人、この中に牛を屠《ほふ》り鶏を販《ひさ》ぐ者あり。善知識に逢ひて十念に往生せり。予この輩《ともがら》を見るごとに、いよいよその志を固くせり」（『日本往生極楽記』序、日本思想大系の訓読）と唐土の先行二書を挙げて仰ぐ。こうしてここには、すでに仏教文学史の輪郭めいたものが自覚され始めている。

ただし『極楽記』が示すのは、「ここに起きて目に矚《み》るに、忍ぶること得ず。寝《やす》み居て心に思ふに、黙《もだあ》ること能《あた》はず」と『霊異記』が誌すような憤りにも似た内発的なモチベーションではない。「他国の伝録に慎みて、自土の奇事を信け《う》恐りざらむや」という対外観とも異なる。ほぼ同じ時期に成立した源信『往生要集』が言及する如く、本朝嚆矢の往生伝として、震旦・本朝と連なる国際的な仏教の歴史的コンテクストから自らの系譜を位置付ける試みとおぼしい。

また震旦には、東晋より已来、唐朝に至るまで、阿弥陀仏を念じて浄土に往生せし者、道俗・男女、合せて五十余人ありて、浄土論幷に瑞応伝に出でたり〈僧廿三人、尼六人、沙弥二人、在家男女、合せて二十四人〉。わが朝にも、往生せる者、またその数あり。具さには慶氏の日本往生記にあり。……

（『往生要集』大文第六の七・引例勧信、日本思想大系の訓読）

二、夢の経緯による改稿をめぐって
——『日本往生極楽記』と『往生要集』

右のように『往生要集』が『日本往生極楽記』を即時的に引用して評価する前提には、「保胤と源信の間に」存する

「密接な繋がり」[3]があるが、両書は、夢による完成への後押しという要素までを共有している。

永観二年甲申冬十一月、天台山延暦寺首楞厳院《しゆりようごんゐん》に於て、この文を撰集し、明年夏四月、その功を畢れり。一僧ありて夢みらく、毘沙門天、両の丱音、串童を将ゐて、来り告げて云く、「源信、撰する所の往生集は、皆これ経・論の文なり。一見一聞の倫も、無上菩提を証すべし。すべからく一偈を加へて、広く流布せしむべし」と。他日、夢を語る。故に偈を作りて曰く、

已に聖教及び正理に依りて衆生を勧進して極楽に生れしむ　乃至展転して一たびも聞かん者　願はくは共に速かに無上覚を証せんと。

（『往生要集』跋）

仏子寂心在俗の時、この記および序等を草して、既に巻軸を成し了りぬ。出家の後念仏に暇無くして、すでに翰を染むることを絶てり。

近日往生の人五、六輩を訪ひ得たり。便ち中書大王に属して、記の中に加へ入れしむ。兼てはまた潤色を待てり。大王辞びずして、饗応して筆を下すに、大王夢みらく、この記の中に聖徳太子・行基菩薩を載せ奉るべしとみたり。此の間に大王忽ちに風痾《ふうあ》ありて、記し畢ふること能はざりき。寂心かの夢想を感じて、自ら国史および別伝等を抜きて、二菩薩の応迹のことを抽きて入れり。

「その功を畢れり」、「既に巻軸を成し了りぬ」といずれも一度擱筆したと誌しながら、同じように他者の夢に慫慂されて記述を補い、改稿・完成へと導かれる。この偶合の背景には、二十五三昧会という結社をめぐる、夢理解があるだろう[4]。

三、付加された「二菩薩」伝の対外観と三国往還の和歌陀羅尼

（一）太子伝の位相

偈文を創って加えたという『往生要集』の修正は、象徴的な意義を含みつつ、本文の大改編には及ばないとの標榜でもある[5]。劇的な変改は、『日本往生極楽記』の方に起きていた。冒頭の「二菩薩」――聖徳太子伝と行基菩薩伝が追加されて作品の相貌が一新される。保胤出家後になされた数名の往生結縁者の伝記という、新たな収録も行われた。「潤色」＝「ト、ノフルコト」（前田育徳会尊経閣文庫本傍訓、尊経閣善本影印集成）も施されようとする。

それはどのような変化をもたらしたのか。太子伝と行基伝二話の増補について見てみよう。『極楽記』の太子説話は、『三宝絵』と同様、『聖徳太子伝暦』に依拠して書かれている。

冒頭にはともに「救世菩薩」＝観音受胎説話を有するが、六歳の時に百済から到来した経典を読みふける太子の様子を叙述するところで、両書の異なりに目が留まる。『極楽記』では、幼い太子の不思議な学識に疑問を持った天皇が質問すると、太子はそれに答えて、昔、中国の南岳に住して修行をしていたからだと話す姿が描かれるからである。『伝暦』に拠る記事だが、『極楽記』が精読したはずの『三宝絵』には、略された要素だ。

太子六才ニ成給ニ、百済国ヨリハジメテ法師尼キタリテ、経論ヲモテワタレリ。太子奏シ給、「持度レル経・論ヲミナミム」ト申シテ、香ヲタキテ開見事ヲハリテ……

（『三宝絵』中一、平凡社東洋文庫本で一部訂）

百済国献㆓経論㆒。太子奏曰。欲㆑披㆓閲之㆒。(6) 天皇怪而問㆑之。奏曰。児昔在㆑漢住㆓南岳㆒。歴㆓数十年㆒。修㆓行仏道㆒。時年六歳。

（『極楽記』一、原文）

右傍線部は、聖徳太子が南岳慧思《なんがくえし》（五一五～五七七）の後身であることを暗示している。この理解は、達磨と約諾した慧思が、東方に転生したという、中国伝来の伝説に由来する。「南岳七代記」＝『大唐国衡州衡山道場釈思禅師七代記』（『異本上宮太子伝』所引）は「漢地に到来した達摩が、思禅師と問答して、思に「海東誕生」を勧めたことを叙し（片岡山飢人を達磨と見る説の出所はここにある）」、続いて慧思禅師の「永逝」を述べ、「後段に於て晋より北周に至る思禅師の六代転生のことを記し」、「所以生倭国之王家…」と展開する（飯田瑞穂）。中国撰述の『七代記』に載る慧思転生説は、鑑真のもとで聖徳太子の前生譚として結ばれ（東野治之）、日本で広く受容された。達磨と慧思は聖徳太子と片岡山飢人となって再会し、太子は、飢人の死を悼む和歌を詠む。「飢人＝達磨説は、古代においては主に天台宗で継承され」、「最澄の弟子光定はその著『伝述一心戒文』下巻では、それまでの「達磨歟」という表現を一歩進めて「彼飢者盖達磨也」と断定的な表現を使用」する（追塩千尋）。

右は、拙稿「『今昔物語集』成立論の環境――仏陀耶舎と慧遠の邂逅をめぐって」（『国語と国文学』二〇一五年五月号）の抄出である。なお同稿で論じたように、成尋はこの伝承に興味をいだき、渡宋した彼の地で、「南岳七代記」を使って、達磨の震旦来訪と南岳大師慧思との年代比定を行っている（『参天台五台山記』熙寧六年（一〇七三）二月二十四日条）。

後述するように『極楽記』は、中国での読解を願って『往生要集』とともに遣宋された。太子伝を巻頭に加えるというこの改稿は、必ずや遣宋の計画と一体的になされたものだろう。すなわち慧思転生説は、宋の地に逆輸入され、そのことでこの説話は、あらたな文脈を担うからである。唐土の二書と肩を並べ、日本の仏教史と歩みを揃えて創られた「日本往生記」は、その巻頭話に、観音の化身、慧思の後身としての聖徳太子を置き、中国で読まれようとする、否な、強い意志をもって、中国の仏教徒達に読ませようとするのだ。

（二）三国往還の和歌陀羅尼――聖徳太子から行基菩薩へ

宋の地で読ませる本、という脈絡で見ると、叙上は俄然、興味深い投企性を発現する。そしてこの視座から説話の意味が大きく変わるのは、右に留まらない。より視覚的なかたちでも果たされている。聖徳太子伝には、つぎのような表記で「歌」が記されているからである。

……帰有飢人。臥于道垂。太子歩近飢人語曰。可怜々々。即脱紫御袍覆之。即賜歌曰。

斯那提留夜　可多乎可夜摩邇　伊比邇宇恵底許夜世
留　諸能他比々等阿波礼　於夜奈之邇　奈礼奈利介
米夜　佐須陀気乃　岐弥波夜奈吉母　伊比邇宇恵天
許夜世留　諸能多比々安波礼

飢人起首答歌曰。

伊珂瑠賀能　等美乃乎何波能　多延波許曾　和賀於
保只弥能　美奈和須良礼米

還宮之後。遣使視之。飢人既死。太子大悲使厚葬之……

宋で読んでもらうために、文字は確かに中国の漢字で誌された。しかし、その漢文体に紛れて、日本独自の〈読めない和語〉[7]が、一字一音の音写による漢字の真仮名で記されている。この形式性に注意しよう。宋の人が見れば、このあたかも歯がゆい〈読めない漢字〉は、漢訳仏典中に現れる陀羅尼と、相比的な形態の記述となるからだ。もし太子が慧思で、飢人が達磨だったら……。「大唐におきては経陀羅尼、吾朝にては和歌とてもちはやす」（『馬上集〈心敬僧都述〉』下、続群書類従）。それは、天竺・震旦・本朝を往還する、不思議な和歌の言語空間をバーチャルに構成する。

ただし『日本往生極楽記』には、達磨の転生説は明示的に描かれない。三国の言語往還を具現する和歌が明確に登場するのは、次話行基菩薩伝においてである。

難波津……行基加百僧末。以閼伽一具。焼香盛花。泛於海上。香花自然指西而去。俄頃遙望西方。小舟来向。近而見之。舟前閼伽之具不乱次第。小舟着岸。有一梵僧上浜。菩薩執手相見微咲。菩薩唱倭歌曰。

霊山能　釈迦乃美麻部邇知岐利弖之　真女（如）久智世須
阿比美都留賀毛

異国聖者即答和云。

迦毘羅衛邇　等毛邇知岐利之　賀比安利天　文殊能
美賀保　阿比美都留賀奈

行基菩薩謂緇素曰。異国聖者者是南天竺波羅門。名菩提也。集会人又知。行基菩薩是文殊化身。（下略）[8]

「異国聖者」であった婆羅門の菩提は、南天竺から行基菩薩を目がけてこの地に渡った。二人はかつて、釈迦の説法を霊鷲山《りょうじゅせん》で共に聞き、契りを交わした仲だという。和歌が媒介となり、釈迦の時代を起源とする二人の聖人性を、天竺・震旦・本朝の三国の震旦を超越して直結する。この逸話もまた『三宝絵』中三によって綴られたものを継承している。仮名書きの『三宝絵』の一連の叙述と和歌は、ことさらに漢訳・漢字化されて、太子伝とも共に、和歌陀羅尼の体裁を襲う。

（三）行基菩薩という仏法東漸と遣宋イベント

ただし「菩薩」であると明示される行基と菩提の関係は、南都系の史料で菩提が行基の袖を捉え「我与聖人一山芳枝而別離年久。恋慕因極仍来臨也云々」[9]と語ったと伝承する如く、行基が上に立つという認識であろう。『今昔物語集』巻第十一第二話は、右と同様、『三宝絵』中三にしたがって、「是ヲ聞テ、皆人、行基菩薩ハ、早ク文殊ノ化身也、ト云フ事ヲ知ヌ」と記した後、『三宝絵』に見えない東大寺供養の逸話と、菩提が大安寺の僧となったことを記し、その上で出典未詳の次の記述を接合し、贈答歌の背景を注釈していた。

此ノ人、本、南天竺迦毘羅衛国ノ人也。文殊ニ値遇シ奉ラムト祈願給ヒケル程ニ、貴人出来テ告テ云ク、文殊ハ震旦ノ五臺山ニ御マスト。是ニ依テ、菩薩、天竺ヨリ震旦ニ至テ、五大山ニ尋ネ詣給タルニ、道ニ一人ノ老翁値テ菩薩ニ告テ云ク、文殊ハ日本国ノ衆生ヲ利益セムガ為ニ、彼ノ国ニ誕生シ給ヒニキ。菩薩此レヲ聞キ給テ、本懐ヲ遂ムガ為ニ此ノ国ニ来給ヘル也。彼ノ文殊ノ此ノ国ニ誕生シ給フト云フハ、行基菩薩是也。然バ、菩薩来リ可給シト空ニ知テ、来テ此ク迎ヘ給フ也。亦、菩薩其ノ由ヲ知給テ、本ヨリ見知タラム人ノ様ニ、此ク互ニ語ヒ給フ也ケリ。
（新日本古典文学大系）

菩提は、文殊を求める求法者として、明らかに行基の下位にいる。『今昔』の文脈では、天竺からやってきた三国渡来の僧が、日本にいる〈三国渡来〉の文殊に「値遇」しに来たのである。三国言語観を体現した二人が、『極楽記』という漢文世界で交わす三世の契りが、インドの陀羅尼の形態をとり、宋人にだけ読めない。和歌という究極の「言語のプライバシー」[10]として達成される。唐土で読まれることを想像すれば、この改稿は「著作郎」と『日本往生極楽記』に署名した保胤にとって、至上の悦楽としての文学行為だったのではないだろうか。とりわけ行基の贈答歌説話では、「霊山」、「釈迦」、「迦毘羅衛《かびらゑ》」、「文殊」という天竺の用語だけが、既存の漢文表記である。「釈迦」以下の漢語は、もともと梵語の音写であった。読める部分と読めないところとがグラデーションのように相交じり、そこには、独特かつ隔靴掻痒な半透明の陀羅尼的空間が具現する。通行の『極楽記』本文で和歌が現れるのはこの二話だけであることも、如上の投企性を読む上で、重要な傍証であろう。(11)

細かく観れば、当該箇所に「菩薩唱倭歌曰」とあり、和歌は、「倭歌」と表記される。日本を表す中国での伝統的表記の「倭」（中国正史では『旧唐書』まで「倭」「倭国」を称する）を用い、それが日本の歌であることを明確にしている点も見逃してはならない。それを受け「異国聖者即答和云」とある。こちらは「和歌」ということになるが、この「和」は、応える、和す、という意味で用いられており、唐土においても紛れることのない用字が成されている。漢語にも「和詩」「和歌」があり、その「和」は「和答他人詩作的詩」（『漢語大詞典』「和詩」）、「酬答別人的詩」（同「和答」）の意に合致するからである。ちなみに鎮源『本朝法華験記』の同話では、

菩薩唱和歌曰
霊山能釈迦能美麻部爾知岐利天之真如久智世須阿比
　美都留賀那
迦毘羅衛爾等毛爾智岐利之賀比安利天文殊能美賀保
　阿比弥都留賀那
異国聖者答云。

とある（第二話、日本思想大系）。先の区分は忘れられ、「倭歌」は「和歌」、「答和」は「和」の重複を避けて「答」のみとなり、日本語らしい簡略な本文へと変わっている。

十一世紀後半以降に顕在化する和歌陀羅尼観の歴史の中(12)で、保胤の着想は突出して早い。『法華験記』の退行(13)と併せて、その先鋭さと衝撃が推し量られる。これら一連の達成は、遣宋というイベントの企図、その切実でリアルな対外観を抜きにしては考え難い。

四、改稿を催す『往生要集』遣宋

『日本往生極楽記』改稿の内実にこのような意味が見出される以上、その意図と時期とがあらためて問題になるだろう。これまでの研究を再検証する必要もある。まず前提となる『日本往生極楽記』初稿本の成立時期は、「本書の諸伝中、年代の最も下るのは、永観元年（九八三）没の千観であるので……上限はこの年である。他方、往生要集の大文第七

ノ六、引例勧信の段には」、前掲したように「慶氏日本往生記」が言及される。『往生要集』は、「跋文によれば、永観二年末に起稿し、翌寛和元年（九八五）四月に書き畢っているから、往生極楽記成立の下限は寛和元年四月とみることができよう。なお、この想定と、続本朝往生伝の序に「寛和年中、著作郎（大内記）慶保胤作二往生記一伝二於世一」とある」こととは、整合的で矛盾しない。[14]

一方、『往生要集』の側から見れば、冒頭の太子伝と行基伝は「保胤出家後に加えられたもの」であると『極楽記』に明記されているから、「往生要集就筆の時点では、聖徳太子と行基の二人ははいっていない」[15]。以上によれば、「永観二年（九八四）の冬、源為憲は三宝絵を著わし、つづいて保胤は『日本往生極楽記』初稿本を「草し」、「また翌年四月、源信は往生要集を完成し、さらに花山出家」の寛和二年（九八六）六月の「前々月には、保胤が出家して寂心となのり叡山の横川に入っ」[16]たという流れになる。

ところで、冒頭の二話を欠いて成立した初稿本『極楽記』の姿は、今日の完成体とは大きく異なる。序文には「都盧《すべて》四十余人を得たり」とある。現『極楽記』は四十二話を数えるが、末尾の付記では、四十五人と計算される。[17]そこから太子・行基の「二菩薩」を除けば、『極楽記』は短い善謝伝を筆頭に、慈覚大師円仁伝、律師隆海伝、増命伝……と続く。現行形態が、聖徳太子の始原から日本仏教史を捉えようとしていたのと、作品としては、大きな骨格の異なりがある。

言い換えれば、冒頭二話が付加されたインパクトは、『極楽記』という結実を、単なる保胤の結縁としての往生伝から、日本仏教史を象る作品へと変化させる。それは、作品全体を変え、その同一性をも揺るがすほどの大きな企図であった。

繰り返しになるが、これはあきらかに、「遣宋」という、対外的モチベーションへと収斂する。『往生要集』遣宋本には、『往生要集』作成をめぐる跋文の夢と偈に直結して、仏日再び上がるこの仏法東漸の時代に『往生要集』『極楽記』以下の書物が遣宋される動きについて、謙遜と矜持を込め、間断なく連関する事情を綴った書状が掲載される。前掲部分との重なりもあるが、ここでは原文で掲げよう。

永観二年甲申冬十一月……撰二集斯文一、明年夏四月畢二于其功一矣。……有二一僧一夢……他日語レ夢。故作レ偈曰
（偈文略す）、
仏子源信、暫離二本山一、頭二陀于西海道諸州名嶽霊窟一、適遠客著岸之日、不レ図会面、是宿因也。然猶方語未レ通。帰朝各促、更封二手札一、述以二心懐一。側聞、法公之本朝、三宝興隆。甚随喜矣。我国東流之教、仏日再中。当今剋

念二極楽界一、帰二依法華経一者、熾盛焉。仏子是念二極楽一其一也。以二本習深一故、著二往生要集三巻一、備二于観念一。夫一天之下、一法之中、皆四部衆。何親何疎。故以二此文一、敢附二帰帆一。抑在二本朝一猶慙二其拙一。況於二他郷一乎。然而本発二一願一、縦有二誹謗一者、縦有二讃歎一者、併結二共我往生極楽之縁一焉。又先師故慈恵大僧正〈諱良源〉作二観音讃一、著作郎慶保胤、作二十六相讃及日本往生伝一、前進士為憲作二法華経賦一。同亦贈欲レ令レ知三異域之有二此志一。嗟乎一生苒々。両岸蒼々。後会如何。泣血而已。不宣以状

正月十五日　天台楞厳院某申状

大宋国某賓旅下　（下略）

書状の人名比定などについては、速水侑『人物叢書　源信』（吉川弘文館、一九八八年）に詳しいので参照されたい。ここでは、源信の師良源《りょうげん》を措けば、保胤と為憲という、冒頭に述べた文学史的構図に載る人々の著作が、志を等しくする異域の仏教徒に、自覚的に遣宋されようとしていることに留意しよう。

五、『日本往生極楽記』遣宋本の意味と中書大王の比定

（一）『日本往生極楽記』と遣宋

上川通夫は、この『往生要集』遣宋の意図を「つまるところ、東アジアの仏教世界における、日本天台浄土教の国際的認知こそ、源信の願望であった」と考え、『極楽記』の製作と遣宋についても併せて次のように読み取っている。

奝然の大宰府出航は、永観元年（九八三）八月、帰着は寛和二年（九八六）七月である。この間にこそ、保胤と源信の書物が著された。保胤が『日本往生極楽記』初稿版を成立させたのは、永観元年（九八三）以後、寛和元年（九八五）四月までの間である。源信が『往生要集』を起稿したのは永観二年（九八四）十一月、擱筆したのは寛和元年（九八五）四月である（跋文による）。特に後者は短期間に成っており、それ以前の準備段階を考慮すべきかもしれない。それにしても、一書を構想して実際に執筆する意志の発生がなければならず、両人連携しての分担著述という事情も含めて推測すれば、短期集中して完成させせねばならぬ、という課題が自覚されて両書は書かれたのであろう。その直接の契機は、浄土教の信仰

課題を担うことなく渡航した、奝然の入宋だったように思われる。（中略）

速水侑氏は、源信による諸書物の遣宋について、博多への旅行出発当初から意識されていたことだとされた。さらに、『往生要集』撰述当初から、中国天台山に送り、自説の是非を問おうと願った、と考えられた。奝然帰国の刺激が、その要因であるとされたのである。私は、慶滋保胤が『日本往生極楽記』を著したのも、同じように予め遣宋を意図してのことではないか、と推測する。そしてそれは、奝然帰国を契機とするのではなく、渡宋を契機にしたのだと考えられる。繰り返せば、奝然渡宋後、二人は分担して二著を成した。宋商船の来航を待って、二著の遣宋を用意周到に予定していたところ、鄭仁徳船の後に朱仁聡船同乗の僧斉隠と会い、諸書を託した。このような事情であろう。（中略）同時に送った諸書物の中では、慶滋保胤の『日本往生極楽記』が、源信の『往生要集』と一対の執筆書であった。序文の「朝散大夫著作郎慶保胤撰」という署名は、草稿本にもあったかどうか確かめられないが、遣宋を考慮した表現であろう。「号曰日本往生極楽記」という命名は、信仰を「勧進」すべき自国の「道俗男女」「衆生」のみに向けられたものではない。対外認識あってこその国名表記であり、しかもそこには実際の遣宋がはじめから意図されていたと思われる。

（上川通夫『日本中世仏教史料論』吉川弘文館、二〇〇八年、二二四―七頁）

上川は「往生伝成立の事情について、奝然や嘉因らの入宋・帰国を契機に発奮した、源信や慶滋保胤ら知識人浄土教家による、日本天台宗の国際認知を指向した執筆意志」（前掲書二二八頁）を考え、その起点に奝然《ちょうねん》の「入宋」を置く。その時期から起算して、遣宋を目途として『極楽記』が書かれた、と推定するようだ。魅力的な試論だが、異論がある。「実際の遣宋がはじめから意図されていた」という「はじめ」と「奝然帰国を契機とするのではなく、渡宋を契機にした」という速水論への反措定についてである。

速水侑『人物叢書　源信』は、源信が『往生要集』や『日本往生極楽記』以下を「永延元年」「秋の旅行当初から」遣宋を前提に持参したと考える。源信が遣宋を前提に博多へ向かった理由として、奝然が帰国して入京した「華やかなパレード」に象徴される、「その入宋帰朝」の「大きな刺激」に見るのである。速水は繰り返し「入宋帰朝」と表現するが、それは「帰国の刺激」と理解され、上川はその考察に反駁している。
速水の関心は『往生要集』留和本・遣宋本の違いの分析に向かい、上川は『往生要集』『日本往生極楽記』それぞれの初稿本の生成と奝然の「入宋」という始原を符合させて理解しようとする。だが重視すべきは『往生要集』と『日本往生極楽記』に施された、「夢」契機の改稿行為ではなかったか。これまで読解してきたように、とりわけ『日本往生極楽記』の改稿こそ、源信の『往生要集』遣宋意志によって慫慂され、果たされたとおぼしい。

『極楽記』は、「中書大王」による夢想に発条（あるいは担保・弁明）されて改稿に手を染め、大きく異なる作品へと再生した。そして源信の書状に呼応する、日本的な仏法東漸思想を担う。その時予定された「潤色《ととのふること》」は、結果として、『日本往生極楽記』という書物に込められた矜恃を、唐土にもたらして遜色のないものとするための、漢文としてのネイティブチェック的なブラッシュアップの添削を意味するように思う。それは、『極楽記』改稿が附加した二話の対外的意味を考えれば、きわめて本質的な意味を持つ。優れた漢文でなければ、和歌陀羅尼を含み込んだ保胤の投企は、大きくその志を減ずるからだ。

（二）中書大王の比定――兼明説と具平説

ここに、保胤がいったんはその「潤色」を託した「中書大王」の役割と比定が重要な意味を顕す。中書大王は、通説では醍醐皇子兼明《かねあきら》（九一四～九八七）に宛てられる。しかし平林盛得は、『本朝麗藻』下所収の藤原為時の詩の序の前半に「去年春、中書大王桃花閣命詩酒……」と現れる「中書大王」が兼明ではなく村上皇子具平《ともひら》親王（九六四～一〇〇九）だと解する増田繁夫の旧説（後述する）を参照しつつ、この『極楽記』の場合も、具平のことであると述べた。単なる引き当ての問題ではない。本稿の趣旨によれば、それは『極楽記』再稿本が成立した由来、すなわち完成体としての遣宋本『極楽記』の著述意志の問題へと展開する。

『極楽記』が「此の間に大王忽ちに風痾ありて、記し畢ふること能はざりき」と叙する「風痾」に死の影を読み取れば、時系列上、中書大王は問題なく兼明である。しかし、「風邪」（『大漢和辞典』）程度ととる意味の拡がりに置けば、その死が明言されているわけではない。(18) 往生や入滅、気絶また死など、さまざまな言葉で死を捉えて表現する『極楽記』であるが、この表現から死を読み取れるかどうか。少なくとも自明ではない。保胤が『極楽記』の増補改訂を「属」するという言い方で依頼する存在(19)として、保胤が教育係であった具平(20)は、確かに有力な候補者ではある。
記述の如く、『本朝麗藻《ほんちょうれいそう》』下所収の藤原為時の詩序には「中書大王」が現れる。「去年春、中書大王桃花閣命二詩酒一。左尚書藤員外中丞藤原惟成、右菅中丞資忠、内史慶大夫保胤、共侍レ席。内史在二大王属文之始一、以二儒学一侍、縦容尚矣。七八年来、洛陽才子之論二詩人一者、謂二三人一為二先鳴一。当二于其時一、或求二道一乗一、或告二別九原一。西園雪夜、東平花朝、莫レ不二閣レ筆廃レ吟、眷恋惆悵一……」とある。増田繁夫によれば「この詩序にいうところは、先年具平親王邸での詩酒の宴に集まった三人の文人たち、円融朝の後半から花山朝にかけて、時の詩人の先鳴として華やかに活躍した藤原惟成・菅原資忠・慶滋保胤は、花山朝が終わるとともに、出家したり死去して一時に世間から姿を消した。それ以後に親王邸に集まった人々は、雪につけ花につけ三人を傷み恋うあまり、作文のことも行われなくなった」ことを述べる。この「詩序では、具平親王を「中書大王」と呼び、菅原資忠が既に故人であることをいっている。具平親王が中書王（中務卿）になったのは、前中書王と呼ばれた兼明親王が寛和二年正月に中務卿を辞したその後任と考えられる。菅原資忠は、永延元年五月二十三日に亡くなっているので（小右記）、この詩の作られたのはその直後、永延元年の冬から翌二年の春ごろであろう」[21]と増田は最終的に推定した。だが、平林が参照した増田の初出旧稿は、この詩を「永延元年夏の終わり頃」の作とのみ記すだけでその根拠を示さなかった。平林は「とくにその理由」が述べられない増田の年代推定に疑念を繰り返し表明しつつも、永延元年夏という時間軸を次のように敷衍し、中書大王を具平へと比定しようとする。

意図するところは保胤出家の近い時期に具平親王が中書大王と呼ばれうるかということなのである。永延元年は保胤出家の翌年である。このことが認められると『日本往生極楽記』の初稿の補訂者である中書大王は、即兼明親王とすることは出来なくなるのである。初稿の補訂は保胤の出家の近い時期に行われたとの印象があり、しかも中書大王の病いのために再考の追加作業が出来なくなったという記文に兼明親王の薨去を重ねたものである。これにはまた具平親王の中務卿の時期がしばらく後との印象があったとも思われる。…中書大王を兼明親王とするからその死と補訂が結びついて、再稿完成は出家直後となるのであって、保胤自身は出家直後に補訂作業を行ったとは記していないのである。

（注2所掲平林『慶滋保胤と浄土思想』一〇七頁）

近年の有力な新説であるが、しかし増田説は、その後修正された。さらにまた平林の議論には、遣宋に伴う保胤の改稿意志への視座がない。これらの観点を取り入れて、今日の視点で平林の説を検証する必要がある。

寛和二年（九八六）正月に兼明は中務卿を辞す。具平は、翌永延元年七月二十一日の段階でまだ兵部卿である（『日本紀略』）から、増田が言及するように、同永延元年九月の兼明没後に、具平が中書王となったと考える説[22]が妥当である。源信は、同年十月末に博多に来航した宋商人朱仁聡と唐僧斉隠《さいいん》と遭い、翌二年一月に『往生要集』『極楽記』他を託した。

> 奝然一行は、寛和二年（九八六）に、宋商鄭仁徳の船で帰国した（『日本紀略』）。皇帝太宗は、国書持参のための再来航を促して帰したらしい。そこで永延二年（九八八）二月八日に、弟子嘉因らを再入宋させたが、この時も鄭仁徳船に便乗した（『日本紀略』、『宋史』「日本国」）。鄭仁徳船は、この間停留していたのであろう。さらに、正暦元年（九九〇）七月に帰国した嘉因一行は（『小右記』同月二十日条）、またも鄭仁徳船を利用した。……源信は、『往生要集』や『日本往生極楽記』などを、宋天台山僧に送っている。それが、奝然帰国や嘉因の再往来に絡んでいるのである。
>
> 永延元年（九八七）十月二十六日、宋商朱仁聡が渡航し（『扶桑略記』）、西海道にいた源信は、その「着岸之日」に面会したという（『往生要集』巻末付載、〈永延二年〉正月十五日源信書状）。この折りに源信は、朱仁聡と同船して来た僧斉隠に、良源著『観音讃』、慶滋保胤『十六相讃』『日本往生極楽記』、源為憲著『法華経賦』を託して宋に送った（同前源信書状、ならびに『延暦寺首楞厳院源信僧都伝』）。源信が比叡山から博多津に向けて発った時期は不明だが、速水侑氏が推定された通り、寛和二年（九八六）七月に奝然らを乗せて来航した鄭仁徳船が、博多津に停泊したままだったことを当て込んでの決断であろう。朱仁聡と斉隠が来航した時、すでに源信が博多津にいたのは、鄭仁徳一行を目指して来ていたからであり、その意味で「不レ図会面」（源信書状）なのである。
>
> （上川前掲書二二四―五頁）

速水侑は、右の時系列から、源信が西国に出立した時期を永延元年の「おそらく秋のころ」と推定する（『人物叢書　源信』）。源信の計画を受けて保胤が『極楽記』改稿の依頼をする。中書大王がそれを受諾しながら、「忽ちに風痾あり」。そして夢告を受けて、保胤自らが改稿を決意し、完成を急ぐと一連を理解すれば、時間は自ずと限定される。

既述の如く、寛和二年七月は、中書大王兼明が存命で、具平はまだ兵部卿である。『極楽記』再稿本の完成は、源信が西国に向かう永延元年秋以前となる。改稿の依頼は、保胤の出家の寛和二年を上限とし、永延元年の夏頃を下限とすることになるだろう。

夢の認識にかかわる二十五三昧会だが、『二十五三昧会発願文』は寛和二年五月二十三日に記される。同年七月、奝然が大宰府に帰国。九月十五日、保胤は『二十五三昧会起請八箇条』を著す。永延二年（九八八）『往生要集』遣宋後の六月十五日、源信は『二十五三昧会起請十二箇条』を記している。同年十月十三日に具平の弟永平が「兵部卿」として薨去するので、これ以前に具平は兵部卿を辞しているが、この時系列において、〈寛和二年を上限とし、永延元年の夏頃を下限とする〉時期に、具平が中書大王であり得たかどうか。

永延元年冬直前の九月二十六日に兼明が没するから、『極楽記』遣宋本は、その死に触れるいとまはない。具平「親王が中務卿に任ぜられたのは恐らくこれ以後であろう[23]」から、当時の具平は依然として兵部卿である。すでに出家したと改稿版『極楽記』本文に叙する保胤も、序文には「朝散大夫行著作郎慶保胤撰」と誌したままである。その署名通り、保胤が従五位下大内記であったころの「中書大王」は、間違いなく兼明であった。このことも傍証となるだろうか。

中書大王＝兼明が保胤の依頼を全うできず、記し終えることができなくなった夢告の周辺事情は、その死ではなく、遣宋というタイムリミットの設定と、保胤自身のモチベーションに求められるのではないか。その理由付けと弁明として、風痾と夢告が持ち出される。その後にやがて、兼明の死が訪れる。以上、私見として誌しておき、批正を乞いたい。

六、変貌する奝然帰国の衝撃と保胤の『日本往生極楽記』遣宋企図

『往生要集』遣宋の引き金となった奝然と、保胤もまた親しかった。奝然入宋の年、老母のための逆修として、「保胤は依頼をうけ奝然の願文を代作した。「奝然上人入唐時、為母修善願文」（『本朝文粋』巻十三）がそれである。そして、同年（＝天元五年（九八二））十一月十七日、奝然は入宋の基地大宰府に向かうため京を出発している。文人詩友は出発にあたって餞詩を贈ったが、保胤も「仲冬、餞㆓奝上人赴㆑唐、同賦㆓贈以㆑言、各分㆓一字㆒」（『本朝文粋』巻九）をつくっている」（平林盛得前掲書一二五頁）。逆修の願文には「奝然願先参㆓五台山㆒、欲㆑逢㆓文殊之即身㆒。願次詣㆓中天竺㆒、欲㆑礼㆓釈迦之遺跡㆒」（引用は新日本古典文学大系）という一節がある。五台山で文殊の即身に逢うこと。そして中天竺へ参詣して、

釈迦の遺跡を礼拝すること。それは、『日本往生極楽記』が改稿附加した、行基伝説の遡及もしくは変奏ではないか。行基は菩提と霊山の釈迦の御前で説法を聴講し、菩提は、のちに文殊をもとめて五台山を訪ね、最後に日本で行基に出会って和歌を交わす。奝然という存在と、保胤の『日本往生極楽記』改稿とは、かくの如くも一体的であった。

しかし、帰国した奝然は、保胤が送り出したとき予想した姿とは、大きく変貌を遂げていた。平林盛得は、「保胤が奝然に代わって作った老母逆修の願文中で、宋人が入宋行の目的を尋ねたとしたら」、「我是日本国無才無行一羊僧也。為二求法一不レ来。為二修行一来也」と「答える」と誌したことなどをもって、保胤が「奝然の入宋行を」「巡礼行として捉えている」と指摘する（前掲書一二五頁）。ところが、奝然は、宋の地で「矛盾」ともいうべき新たな活動を展開した。

> ……奝然の渡宋および帰朝後の行動を追ってみると、その当初に表わした目的といささか齟齬している点がないでもない。彼は中天竺に到ることなく、在宋四年、莫大な経典とすぐれた仏像をともなって帰朝している。しかも入宋の功により永延元年（九八七）三月、法橋に叙せられ、一方将来の瑞像を嵯峨愛宕山に安置、唐天台山をここに模そうとした……印度への巡礼を果さず、「何敢貪二職任一」らないといった彼、そして何よりも、嵯峨における大清涼寺建設の遺志は、万里の風濤を超えて異域に仏の聖蹟を巡礼することを修行とした奝然のそれとでは、一面甚しく矛盾するという見方も成り立つのではあるまいか。

このように論ずる平林は「このことは、奝然の渡宋の目的に、いま一つの要素があったことを意味している」と解釈し、その目的こそ「求法」に他ならないと説き、奝然の入宋は、「修行と求法この二つの目的を兼ね」、「五台山以下仏跡を巡礼することによって罪障消滅を願い、一方宿願の本尊将来を計ろうとした。いわば修行と求法併存の旅であった」と述べる（以上、平林前掲書一七八頁）。入唐求法僧から入宋巡礼僧へという史的変遷の中で、奝然はその転機として、象徴的な存在でもあった[24]。ただし求法の象徴的デモンストレーションとなった一切経の将来という出来事については、北宋が成立し「北漢を滅ぼして中国を統一した」九七九年からまもなく、九八四年に入宋した奝然が、所期した目的とは大きくずれ、「計画の大変更を強いられ」た、「思わぬ余生」に属するものだ、という上川通夫の指摘がある。

二ヶ月近くの巡礼を終えた奝然らは、再び入京して皇帝太宗に拝謁し、さらに八か月余りのち九八五年三月に三度目の面謁をはたした。この過程で、皇帝側の誘導を受けた奝然は、「本国職員令・王年代記」（『宋史』日本伝）なる日本事情の書面を作成して提出したらしい。その結果、宋朝廷が作成したばかりの版木で刷った大蔵経（一切経）などの仏書群を賜与された。また生身釈迦仏像の模刻を許され、正式遣使の要請を伝える任務を帯びて、九八六年に台州から帰国した。それは予定外の展開であり、初心の大変更だというべきであろう。天竺行きを断念し、決意して離れた本国に引き返したのである。[25]しかしその「計画の大変更」は、奝然にとって、恐らく予想もしていなかった空前絶後の栄誉をもたらし、京都の人々の目を釘付けにした。

寛和三年二月二十一日、高麗楽の先導によって仏舎利をおさめた七宝合成の塔が過ぎると、山城をはじめとする諸国人夫に担がれた新版大蔵経五百箱が続き、これを沿道の人々は結縁のために争って担ごうとする。次の輿には白檀の釈迦瑞像、更に嘉因、盛算らを従えた法済大師奝然が歩み、瑞像の行列は朱雀大路を北に進んで、蓮台寺へと入った。この日の様子は『小右記抄』に詳しいが、また諸書にもその記事が残されている。[26]そのギャップは、先述した源信ばかりでなく、むしろ出家後の保胤により大きな衝撃をもたらしたのではないか。保胤は、奝然を主語として〈私は、日本国の才なく行もない、愚かな一僧侶です。求法などめっそうもない、ただ自身の修行のためにやって来たのです（我是日本国無才無行一羊僧也。為求法不来。為修行来也）〉という願文を誌して送り出したはずだった。それがいまや……。その意味で、『日本往生極楽記』の改稿と遣宋は、慫慂した源信のみならず、保胤にとってまた、より自覚的なイベントであった。すなわち保胤に『日本往生極楽記』の遣宋を企図させ、「潤色」を施した改稿を決意させた契機は、奝然の「入宋」ではなく、変貌して聖人化した、奝然の「帰国」であったのではないか。

奝然の帰国を受けて保胤が受けた衝撃は、おそらく、その弟子寂照の渡宋意図として引き継がれた。平林の次の着眼は、保胤の遣宋意識の傍証としても有用である。

……寂照は長保四年三月、入宋の申請を行い、翌五年八月本朝を離れた。ところで寂照の入宋の願いは、この長保四年にはじめて抱いたものではなかった。すなわち、これより十四年前、永祚元年（九八九）三月七日に、その出願を行っている（『日本紀略』）。……永祚元年、寂照が入宋を願い出る一週間前、『小右記』（永祚元年二月二十九日条）は僧奝然が円融法皇の許に参っていることを記している。奝然は我が国初の入宋僧で、（以下永観元年の入宋以下の奝然の事蹟、略す）……永延元年（九八七）二月十一日、大宰府より入洛……大清涼寺を建立、将来の瑞像を納め、彼の地の仏蹟の移植を志し……同二年……戒壇設立の勅許……さらに同じ年二月、弟子嘉因を再び宋に遣しているが、これは在宋時における宋朝の厚遇を謝し、併せて五台山に施財供養を行い、かたわら新訳経典の求得にあった……そしてこの翌年が寂照入宋の申請の年となるのである。寂照入宋に、奝然の影響を考えない方が無理であろう。

（前掲書一七一―二頁）

この寂照のモチベーションを高めたのが、大陸文化に関心と教養を持ち、奝然とも親しかった保胤であった。「寂照は保胤を介することによって大陸への関心がもたらされ、入宋行へとつながって行く」。

寂照の入宋行は保胤に負うところが大であり、保胤の存在なくしては、その入宋行はあり得ないといっても過言ではない。寂照の悩みをむかえ、その解決に指針を与え、入宋行を奨めたのは保胤であった。……寂照の入宋行はいわば保胤、寂照の合作なのである。

（以上、平林前掲書一八五頁）

こうした思想的脈絡のなかに『日本往生極楽記』という作品の「潤色」すなわち達成もある。対外観というコンテクストの中で、日本古典文学史の再構築もまた必要であろう。

注

（1）『三宝絵』中巻は、最終第十八話以外の全ての出典を『霊異記』に仰ぎ、第四話以降は『霊異記』のみを出典注記する。

（2）日本思想大系『往生伝　法華験記』参照。保胤と為憲は勧学会でのつながりもある。

（3）平林盛得『慶滋保胤と浄土思想』（吉川弘文館、二〇〇一年）一二八頁。

（4）『二十五三昧会結縁衆過去帳』参照。なお夢をめぐる詳細は仏教文学会例会「《シンポジウム》夢記研究の現在」荒木発表「〈夢と表象〉研究と「夢記」の位置」で論じた。同発表については、「〈夢と表象〉研究と「夢記」の位置」（『佛教文学』四一号、二〇一六年）で概要を活字化し、その後「夢と自照――古代仏教の言説と対外観をめぐって」（荒木編『夢と表象――眠りとこころの比較文化史』勉誠出版、二〇一七年）に展開したのでここでは深入りしない。

（5）『往生要集』の問題は前掲注4の発表と論考、また「海を渡る自照性――十世紀後半の仏教と説話叙述から」（柳井イニシアティブシンポジウム『IMAGINING THE WORLD IN PRE-MODERN JAPAN　前近代日本における《世界》の想像』（二〇一六年月三月十八日、ＵＣＬＡ）でも論じた。

（6）「歴数十身」という異文もある。思想大系校異参照。

（7）この問題については、拙稿「読めないテクスト「和語」で書くこと」（『日語学習与研究』中国日語教学研究会、二〇一二年六月、二〇一二年十二月二十五日北京報刊発行局）、「メディアとしての文字と説話文学史――矜恃する和語」（説話文学会編『説話から世界をどう解き明かすのか 説話文学会設立50周年記念シンポジウム［日本・韓国］の記録』笠間書院、二〇一三年）参照。なお本稿の関心とは相渉らないが、室町後期から近世前期を中心に、和歌の真名書き（万葉書き）を通史的に考察した論考に、一戸渉「和歌の万葉書」（『斯道文庫論集』五〇輯、二〇一六年）がある。

（8）『今昔物語集』や『扶桑略記』では、震旦の五台山への追跡譚も合わせ付す。拙著『今昔物語集の構想と意匠 今昔物語集の成立と前後』第三章第二節（勉誠出版、二〇一二年）参照。

（9）『東大寺要録』（筒井英俊校訂、国書刊行会）所引「元興寺小塔院師資相承記」を『七大寺巡礼私記』（『校刊美術史料』）で校訂して示した。

（10）これは、ベネディクト・アンダーソンの用語「the vast privacy of the language」（Benedict Anderson. *Imagined Communities: Reflections on the Origin and Spread of Nationalism*, pp.146-147（8 Patriotism and Racism). Revised Edition. London and New York: Verso. 2006.）を私に応用したものである。同著の翻訳は、白石さや、白石隆訳『定本 想像の共同体 ナショナリズムの起源と流行』Ⅷ愛国心と人種主義（書籍工房早山、二〇〇七年）にあるが、当該箇所は、原著と大きく変わっている。拙稿「月はどんな顔をしている?――譬喩と擬人化のローカリズム」（三谷研爾編『Between "National and Regional"Reorientation of Studies on Japanese and Central European Cultures』大阪大学文学研究科、二〇一二年）、および「散文の生まれる場所――〈中世〉という時代と自照性」（『中世文学』六二号、二〇一七年刊行予定）参照。

（11）尊経閣文庫本には、第三四話藤原義孝伝にカタカナ書きの和歌が一首付されるが、諸本これを欠く。後代の附加と考えられる（日本思想大系補注参照）。

（12）天台僧の明覚（一〇五六～一一〇六）あたりがその先駆とされる。和歌陀羅尼観の研究史については、拙著『徒然草への途――中世びとの心とことば』第八章（勉誠出版、二〇一六年）参照。

（13）前掲注4、および前掲注10所掲の拙稿参照。

（14）引用部分は、井上光貞「解説」（『日本思想大系 往生伝 法華験記』）。

（15）引用部分は、石田瑞麿校注『日本思想大系 源信』頭注。このあたりの論述は、拙稿「書物の成立と夢――平安期往生伝の周辺」（上杉和彦編『生活と文化の歴史学1 経世の信仰・呪術』竹林舎、二〇一二年）に関連する。

（16）前掲注14井上光貞「解説」。

（17）末文に「都盧四十五人。菩薩二所、比丘廿六人、沙弥三人、比丘尼三人、優婆塞四人、優婆夷七人」とある。思想大系補注によれば、「この部類は著者の書いたものではなく、後人によるもの」で、三人の増加は、十一話を智光・頼光の二伝、二十二話を勝如・教信の二伝、三十二話を尼某甲と真頼一妹女のそれぞれ二伝と捉え加えた計算である。

（18）東京大学史料編纂所の古記録フルテキストデータベースによれば、『小右記』の三例はいずれも重篤ではない。「剋許心神亦乱、身熱辛苦、依有㆓風痾疑㆒、早旦沐浴」（長保元年九月十四日）、「而従㆓一昨日㆒風痾発動、不㆑能㆑向㆓東寺㆒者」（治安三年一月十七日）、「自㆓昨日朝㆒風痾侵」（仁安二年十月二十四日）。『愚昧記』では、永享元年七月十四日条「細川右京大夫（持元）……〈卅一歳、前執事〉自㆓去七日㆒風痾、今日逝去云々、不便不便」と死に至る。至る。同文安四年三月二日条では「依㆓老病連々㆒風痾相侵、即時本復又如㆑例云々」と軽症であるが、老いと関連づけられる。なお思想大系は「神経疾患で現在の高血圧症神経痛がこれに当る」と頭注する。以上参考までに記しておく。

(19) なお保胤の生年を通説より十年ほど引き下げる説（佐藤道生「慶滋保胤伝の再検討」（『説話文学研究』四八号、二〇一三年、小原仁『人物叢書　慶滋保胤』（吉川弘文館、二〇一六年）も踏襲）によれば、兼明との年齢差は三十歳となる。

(20) 保胤は「若き具平親王を教えるにあたり「ふみすこしをしゑたてまつりては、めをとじて仏を念じたてまつりてぞをこたらず」（『今鏡』巻九、など）つとめている」（『慶滋保胤と浄土思想』吉川弘文館、二〇〇一年、一三頁）。「ところで、保胤の出家直後に、その出家を偲んで作った具平親王の詩がある。『本朝麗藻』に収められている「贈心公古調詩」である。……親王八歳、保胤三十九歳ほど、保胤が侍読として親王の読書始の儀を勤めた時であった」（同一三六頁）。

(21) 増田繁夫「花山朝の文人たち」（『源氏物語と貴族社会』吉川弘文館、二〇〇二年所収。たびたび言及する初出稿は『甲南大学文学会論集』二一、一九六三年）。以下触れるように、増田が初出稿でこの詩を永延元年夏の終わりの作としたため、平林盛得はその時期に拘泥して齟齬を論じたが、増田の最終稿にいうこの時期設定なら矛盾はない。

(22) 大曾根章介「具平親王考」（『国語と国文学』一九五八年、『大曽根章介日本漢文学論集』第二巻、汲古書院、二〇〇〇年に再収）参照。

(23) 前掲注22大曾根論文。

(24) 奝然の入宋とその意義に関する近年の研究動向については、上川通夫「奝然入宋の歴史的意義」（同『日本中世仏教形成史論』校倉書房歴史科学叢書、二〇〇七年）、手島崇裕『平安時代の対外関係と仏教』（校倉書房歴史科学叢書、二〇一四年）など参照。入唐求法僧から入宋巡礼僧へという推移については、木宮泰彦『日華文化交流史』（冨山房、一九五五年）、森克己「日宋交通と日宋相互認識の発展」（『日宋文化交流の諸問題』刀江書院、一九五〇年）、石井正敏「入宋巡礼僧」（荒野泰典・村井章介・石井正敏編『アジアのなかの日本史Ⅴ　自意識と相互理解』東京大学出版会、一九九三年）、上川通夫「入唐求法僧と入宋巡礼僧」（荒野泰典・石井正敏・村井章介編『日本の対外関係3　通交・通商圏の拡大』吉川弘文館、二〇一〇年）、前掲手島著書など参照。

(25) 前掲注24上川「入唐求法僧と入宋巡礼僧」。上川は、「源信・保胤と奝然とは、宗教者として目指すところに違いがあった。奝然には、「法花奥義」について問答する知識はあったが……渡航目的は五台山と中天竺へ行くことだと明言している……それに対して保胤は、餞詩において、「已契㆔西方共㆓往生㆒、久在㆔後生非㆓勢利㆒、菩提応㆑趁㆓旧交情㆒」と呼びかけて結んでいる。保胤としては、西方極楽浄土への往生を希う同志としての入宋を、奝然に期待する本心だったのではなかろうか」（前掲注24『日本中世仏教史料論』二二三―四頁）と推測する。

(26) 荒木計子「入宋僧奝然と清涼寺建立の諸問題（下）」（『学苑』四九一、一九八〇年）。

附記

本稿は、説話文学会平成二十七年度大会（二松學舍大学）での講演「対外観の中の仏教言説と説話集」の後半部分を展開させたものである。なお科学研究費助成事業（学術研究助成基金助成金）挑戦的萌芽研究「国際的日本研究における古典文学研究の基層と戦略」（研究代表者荒木浩、課題番号16K13198）による研究成果を一部含む。

海を渡る仏
――『釈迦堂縁起』と『真如堂縁起』との共鳴

本井牧子

『釈迦堂縁起』は、東土の衆生化度のために自らの意志によって天竺から中国へと移動し、海を渡って日本に到達した釈迦瑞像を描く。一方、『真如堂縁起』は、『釈迦堂縁起』の結構を巧みに取りこんで、本尊の阿弥陀仏に海を渡るイメージを付与した。それは、本尊をまのあたりに拝する人々に対して、尊像と自身との確かな縁を実感させ、尊像のたどったシルクロードの道程に思いをいたさせるための仕掛けであった。

もとい・まきこ――筑波大学人文社会系准教授。専門は宗教文芸・室町時代物語など。主な著書・論文に『金蔵論　本文と研究』（宮井里佳との共編、臨川書店、二〇一一年）、「『釈迦の本地』とその淵源――『法華経』の仙人給仕をめぐる」（小峯和明監修、石川透編『中世の物語と絵画』「中世文学と隣接諸学」シリーズ9、竹林舎、二〇一三年）、「『釈迦の本地』とその基盤――『法華経』とその注釈世界とのかかわり」（神戸説話研究会編『中世・近世説話と説話集』和泉書院、二〇一四年）などがある。

寛和二年（九八六）、宋より帰朝する奝然《ちょうねん》とともに一躯の釈迦像が海を渡った。優填王が釈迦の尊容を写して造らせたとされる栴檀瑞像を模刻した像であった。清涼寺に安置されたこの釈迦像は、後に『宝物集』などにみられるように、模刻像ではなく、天竺よりシルクロードを経由してもたらされた瑞像そのものとして広く知られるようになり、「三国伝来」「三伝」の釈迦として信仰を集めた。[1]

この瑞像の縁起を美しい絵とともに描いたのが、清涼寺に所蔵される『釈迦堂縁起』である。この絵巻においては、釈迦像は、より積極的に、自らの意志によって移動する存在として描かれている。本朝への伝来もまた、瑞像が自ら模刻像と入れ替わることにより果たされたとされる。この、自らの意志にもとづき移動するという釈迦像のイメージが、『釈迦堂縁起』の結構において重要な役割を果たしていることについては、別稿で考察した。[2]それは、瑞像と、それを「見る」「拝見する」機を得た衆生との「縁」をことさらに強調するためのものであった。さらに、そのことを裏付けるために用いられている説話の話型が、ほぼ同時期に、非常に近接した成立圏で製作された『真如堂縁起』にもみられることをも指摘した。

ところで、『釈迦堂縁起』と『真如堂縁起』との共通点は、これだけに限らない。この二つの縁起絵巻は、その構成などにおいても、興味深い共鳴をみせるのである。本稿では、『釈迦堂縁起』と『真如堂縁起』という、ふたつの縁起絵巻を対照することで、あらためて両者の構想について考察することとする。

一、『釈迦堂縁起』・『真如堂縁起』の概要

ここでまずは、ふたつの縁起絵巻の概要を確認しておきたい。『釈迦堂縁起』は、六巻よりなる絵巻であり、詞書に「今至永正十二乙亥歳」とあることから、永正十二年（一五一五）頃に製作されたものと推測されている。奥書等はないものの、絵については狩野元信という伝承が画風の上からも認められており、詞書筆者については、その特徴的な筆跡から定法寺公助（一四五三〜一五三八）の手になることがあきらかにされている(3)。

一方、真正極楽寺（真如堂）所蔵の『真如堂縁起』三巻には、各巻末に奥書が記されており、製作事情の一端を知ることができる。詞書筆者は、上巻が後柏原天皇（一四六四〜一五二六）、中巻が邦高親王（一四五六〜一五三二）・青蓮院尊鎮（一五〇四〜一五五〇）、下巻が三条西実隆（一四五五〜一五三七）・公助であり、外題が後柏原天皇であることが記される。さらに、下巻末尾には以下のような奥書が付されている。

此絵三巻、住持昭淳僧都、命㆓画工掃部助久国㆒令㆑図㆑之。於㆑詞者、古今見聞之霊験等、粗抽㆓詮要㆒、法務前大僧正公助草㆑之。誠是、寺家未来際之珍奇也。道俗貴賤、一見之輩、須㆑為㆓滅罪生善・往生極楽之良因㆒而已。

于時大永四歳次甲申年八月十五日記㆑之

遍照金剛入道親王尊鎮(4)

此の絵三巻、住持昭淳僧都、画工掃部助久国に命じてこれを図せしむ。詞に於いては、古今見聞の霊験等、粗《ほぼ》詮要を抽《ぬき》んでて、法務前大僧正公助これを草す。誠にこれ、寺家未来際の珍奇なり。道俗貴賤、一見の輩、須《すべから》く滅罪生善・往生極楽の良因と為すべきのみ。

時に大永四歳次甲申年八月十五日、これを記す。

遍照金剛入道親王尊鎮

この尊鎮による奥書によれば、『真如堂縁起』は真如堂住持の昭淳僧都（?〜一五四八）の発願にかかるもので、絵師

は掃部助《かもんのすけ》久国、詞書の起草者は公助であることがわかる。この奥書には大永四年（一五二四）の年紀があり、この時点で一応の完成をみたと思われるが、『実隆公記』享禄二年（一五二九）四月九日条には、公助の要請によって実隆が詞書を浄書しなおしたことも記されている。(5)

『釈迦堂縁起』全巻の浄書を行った公助が、『真如堂縁起』全巻の詞書を起草し、浄書にかかわって修正の指示を加えていることは注目される。榊原悟氏は、『真如堂縁起』の詞書筆者が非常に近い関係にあったことや、縁起絵巻を含むさまざまな絵巻類の詞書に染筆していることを指摘する。(6)『真如堂縁起』に比して成立事情にかんする情報の少ない『釈迦堂縁起』ではあるが、ふたつの絵巻の詞書に深くかかわった公助という存在を介してかんがえると、その成立圏はかなり近接していたであろうことが推測されるのである。

一方、絵の方面からは、『釈迦堂縁起』と『真如堂縁起』との図様に共通するものがあることが指摘されており、『真如堂縁起』が『釈迦堂縁起』の直接的影響下にあったことが確実視されている。(7)榊原氏は、『真如堂縁起』を描いた久国と清凉寺とを仲介したのは、公助であったであろうと推測する。

このように、成立圏が近接し、絵の面からも詞書の面からも共通点が看守される両縁起絵巻であるが、そういった密接な関係は、絵巻の構成というレベルにおいてもうかがわれるように思える。以下、具体的にその点をみてゆきたい。

二、『釈迦堂縁起』の結構

『釈迦堂縁起』と『真如堂縁起』とを比較対照するにあたり、まずは、『釈迦堂縁起』の結構について確認しておきたい。(8)

先に述べたとおり、『釈迦堂縁起』においては、本尊の釈迦瑞像が自らの意志によって移動する存在であることが重要な意味をもつ。巻一および巻二で釈迦の一生が描かれた後、巻三において、絵巻は釈迦像造立の縁起を語る。釈迦が母の摩耶夫人に説法するために忉利天に昇ると、釈迦不在に絶えかねた娑婆世界では、優填王《うでん》が釈迦の像を造ることを企て、毘首羯磨天《びしゅかつまてん》が栴檀瑞像を彫り上げる。釈迦の帰還にあたり、瑞像は「まのあたり世尊の下たまふ階の所に詣て」(9)釈迦を迎え、釈迦から自身滅後の衆生を付嘱された後、釈迦に先立って祇園精舎に入る。その後、弗舎蜜多《ほっしゃみった》王の仏法破滅に臨んで瑞像が危機にさらされると、鳩摩羅琰《くまらえん》が瑞像を震旦へと運ぶ。この道中は「昼はすなはち羅琰法師、瑞像を負奉る。夜は又霊像、羅琰をおひ給ふ」というように、鳩摩羅琰と瑞像が交替で歩みを進めたとされる（巻三）。ついで、中国国内での王朝交替に伴い、瑞像が移動を繰り返す様子が描かれ（巻四）、奝然の入宋へと話は進む（巻五）。

瑞像模刻の勅許を得て、仏師張栄により模刻像を完成させた奝然は、瑞像の「我東土の衆生化度の縁あり。願は汝とともに海を渡て扶桑国に往て群生を利益すへし」との夢告を蒙る。瑞像と模刻像を取り替えることに躊躇する奝然が祈誓すると、翌朝「本仏新仏をの〳〵その座を去給ひ、たかひにうつりかは」っていた。「是則人力の及処にあらす。希代甚深の事也」とあるとおり、これは人の手によるものではなく、瑞像と模刻像とが自ら動いて入れ替わった結果とされる。『釈迦堂縁起』に先行する伝承においては、奝然が入れ替えを行ったとするが、『縁起』はこれを瑞像自身の行為として描くことで、「東土の衆生化度の縁」のために能動的に動く釈迦像を印象づけるのである。

このように、『釈迦堂縁起』において、釈迦瑞像は、釈迦の付嘱を受ける場面にはじまり、天竺から震旦へ、震旦から日本へという、移動の節目節目に自ら動くものとして描かれている。これは、瑞像が生身であり、その来朝が自らの意志にもとづくものであることを強調するものと捉えられる。

しかしながら、それは、裏を返せば瑞像がいつかまた移動するかもしれないという深刻な不安を呼び起こす要因ともなりえた。そして事実、『釈迦堂縁起』には、この不安が現実のものとなる説話が収められている。『宝物集』で知られる天竺帰還説話がそれである（巻六第三段）。「我まさに西天にかへるへし」という釈迦像の夢想を受け、上下万民が名残を惜しみ、多くの僧侶が祈った結果、釈迦像は留まることとなったのだが、それに対して『縁起』本文は「もしその時かへり給ひたらは、今時の衆生、いかてか尊体を拝見したてまつらんと、ことに随喜の心を生すへき也」と、瑞像を「拝見」できることのありがたさを説くのである。

こうした瑞像を「見る」「拝見する」という行為にかかわる話柄は、『釈迦堂縁起』の随所にかなり意識的に配されている。たとえば、奝然は「宿願の子細ありて」入宋したとされるが、その宿願とは「彼本尊（引用者注―釈迦瑞像）開元寺の飛閣にとゝまりましますといふ事を日本に於て久つたへきゝて、おかみたてまつらんかためなり」とされていた（巻五第一段）。瑞像を拝むことが、そもそも奝然の入宋の目的であったというのである。しかしながら、瑞像はすでに開元寺からは移動しており、現在は内裏の滋福殿に安置されているという。このことを奝然に告げた開元寺僧は、「見聞の諸僧等、都に入て拝しみたてまつらんと望みをいたせは、其願かなはすといふ事なし」と語る（巻五第一段）。寺僧のことばどおり、奝然の「瑞像拝見の本望」は後に叶えられることになるとはいうものの（巻五第二段）、開元寺においては、瑞像の移動によって瑞像を「拝する」ことが叶わなかったのであり、この話は、瑞像の移動により「見る」ことができないという事態が実際に起こりうることを示すものともいえよう。

『釈迦堂縁起』においては、釈迦瑞像は自らの意志をもって動くことのできる生身像として描かれている。さらには戦乱などの要因によって移動する様子も繰り返し描写されている。したがって、釈迦像を「拝する」ことができる機会もまた、永続性を保証されたものではなく、いつ失われてもおかしくないものである。だからこそ、実際に瑞像を「拝する」ことができるというのは、非常に希有な機会であるということになろう。

『釈迦堂縁起』における瑞像を「見る」行為の重要性については、並木誠士氏に絵の方面からの指摘がある。[10] 氏は、釈迦瑞像の清凉寺鎮座を描く巻五の巻末に絵がないことに注目し、巻五までの絵解きにつづいて、本尊の開帳が行われた可能性を指摘する。ここまで見てきたとおり、詞書においても瑞像を「見る」ことは随所で強調されていた。実際に尊像をまのあたりにする人々に対して、得がたい貴重な機会にめぐりあっていることを実感させるのが、『釈迦堂縁起』の結構上の意図であったとかんがえられるのである。

三、『釈迦堂縁起』・『真如堂縁起』にみられる共通話型

前節でみたように、『釈迦堂縁起』は、瑞像の移動によって瑞像を「拝する」機会に巡りあえない事態について言及していた。それと同時に、別のかたちで瑞像を「見る」ことのできない人々をも描くことは、縁起の結構上、さらに注目してよい。巻六第十八段では「此瑞像を拝したてまつらさる仁体、むかしより今にいたりて都鄙にこれおほし。名字をしるすにをよはす。巡礼往来の中にもつねに在レ之。当時も北野に一人の沙弥あり」とあり、さらにつづく第十九段には寺の門前に住むにもかかわらず、「本尊をおかみ申事あたはす」という尼が登場する。この尼は、丑の刻参りをつづけた結果、釈迦像を見ることができないのは「過去の悪因」によるものであるが、今後は「真容を拝すへき也」との夢告を得て、その後「親り始て栴檀の尊容を拝見」することができたという。これらの人々は、瑞像が釈迦堂に安置されてそこにあるにもかかわらず、「見る」ことができないというのである。

このように、仏像が目の前にあるにもかかわらず、それを

「見る」ことができないという事態の実際については、『真如堂縁起』においてより詳細に語られる。中巻第十三段の伊勢貞国母にかんする説話も同話型であるが、より叙述が詳細な下巻第七段をみてみたい。

同比、真盛上人、群生化導のために法談。青蓮院門跡出世蓮門院光誉僕従に、虎若と申ける者、如来をみたてまつらす。上人憐愍し、別儀をもつて御帳を開て見せしめけれ共、不レ奉レ拝レ之。「御くしのほとに扇をあけゝるはよくみえけれとも、尊体はみえす」と。そのゝち、光誉法印、悲歎し、めし具して参籠せしに、彼者申やう、「よその仏をはいつれも皆拝見せしむ。当堂の如来、我にかくれ給ふ事、更にくるしからぬ」よし申して、一七日参籠の中に、門前なる白河の流にて魚を漁りけるそあさましき。逆縁とは成もやせむ。順縁はおもひたえたり。後輩のいましめのために是を書レ注レ之。

ここには、真如堂本尊の阿弥陀像について、それを見ることができない虎若という人物が描かれている。絵には、尊像の顔のあたりに扇をかざす僧侶が描かれているが、この虎若は、扇で尊像の顔の位置を示されているにもかかわらず、阿弥陀像を見ることができないとされている。しかも、ほかの仏像は見えるのに、真如堂の阿弥陀だけが見えないとされていることからは、特定の仏像との関係性のなかで、悪因が障碍として発動していることを示す話型であるとかんがえられよう。

先に引用した『釈迦堂縁起』巻六第十八段と同様に、『真如堂縁起』の最末尾にあたる下巻第十三段においても、尊像を見ることができない人々が昔から多くいたことが語られる。

此本尊、日夜朝暮参詣之輩に、拝見せさる人、已往より其数をしらす。或はそのよしを相語て悲歎するもあり。或は恥思ひていひ出さぬもあり。先年、真盛上人、あはれみて、内陣御帳を開て、手をとりて引入すれとも、終にみたてまつらて、只、白壁のやうにみる等族、あまりに事多けれは験記に載るはかりにて、今不レ注レ之。就レ其、さしもなき者と思ふもよく拝見し、又これはしかるへきと見ゆる人の拝せぬもあり。皆是宿縁による。以レ之思レ之に、見聞障りなき者は順次の往生、有二何疑一乎……

御帳をひきあけて内陣に導かれてもなお、尊像のあたりが「白壁のやうに」見えるだけで、尊像自体は見えないとあるように、尊像を見ることができないのは、物理的な障害ではなく、「皆是宿縁による」ものであることが明らかにされている。ふたつの縁起絵巻は、尊像をまのあたり「拝見する」

ことが、像と自身との深い因縁にもとづく得がたい機会であることを示すために、尊像を見ることができない人々という共通の話型を利用しているとかんがえられるのである。

ここで、『釈迦堂縁起』『真如堂縁起』両者にみられるこの話型の説話を比べてみると、『釈迦堂縁起』が簡略な記述であるのに対し、『真如堂縁起』は具体的な実在の人名を記し、描写も詳細であり、かつ明確に「見えない」ことの意義づけをしている点で叙述の濃淡に差があるといえる。さらに、『真如堂縁起』にこの話型が出てくる三段のうち、下巻第七段と下巻第十三段が、ともに真盛《しんせい》（一四四三〜一四九五）による教化の事蹟として語られていることは注目に値する。これらの説話の出所については現時点では未勘ながら、同様の話が「験記」なる書物に収められていたという下巻第十三段の記述ともあわせて、真盛の周辺で集積された話柄であった可能性もかんがえられる。

そこで想起されるのは、『釈迦堂縁起』『真如堂縁起』両者の詞書に関与した公助が、『真盛上人絵伝記』の書写者に比定されていることである。恋田知子氏は、『真盛上人絵伝記』文化十年書写本末尾に、伝記巻四の詞書筆者として「定法寺殿公助 青蓮院殿院家」と記されていることを指摘し、『真如堂縁起』において真盛が登場する下巻第七段と第十三段が、公助揮毫部分の初めと終わりにあたることにも着目する。[11] 公助が真盛周辺のほかの文献にアクセスできた可能性は十分かんがえられる。『釈迦堂縁起』の方が成立時期としては先んじると推測されているが、その詞書に真盛周辺で語られていた、尊像を「見る」ことができない人々の話型が取り入れられたと推測するのは、あながち的外れではあるまい。『釈迦堂縁起』の記述が簡略なのは、この話型が本来的に釈迦堂の瑞像に付随するものでなかったことを示す痕跡ともかんがえられる。『釈迦堂縁起』は、瑞像を縁起の核心に据えて、見聞の人々との並々ならぬ宿縁を強調するという自らの論理のなかに、この話型を効果的に取りこんでいるとみることができよう。

四、海を渡る仏

前節においては、真盛の周辺で語られていた話型が、『釈迦堂縁起』にとりこまれた可能性を推測した。ここでは『真如堂縁起』が『釈迦堂縁起』を下敷きにしていると思われる部分をみておきたい。それは、真如堂の本尊阿弥陀像にかかわる部分である。

清凉寺の釈迦瑞像は、天竺において釈迦在生の姿を直接写したものであり、釈迦からの付嘱を受けて、自らの意志により、日本の衆生済度のためにシルクロードを経由し、海を渡って日本へやってきたとされる。それに対して、真如堂の阿弥陀像は、慈覚大師が苗鹿《のうか》明神から献じられた柏木柱を刻んだものとされており、海の彼方からもたらされたわけではない。しかしながら、『真如堂縁起』の阿弥陀像もまた、海を渡るというイメージと無縁ではない。結論を先に述べれば、『真如堂縁起』は、綿密に構成された『釈迦堂縁起』に倣うことで、天竺から中国を経て、日本へと渡ってきた阿弥陀像と、それを拝見する人々との宿縁を説こうとしているとかんがえられるのである。

『釈迦堂縁起』においては、その冒頭二巻を割いて、釈迦の一生、すなわち仏伝が描かれる。この仏伝は、釈迦像のもととなった釈迦仏の縁起として位置づけられるが、これと対応するように、『真如堂縁起』においても、絵巻冒頭の上巻第一段から第二段にかけて阿弥陀の因位の物語が描かれる。

『真如堂縁起』第一段では、序につづいて神楽岡の地のいわれが記され、その後、「無智」「有信」の人々を教え導くために「弥陀如来、因位発願の旨趣、果成正覚の体相」を明らかにすると述べられる。阿弥陀の四十八の別願に言及した後に、その「源」として阿弥陀の因位が語られる。

（第一段）

その源は、乃往過去久遠劫之間に、定光仏といふ仏、出世しまします。今日釈尊も彼記別《きべつ》を獲給へり。其より五十三の仏出給。其後、世自在王仏、出世成道し、説法利生したまふ。于時国王います。仏の所説を信敬し給て、心に悦予を懐きて、無上の道意を発して、忽に国を棄捨し、位を謙退して、出家沙門と成給て、その御名を曇摩《どんま》迦《か》と号したまへり。是を法蔵と翻せり。

（第二段）

さて、法蔵比丘、高才勇哲なる事、世に超、人に異にして、即、世自在王のみもとに詣して、無上正覚の願心を発さむ事を申給。時、彼仏、広く二百一十億の諸仏の刹土のやうを説あらはし給。是は此比丘の浄国をしめて、正覚をならむための仏意也。是より法蔵菩薩、珊提嵐国にして樹下石上に安住し、五劫《ごこふ》を具足して思惟し給。（中略）かやうにひさしく思惟し給ことは、たゝ大かたにては罪悪の凡夫、救ひかたかるへき故に、一切有情の断悪証理の修行を此五劫にきはめ、二百一十億の諸仏の妙土を摂取して、西方極楽世界をしめて、正覚を成せむとて、六八の願を発誓し給。世自在王如来も、これ時を得たりと称讃し給へり。「此四十八の発願、一もむなしくは、われ正覚を成せし」とちかひ給に、普地六種に震動し、天花四方に雨散して、自然に音楽空中に聞えて、讃し奉りて、決定して無上正覚を成し給へは、願楽たかはすと誰か信せさらむ。如レ此ちかひ給に、弥陀正覚を成し給うへは、六八の願、一も不違、一切衆生を迎摂し給はん事疑なし。

ここに記される法蔵比丘の物語は、『無量寿経』や『悲華経』等に淵源しながらも、『三国伝記』巻四第十三をはじめ、さまざまなバリエーションが散見するものである。巻一および巻二のすべてを費やす『釈迦堂縁起』の仏伝部分に比べれば、わずかな分量ではあるが、国王が世自在王仏の教えを受けて発心出家し（第一段）、樹下石上での五劫思惟を経て、発願正覚にいたる経緯が描かれている（第二段）。第一段に対応する絵は、仏の説法を聴聞する国王、王宮で臣下を前に玉座に座る国王、山中で自ら髪を切る国王という、三つの場面から構成されるが、国王が自ら剃髪する図様に顕著なように、詞書では詳述されない場面が絵画化されていることは注目される。これらの三つの図様は、すべて『釈迦堂縁起』の仏伝部分に酷似する図様があることが指摘されており(12)、『釈迦堂縁起』から摂取されたことが明らかだからである。『真如堂縁起』は、『釈迦堂縁起』の結構を意識して、冒頭に本尊の尊像がうつした仏の成道前の物語を配置しているのではないか。

『釈迦堂縁起』では、この後、瑞像造立の縁起へと展開するが、『真如堂縁起』もまた、「抑本尊は慈覚大師の真作也」と、慈覚大師円仁による阿弥陀像造立に話題を進める（第三段）。大師の入唐（第四段）につづけて、大師が五台山で「生身の文殊に値遇」し、引声の阿弥陀経を受得することが記された後（第五段）、帰朝の場面（第六段）に移る。

大師在唐之間、会昌の乱によりて殊に求法艱難し給ひ、十年をへて、承和十四年十月に勅使とあひともに乗船帰朝ありけるに、彼引声の一曲を失念あるによりて、焼香礼拝し祈精し給に、虚空より船帆の上に小身の阿弥陀仏、香煙に住立し、「成就如是ゃ功徳荘厳」と唱へ給。時、大師、随喜肝胆し、至心信楽し給ひて、「吾朝に来至ありて、一切衆生を済度し給へき本願いつはりましまさすは、我法衣へ移り給へ」と祈念し給ひけれは、まのあたり影向し給を、即袈裟に裹とり給と。

船上での慈覚大師の祈誓に応じて、虚空から「小身の阿弥陀仏」が現れたことが描かれる。ここで阿弥陀が「吾朝に来至ありて、一切衆生を済度し給へき本願」のいつわりなきことを示すべく、大師の法衣に「まのあたり影向」したとされる点は、『釈迦堂縁起』で「我東土の衆生化度の縁あり。願は汝とともに海を渡て扶桑国に往て群生を利益すへし」として、釈迦瑞像がみずから模刻像と入れ替わった場面と響くものである。そして、自ら模刻像と入れ替わり奝然とともに海を渡った釈迦像と同じように、自らの意志により大師の目の前に出現した化仏の阿弥陀は、大師の袈裟に包まれて海を渡ることになる。

ところで、慈覚大師帰朝の際に、船上に神仏が影向するという話は、引声念仏にかかわって語られた話柄であった。たとえば『溪嵐拾葉集《けいらんしゅうようしゅう》』には以下のようなかたちで引かれる。

一、常行堂摩多羅神事　示云、覺大師、自㆓大唐㆒引聲念佛御相傳アリテ歸朝之時、於㆓船中㆒有㆓虚空ニ聲㆒告テ云、「我ヲハ名㆓摩多羅神㆒ト。即障礙神也。我ヲ不㆓崇敬㆒者、不㆑可㆑遂㆓往生ノ素懐ヲ㆒」云。仍常行堂ニ被㆓勸請㆒也云云(13)

ここで影向するのは阿弥陀仏ではなく摩多羅神であり、常行堂の護法神という性格を付与されている。ほかにも例えば『源平盛衰記』巻十では、不動、毘沙門とともに念仏の守護神としての赤山明神が現れるというように、この船中影向譚は慈覚大師の引声念仏請来譚としてさまざまに語られるものであった。ただし、現時点では、『真如堂縁起』以前に阿弥陀自身が化現する例を確認できていない。あるいは真如堂の本尊と引声念仏請来譚とを結びつけるために、意図的に改変されたものともかんがえられる。第六段は以下のようにつづく。

其につきて、五台山にて文殊のあらはれ給ひしも、弥陀の教勅ならし。文殊発願経に「願我命終時、滅除諸障碍、面見弥陀仏、往生安楽国」とあれは、諸菩薩おほき中にも、文殊につけ給けるなるへし。凡真丹にては、南岳は観音の現身、天台は薬王の変作也。此師資の契約を反して、日域にては、伝教は薬王の再誕、慈覚は観音の化生也。かやうに主となり伴と成ても、弥陀法華一体無二のさとりを得しめむためそかし。されは、船中に小身の弥陀現し給しも、観音大士は師孝のために冠中に安置し給なれは別仏にはあらしかし。

慈覚大師を観音の化身とした上で、善導『往生礼讃偈』の「観音頂戴冠中住」(14)を引証として、阿弥陀が観音の化身である大師の袈裟に包まれることの妥当性を説く。この部分は、船中に護法神ではなく阿弥陀自身が化現することの違和感を減ずるための理由づけともかんがえられ、阿弥陀影向譚の後出性を暗に示すものとも思われるのである。

阿弥陀の化仏とともに海を渡った慈覚大師は、苗鹿明神から与えられた柏の半分を「一刀三礼」に彫刻して阿弥陀像を造立し、化仏を「腹身」、すなわち胎内におさめる。大師が「当山円頓行者、四種三昧の本尊と成給へ」と言うと、弥陀像は「三度かふりを振」り、「御本願を満せんとおほさは、聚洛に下給て、一切衆生を引接し給へき。中にも罪ふかき女人等を救ひたまふへし」というと、「三度うなつ」いたという。しかし、大師の存命中は叡山の常行堂に安置されたままであった（第七段）。大師の死後、戒算の夢に老僧の姿であらわれた阿弥陀は「聚洛に出て一切群類を利益し、殊に女人を済度せむと思へり。急き下山せしむへし」と告げ、東三条院の離宮を経て（第八段）、神楽岡に創建された真如堂に遷座する（中巻第二段）。阿弥陀自身の意志による移動である。

『真如堂縁起』は阿弥陀の因位から語り起し、慈覚大師の入唐、五台山での文殊による引声念仏伝授につづく小阿弥陀の船中影向を描くことで、阿弥陀が天竺から中国を経て、海を渡って来朝し、比叡山、東三条院の御所を経由して真如堂に安置されるという、一連の流れを浮かび上がらせる。これは、『釈迦堂縁起』における、釈迦の因位を含む釈迦八相にはじまり、奝然の入宋、瑞像拝見、瑞像と模刻像の入れ替わり、帰朝、大極殿等を経由しての釈迦堂安置に至る釈迦瑞像の軌跡と対応する。『真如堂縁起』が『釈迦堂縁起』に範を求めたのは図様だけではなく、阿弥陀の因位と真如堂本尊とを、時空を超えて結びつける、詞書も含めた全体の結構だったのではないか。さらに、絵巻の後半で、応仁の戦乱により、尊像が移動を繰り返し、再び元の地に戻るまでの様子が描写される点においても、両者の構成は共通する。戦乱による尊像の受難とその後の勧進活動による復興を描くという構成からは、絵巻製作の契機や意図という面においても、両者に通底するものがあることがうかがわれるのである。

ふたつの縁起絵巻においては、清涼寺の釈迦瑞像も、真如堂の阿弥陀像も、ともに自らの意志により海を渡り、日本へとやってきた生身の尊像として描かれる。それはひとえに、日本の衆生済度の誓願によるものであった。その尊像と、済度の対象となる人々との縁を保証するのが、尊像を「見る」ことができるというその事実であった。ふたつの絵巻の最終段が[15]、ともに尊像を「見る」ことができない人々に言及する点で共通するのも、両者が共通の結構を意識していたことのあらわれとかんがえられる。そして、この最終段はいずれも絵を伴わない。そこで絵巻の享受者が「見る」べきは、描かれた尊像ではなく、海を渡って来朝し、いまそこに安置されている、自身との縁を保証する尊像そのものだったのであろう。

注

（1）中島秀典「清涼寺釈迦像縁起譚の展開――説話から縁起へ」（『宝物集研究』一、一九九六年）、中川真弓「清涼寺の噂――『宝物集』釈迦栴檀像譚を起点として」（『説話文学研究』三八、二〇〇三年）。

（2）拙稿「『釈迦堂縁起』とその結構」（『国語国文』八六―五、二〇一七年五月刊行予定）。

（3）榊原悟「サントリー美術館蔵『酒伝童子絵巻』をめぐって（上）・（下）」（『國華』一〇七六・一〇七七号、一九八四年）。

（4）続々日本絵巻大成『清水寺縁起 真如堂縁起』（中央公論社、一九九四年）所載の翻刻による。以下、引用にあたっては、字体は通行の字体に統一し（大正新脩大蔵経からの引用を除く）、句読点、返点、改行等を私に施した。

（5）『真如堂縁起』製作の経緯については榊原悟「『真如堂縁起』概説」（前掲注4『清水寺縁起 真如堂縁起』）に詳しい。

（6）前掲注5榊原論文。

（7）村重寧「狩野派様式の成立とやまと絵――伝元信筆『釈迦堂縁起』の意義」（『ミュージアム』三四三、一九七九年）、前掲注5榊原論文。

（8）詳細は前掲注2の拙稿を参照されたい。

（9）『釈迦堂縁起』の本文は、『続群書類従』釈家部二十七上所収の翻刻を参照しつつ、『社寺縁起絵』（角川書店、一九七五年）所載の全巻写真にもとづいて翻刻した。

（10）並木誠士「釈迦堂縁起――釈迦信仰の増幅」（『美術フォーラム』一五、二〇〇七年）、「開帳と絵解――釈迦堂縁起解釈のこころみ」（『縁起絵巻の宗教的機能：室町時代を中心に』（平成七年度～平成九年度科学研究費補助金（基盤研究（C）（2））研究成果報告書、一九九八年）。

（11）「室町の社寺縁起絵――『真如堂縁起』をめぐって」（『国文学 解釈と鑑賞』二〇一〇年十二月号）。『真盛上人絵伝記』文化十年書写本は、牧野信之助編『真盛上人御伝記集』（三秀社、一九三〇年）参照。真盛の唱導活動については、恋田知子氏によって新資料が紹介され、その実態が明らかになりつつある。なお、真盛弟子の盛全による『雲井月双紙』には、「一不断念仏堂の僧尼、よその霊仏霊社参詣参籠は無益也」という僧尼の心得が記されている（恋田知子「陽明文庫蔵「道具類」の紹介（二）『雲居月双紙』翻刻・略解題」（『三田国文』四五、二〇〇七年）、「室町期の往生伝と草子――真盛上人伝関連新出資料をめぐって」（『唱導文学研究』六、三弥井書店、二〇〇八年））。特定の尊像を「見る」ことのできない人々の説話は、特定の尊像への帰依を進める文脈の中に位置づけられるものかもしれない。

（12）前掲注7村重論文、前掲注5榊原論文。

（13）『渓嵐拾葉集』大正新脩大蔵経第七六冊六三二頁c。

（14）大正新脩大蔵経第四七冊四四二頁b。

（15）『釈迦堂縁起』巻六第二十段は「西天東震日域伝来年期略記」という、瑞像にかかわる年紀を考証したものであるため、縁起絵巻本文としては巻六第十九段を最終段とみる。

附記

本研究はJSPS科研費JP16K02357の助成を受けたものです。

文化拠点としての坊津一乗院
——涅槃図と仏舎利をめぐる語りの位相

鈴木　彰

すずき・あきら——立教大学文学部教授。専門は日本中世文学。主な著書・論文に『平家物語の展開と中世社会』（汲古書院、二〇〇六年）、『いくさと物語の中世』（共編著、汲古書院、二〇一五年）、「文芸としての「覚書」——合戦の体験とその物語化」（『文学』隔月刊一六—二、二〇一五年）などがある。

九州の西南端に位置する坊津に、かつて一乗院とよばれる真言宗寺院が存在した。その経蔵にはさまざまな「宝物」が収蔵されており、幸い『一乗院経蔵記』などの資料を通して、その一部を知ることができる。本稿では、坊津一乗院に伝来した涅槃図と仏舎利に注目し、それらをめぐる寺僧たちの語りの質を検討することで、多面的な活動を展開していた一乗院の姿にわずかながら近づくことをめざしたい。

はじめに——海上交通の拠点・坊津

九州の西南端に位置する坊津《ぼうのつ》は、『武備志《ぶびし》』（明代の一六二一年成立）巻二百三十一「日本考二　津要」では日本「三津」の一つとして筑前の「花加塔津《ハカタノ》」（博多津）・伊勢の「洞津《アノツ》」（安濃津）とともに「西海道有ニ坊津《バウノツ》一薩摩州ニ所レ属スル」と並び称され、「三津惟タ坊津ヲ為ニス総路一ト、客船ノ往返必ス由ル」と認識される海上交通の要衝であった。申叔舟《しんしゅくしゅう》《シンスクチュ》『海東諸国紀』（一四七一年成立）に掲載された「日本国西海道九州之図」にも、薩摩州の内に「房御崎 房泊両津」との記載があることもよく知られている。この坊津から北に並んで泊・久志・秋目という入江が続いているが、たとえば泊浜では、十五・十六世紀明代を中心として宋代から清代までの貿易陶磁（福建省諸窯・浙江省龍泉窯系・江西省景徳鎮窯系製品など）のほか、ベトナム産陶器も採集されている。[1]また、こうした中国陶磁器は坊津一乗院跡からも発掘されており、交易船が行き交い、多くの人と文物が往還していたこの地域の往時の様子をうかがわせる。

一乗院は、この坊津（現在の鹿児島県南さつま市坊津町）にかつて存在した真言宗寺院である。寺伝では百済僧日羅《にちら》の開基と伝え、戦国期から近世を通じて、島津本宗家（薩摩藩主）との密なる関係を築きながら、薩摩における真義真言・広沢流の拠点寺院として高い寺格を保ち続けた。しかし、廃仏毀釈の波が押し寄せ、いったんは鹿児島城下の福昌寺・大乗院などとともに廃寺を免れることとなったが、結局は明治二年十二月に廃絶することとなった(2)。その跡地は坊泊《ぼうどまり》小学校となり、数次にわたる発掘調査の成果や、石垣や歴代住持の墓などの現存遺跡からかつての繁栄をしのぶことができる（同小学校は二〇一〇年に廃校となった）。

先に私は、『一乗院経蔵記』という資料を窓として、一乗院がかつて所蔵していたさまざまな文物に注目する必要があること、そして、それらの伝来を軸にしながら、坊津という地域や、島津本宗家と密接な関係のなかで営まれてきた地域の拠点寺院としての一乗院がもっていた文化史的な意義を検討することの意義を提起し、その作業に着手した(3)。本稿では、そうした問題意識の一環として、一乗院と坊津に伝来した涅槃図と仏舎利に注目し、それらをめぐる語り（広義の仏伝の語りといえよう）の場の様相を把握することで、とくに近世における一乗院の実態に少しく光を当てることとしたい。

一、一乗院の多面性
――『一乗院経蔵記』からの展望

（一）寺史の創出

薩摩藩における真言宗寺院は、鹿児島城下にあった大乗院を頂点として組織化されていった。大乗院は、京の醍醐寺三宝院および大覚寺の末寺で、「本藩瑜伽宗の総司」、「一藩の祈願所」（『三国名勝図会』巻之四）とされる、藩主島津家との関係が深い一大寺院であった。十七世紀以降、一乗院もまたそうした体制のもとで寺史を刻んでいったのである(4)。

延宝元年（一六七三）十二月付の覚山(5)による跋文をもつ『西海金剛峯龍厳寺一乗院来由記』（坊津歴史資料センター輝津館蔵。以下、『一乗院来由記』と略称）は、百済僧日羅の来朝に始まる一乗院の来歴を語るなかで、天文十五年（一五四六）三月四日付で同院を勅願寺とする旨を伝える後奈良天皇綸旨が下され、そののち「西海金剛峯之勅額」等が下賜されたとしている。ここには、一乗院を「西海」の高野山とみる自己認識が読み取れるわけだが、じつはかかる理解はこれ以前の史料では確認できず、この時期から新たに押し出された主張であるとみられている(6)。

（二）真言寺院としての一乗院――捨象された属性に迫ること

また、天保十四年（一八四三）に完成した地誌『三国名勝図会』は、長承二年（一一三三）十一月三日付の鳥羽上皇院宣を収録し、それによって一乗院が根来寺の別院とされたこと、上皇の祈願所として勅額を賜ったことに言及している。しかし、今日ではこの院宣もまた十八世紀半ばごろになって創出されたものとみなされている(7)。本稿の問題意識としては、これらの事例のように、十七世紀以降、一乗院では、藩内の拠点真言寺院としての主張を、ときに新たな由緒を創作してまで続けていたことに注目したい。

ところで、『三国名勝図会』は、一乗院の什宝について、「○什宝合記　当寺に、仏像・仏器・文書・図書等の名品、甚だ多く、宝物目録二冊あり、其浩繁を知るべし、今其少分を此に記すのみ」と前置きして、次のような品々をあげている。

△仏牙舎利（*仁和寺より請来）　△弘法大師手刻諸仏像　△五智金剛鈴（*弘法大師請来品）　△五鈷金剛杵（*弘法大師使用）　△水精念珠（*唐順宗皇帝から弘法大師への餞賜の品）　△弘法大師自画像一幅　△当麻曼荼羅（*根来寺より請来）　△唐筆大元明王画像一幅（*醍醐寺理性院旧蔵品）　△弘法大師手写諸仏図像　△覚鑁《かくばん》手写仏図像　△弘法大師手書一紙一部法華経　△中将姫手書一紙一部法華経　△白河法皇御筆法華経一部　△光明皇后御書経　△弘法大師手書心経　△古帖一本（*「弘法大師書三片」を含む）　△近衛前関白藤公信輔手翰並連歌一軸　△同人手書般若心経並唯識三十頌　△上人号免許下文　△覚性法親王手書　△邦君諸御寄進品　△総州島津家文書

（『三国名勝図会』巻之二十六）

引用は基本的に「宝物」の名称のみとし、それぞれの由緒記事は略したが、一部の品についてはその素性等を（　）に入れて附記しておいた。ここには、多くの弘法大師ゆかりの品のほか、全体として真言宗色の強い品々が並んでいることが知られよう。

これらは、一乗院に伝わる「宝物目録二冊」（前掲傍点部）から「其少分」（同傍線部）を抜粋した内容である。すなわち、一乗院にはこれら以外にも多くの什物が所蔵されていたこと、そして右の記事は、一乗院を藩内の真言寺院の主要拠点として位置づける『三国名勝図会』の編纂方針にしたがって抄出されているという点に注意しなければなるまい。また、本書の編纂を命じた藩主島津斉興《なりおき》は、歴代藩主のなかでも特に真言密教に傾倒していたことにも(8)、併せて留意が必要だろう。

つまり、右の内容には偏りがあることが想定されるのであり、そこで捨象されてしまったものに迫ろうとする視座が求められる。

中世以来、一乗院は確かに各地を結ぶ真言宗寺院の交流網のなかで活動を展開しており、近世には仁和寺や根来寺の別院として、藩内で重要な位置を占めることとなった[9]。ただし、一乗院の性格やその活動領域は、真言宗寺院という側面だけでは語り尽くせるものではない。

(三)『一乗院経蔵記』という視座

『一乗院経蔵記』[10]はそのことを如実にものがたる資料である。東京大学史料編纂所所蔵の「島津家文書」に含まれる本資料の意義については、別稿でも論じたことがある[11]。本資料は、その当時、一乗院経蔵内にあった聖教・典籍・宝物類を「書物分」・「本尊分」とその他の三部に分けて記した目録で、その奥書には「寛永十一年甲戌八月大吉日」、扉には「一乗院経蔵聖教内抜書之」「山号／如意珠山」「勅号／西海金剛峯寺」(本文と別筆。朱書)とある。当時の藩主島津家久の命で、藩庫に召し上げるために一乗院経蔵の所蔵品を調査させた際に作成されたものと考えられる。

そこには、文芸・宗教・有職故実・外交などにかかわるさまざまな分野・種類の品々があげられている。その全貌は別稿に示したので再掲することは避けるが、たとえば「一、夢中問答　三巻」「一、世鏡抄　三巻」「一、鵜戸縁起　一巻」「一、八幡大菩薩事　一巻」「一、太子伝　七巻」「一、孝養集　上下」「一、職原集　上下」「一、正八幡縁起　一巻」「一、法華直談抄　十巻」「一、浄土大綱問答　一巻」「一、法然上人縁起　一巻」「一、同略行状　一巻」「一、破日連記　一巻」「一、古吟和歌秘注　三巻」「一、江湖風月集　四巻」「一朗詠私　三巻」「一、百詠　上下二巻」「一、愚門賢　一巻」「一、善隣国宝記　一巻」「一、平家物語　一巻」などが「書物分」に含まれている。これをみただけでも、その活動が真言宗寺院という範疇では語り尽くせない多方面に及んでいることを見通すことができよう。別稿で、「『経蔵記』の分析は、必然的に真言寺院としての一乗院が地域社会のなかでいかなる場であったのかを問い直すことにつながるであろう[12]」と記したゆえんである。

こうした問題意識と展望のもと、本稿では、一乗院に伝来した涅槃図と仏舎利に注目し、坊津地域に伝来した関連資料にも目配りしながら、一乗院の性格やその文化拠点としての実態に光をあて、その多面性を把握していくための一歩としたい。

二、坊津に伝来した涅槃図

まずは、一乗院、そして坊津地域に伝来した涅槃図に目を向けてみよう。

（一）近衛信尹がみた涅槃図

『一乗院経蔵記』の「本尊分」のなかには、

一、涅槃像　一幅

があげられている。かつて坊津・一乗院には複数の涅槃図が伝来していた（後述）。当然、それらは折々に人々の前に示され、寺僧らによって絵解きがなされていたことだろう。じっさい、十六世紀末にこの地を訪れた近衛信尹《このえのぶただ》は、涅槃会の時期に一乗院を訪れ、そこに涅槃図が掛けられているのを目撃している。

一乗院晩振廻、風呂アリ、温《（涅）》槃被懸、

（『三藐院記《さんみゃくいんき》』文禄四年（一五九五）二月十二日条）

信尹は、この時までに、都で涅槃会の場を何度も経験していたことだろう。とすれば、ここに傍線部のごとく記したのは、都から離れたこの坊津でも涅槃図が掛けられ、涅槃会が行われているという現実からうけた感慨ゆえとみてよいだろう。また、記載内容がかくも簡潔なのは、一乗院で行われていた涅槃会の次第や涅槃図の画面が、すでに信尹が知っている内容と大差なかったことをうかがわせる。言及されてはいないが、このとき涅槃図を前にした何らかの絵解きがなされたことを推察してもよいだろう。十六世紀末、一乗院で涅槃図が掛けられ、参詣する人々の目に触れていた現場の様子を受け止めることができる。

このとき掛けられていた涅槃図が『経蔵記』に記載されたものと同じであるかは断言できず、その実像は定かではない。ただし、廃仏毀釈の波をのりこえて、幸いにかつて一乗院に伝来した複数の涅槃図が現存しており、そのうちのひとつに、現在は坊津の龍巌寺が所蔵する「八相涅槃変相図」（坊津歴史資料センター輝津館保管）がある。八相涅槃図の作例は全国的にみても多くないことを勘案すれば、信尹が「温《（涅）》槃被懸」としか日記に記さなかった涅槃図は、八相図をもたない、一般的な構図のものであった可能性が高いとはいえようか。

（二）一乗院旧蔵の涅槃図①

ところで、右の「八相涅槃変相図」を含めて、かつて一乗院に伝来していた涅槃図が現存している。続いて、それらを見渡しておきたい。

①鹿児島県歴史資料センター黎明館蔵「絹本著色涅槃図」[13]

室町時代の作。縦二〇五・六センチメートル、横一七四・四センチメートル。昭和四十八年五月に新調された木箱の蓋

裏に、伝来過程が次のように記されている（考証者、楠城餅原正三。句読点・濁点・カッコ等は原文のまま）。

この涅槃図は坊津の一乗院に古くから伝つていた、明治二年廃仏毀釈で一乗院も焼いた際同寺には三幅の涅槃図があつた、ところがこの涅槃図は寺を焼く処理にあたつた役人に金を出した当時の坊津の有力者、森栄左ヱ門、森吉左ヱ門、吉田晴太郎に払下げられた（このことは坊津拾遺誌に登載されている）その後年月の経過につれ、この三幅の涅槃図の中の一幅だけが坊津に残り後の二幅は坊津から持ち出されたこの絵は森家から坊津町内の阿弥陀寺に奉納していたのを同寺が白蟻被害のため改築の際費捻出のため他の数点の仏画と共に大正六（七）年頃、伊瀬知多計二を介して鹿児島市内で売捌こうとしたが売れずこれを真言宗高野山大乗院に依頼して保管中大正十二年に川内市大小路町泰平寺再建の際、川内市居住の四国出身の有力者、矢野重次・長浜幾次・村上力造等がこれを譲受け泰平寺に奉納していた（この事情について、これに関係した故矢野重次故長浜幾次の息子長浜虎の生前の話しや、同寺の檀家福島喜市の証言ではつきりしている）またこの絵を収納していた古い箱に、〝西海金剛峯者峯者《寺》〟と書かれていたことからも一乗院に在った涅槃図に間違いないこれについては右の福島喜市の外泰平寺住職僧正金竹順應等の証言からして判然としているところがこの収納箱は老朽化していた上に第二次大戦中あちこち疎開している間に毀れて収納できなくなつたその後は約三十年以上布に包んで保管していたので昭和四十八年にこの箱を新調し収納したものである

これによれば、廃仏毀釈の際、一乗院には三幅の涅槃図があり、それらはいったん坊津の有力者である森栄左ヱ門・森吉左ヱ門・吉田晴太郎に払い下げられ、時を経てそのうち一幅は坊津に残り、二幅は坊津から持ち出されたとある。この涅槃図は、坊津から流出したもののひとつということになる。坊津を出てよりのちの伝来の過程に高野山が関与しているのは、「西海金剛峯」と号していた一乗院との近世以来の関係を踏まえて理解すべきなのだろう。

（三）一乗院旧蔵の涅槃図

②龍巌寺蔵「絹本著色八相涅槃変相図」(14)

鎌倉時代の作。縦三〇三・〇センチメートル、横二六五・六センチメートル。国重要文化財。坊津歴史資料センター輝津館保管。八相部分には、右下から上へ、託胎・誕生・試芸・四門出遊、左下より上へ、出家踰城《ゆじょう》・山中修行・降魔・初転法輪の場面が描かれる。また、変相図部分には、虚空示

現・金棺旋回・金棺不動・分舎利・荼毘などの場面が描かれている。このように八相図と涅槃変相図が合成された涅槃図は他に例がないとされる。

この涅槃図については、延享年間（一七四四〜四八）の一乗院住持（第二十六代）快宝の著「当山宝物案内記上下」（坊津歴史資料センター輝津館蔵『坊津拾遺誌』所収）に、

一、涅槃八相絵
　南都三論宗ノ碩学珍海已講ノ筆。鳥羽天皇ノ御宇
　ノ人也。

という記事がある。鎌倉時代とされる製作年代からみて、この由緒を信じることはできない。ただし、これが鳥羽天皇の時代と結びつけられていることには、本稿の問題意識との関係でいささか注目しておきたい。

この「当山宝物案内記上下」には、

当寺山寺院号之事
a敏達十一年壬寅 鳥越山　龍巌寺者 根本開山 日羅聖者所ㇾ名也。
b長承二年冬 如意珠山一乗院者 前之勅願 鳥羽法皇所ㇾ賜号也。

という記事があり、この傍線部aは、文化三年（一八〇六）編纂の『薩藩名勝志』に、

b′廿八世住僧快宝所記勅願由来記及び御照覧宝物記等を按するに、如意珠山一乗院の号ハ、鳥羽院の勅号にて、長承二年十一月三日当寺をもて根来寺別院となさしむと云々。此事、覚山所記由来記に見えず。不審少なからず。再考すべし。また日羅開基の時、鳥越山龍巌寺と名付a′る所と、寛延四年十月快宝宝物案内記に見えたり。

（『薩藩名勝志』巻之六「西海金剛峯如意珠山龍巌寺一乗院」の項）

とある記事の傍線部a′と対応している。波線部をも勘案すれば、「当山宝物案内記上下」は寛延四年（一七五一）十月に、すでに一乗院住持の座から離れていた快宝によって編纂されたと考えてよいだろう。そして、先の「当山宝物案内記上下」の波線部b′は、鳥羽上皇と一乗院との特別な関係を語る説にほかならない。『薩藩名勝志』は、波線部bのように、快宝が長承二年の鳥羽上皇院宣に言及した著述を遺していたことを伝えてもいる（詳細は不明）。快宝は鳥羽上皇院宣をめぐる新たな由緒説を喧伝する立場にあったのであり、その著「当山宝物案内記上下」には、そうした動向を踏まえた説が収録されていることになる。他ならぬ鳥羽上皇時代の作とされるこの涅槃図の由緒もまた、同時期に浮上する鳥羽上皇と一乗院との密なる関係を押しだそうとする動きと結びついていた可能性が高い(15)。

一乗院に伝来した涅槃図で、現存が確認されているのは以

上二点である。なお、一乗院伝来と伝えられている釈迦の姿を描く仏画としては、「釈迦三尊十六善神像」（絹本著色。鹿児島県歴史資料センター黎明館蔵）がある。十四世紀中頃の作とされ、釈迦・普賢・文殊の三尊が中心に描かれている。

（四）坊津興善寺旧蔵の涅槃図

ところで、一乗院から坊津という地域に視野を広げてみると、もうひとつの涅槃図の存在が浮上してくる。

③福岡市博物館蔵「絹本著色涅槃図」

清時代（十七世紀）。孫億作。縦九二・四センチメートル、横四三・七センチメートル。落款・印章は「于峯孫億敬写」「孫億之印」（白文方印）「惟鏞」（朱文方印）。巻軸貼紙に「涅槃像坊津興善寺什物福昌應山銘記之」との墨書があり、坊津の興善寺の旧蔵品とわかる。孫億は清代初期に福建地方で活躍した画家だという(16)。

興善寺について、『三国名勝図会』は次のように記している。

栄松山興善寺址地頭館より南方、五町許、坊津村にあり。田布施常珠寺の末にして、曹洞宗なりしが、今廃す。開山を孤山広照禅師といふ何時代の人なるや、詳ならず、当寺の由緒記を按ずるに、皇国に曹洞禅宗を伝へし始祖、道元禅師、求法の為に、入唐の時、坊津に来り、当寺に館して、爰より開帆す。……

（『三国名勝図会』巻之二十六）

傍線部によれば、本書が完成した天保十四年（一八四三）にはすでに廃寺となっていたことがわかる。その時期は不明ながら、以下の記事に「当寺の廃せるは、近来の事にて、今に寺地、及び古墳多く残れり」ともある。

興善寺は、「坊津浦」の南に位置する飯盛山の西面の山腹、海岸から一町ほど入ったところに位置していたようで（同書「坊津港」）、海上交通の拠点として坊津の性格を色濃くまとい、唐人の詣でる寺であったという。その様子は次のように伝えられている。

坊津は、往古唐船の輻湊せし処なる故、此寺唐客の香火院にて、此堂（注・観音堂のこと）も唐客の建立なりしが、此堂虫蠹にて破壊し、邇年迄ありし堂は、享保中住持達道が時に、坊津の商人新建なりしといふ。此観音大士は、正観音にて、定朝作なり。木坐像、高さ一尺二寸。非常の霊像にて、祈るに応ぜざることなし。故に海上安穏の鎮符を出せり。

（『三国名勝図会』巻之二十六）

清で制作された涅槃図が興善寺に渡来したことに、坊津という地域の特性と同寺のこうした実態が関わることは明らかであろう。

興善寺は天保四年までのある時期に廃寺となった後、ひとたびは再興されたようである。しかし、廃仏毀釈でふたたび無に帰した。そうした変遷を伝えるのが、森吉兵衛が著した『坊津拾遺誌』[17]（坊津歴史資料センター輝津館蔵）に収められた「坊津旧跡記」の興善寺の項に付された、森自身による次の頭注である。

拾遺曰、興善寺ハ福昌寺応山和尚再興ス
一般廃寺ノ節、又無ニ帰ス。

ここに名の見える福昌寺応山和尚は、巻軸貼紙に見える「福昌應山」その人とみてよいだろう。とすれば、おそらく、二度目の廃寺後にこの涅槃図は興善寺から離れたのではなかったか。その後のこの涅槃図の行方は定かではないが、『三国名勝図会』に「寺内許多の什宝ありしが、或は官府に蔵まり、或は常珠寺にあり」とある。常珠寺とは、薩摩国阿多郡田布施の池辺村にあった曹洞宗寺院太平山常珠寺のことで、鹿児島城下にあった藩主島津家の菩提寺玉龍山福昌寺の末寺であった（同書巻之二十九）。巻軸貼紙の内容とあわせみるに、いずれにしてもこの涅槃図の伝来には福昌寺が関与していたようである。[18]

（五）涅槃図をもとにした語り・絵解き

以上、一乗院を含む坊津地域に伝来したことを確認できる涅槃図の情報を整理してみた。一乗院には廃仏毀釈時には三幅の涅槃図が伝えられていたらしく、近世の坊津地域には、さらに多くの涅槃図が存在していたことだろう。また、近世初期の一乗院には、「一、釈迦八相論　上下」なる書物が伝えられていた（『一乗院経蔵記』）。この「釈迦八相論」と②「絹本著色八相涅槃変相図」との具体的な関係は不明とせざるをえないが、こうした書物に根ざした仏伝理解とも向き合いながら、一乗院では各種の涅槃図にもとづく絵解きが続けられ、涅槃図に関するさまざまな話題が近世末に至るまでやりとりされていたであろうことを展望しておきたい。

三、渡来品としての宝物群
——舎利をめぐる語りの位相

（一）高木善助がみた一乗院宝物

一乗院では、訪問者・旅人へのもてなしの一環として、所蔵する宝物類を展観し、その由緒を語り聞かせていた。続いてそうした現場に目を向けてみよう。

薩摩藩との関係が深かった大坂天満の商人、高木善助が坊津一乗院に詣でたのは天保二年（一八三一）二月二十九日のことであった。

朝五つ時過、一乗院参詣、宝物拝見に行。如意珠山一乗院、真言宗なり。……石段を登り門に入りて、中門あり。

……方丈の向ふに宝庫あり。寺僧に乞て宝庫に入、宝物見学す。

釈尊肉付舎利仏現舎利ト云　水晶念珠大師帰朝の節、恵和和尚付属　舎利母
石二顆　自然水晶中舎利手にて逆にすれば、上へ舎利上るなり　金山奇石
土佐石ガレ　牛ノ玉（絵）奇石赤紫色　（絵）石ガレ鼠色貝化石筋目
（絵）栗色毛牛玉　鳥子紙一紙法華経八巻細書二巻トス、中将姫筆　羅
漢像念珠唐作像十八間にめのう　毛髪梵字マンダラ大師御両親毛髪にて織給ふ。下御両親合
掌の像を織たり　聖徳太子水鏡ノ画影十三歳の姿　咸陽宮瓦硯太守貴久公御
手習具料紙箱梨子地梅立木　大師御自筆像画幅上に法性のむろとゝいへどわがすめばうゐの浪風よせぬ日ぞなき　弘仁帝震筆　十六羅漢画十六幅兆殿司　不動
明王画幅外に二尊　後鳥羽帝震筆　唐筆十六羅漢二幅対
蜀江錦　五條ケサ　土仏観音地蔵弘法作　土仏地蔵鳥仏師
関白天神近衛信輔公文禄初年御作　法帖菅公伝教　光明后智證　龍山公細書二枚　貫之
櫻花紙に、櫻ちる木の下風の歌なり
其余色々あれど、是まで拝見。

（『薩隅日三州経歴之記事』天保二年（一八三一）二月二十九日条。絵は略した）

高木はこのとき、宝物の見学を目的に一乗院を訪ね、寺僧に乞うて宝庫に入ってこれらの品々を見学したのであった。末尾波線部の表現は、一乗院の寺僧が高木に見せようとした宝物がこれら以上に存在していたことをものがたる。また、「是まで拝見」という口ぶりからは、宝物をひとつひとつと示しながらそれぞれの由緒を語り聞かせてきた寺僧らの姿が浮かんでくる。そうしたなかに、「釈尊肉付舎利」や「自然水晶中舎利」といった、いわくありげな数種の仏舎利以下、中国や天竺から渡来したという由緒をもつ品が少なからず混じっていることに注意しておきたい。

（二）一肥後藩士のみた一乗院宝物

これより三十年前のこと、ひとりの肥後藩士が坊津へと足をのばし、一乗院を訪れていた。『薩遊紀行』（沖縄県公文書館蔵岸秋正文庫本）[19]は、享和元年（一八〇一）四月十二日〜五月三十日までの旅を記した紀行文で、その五月二十三日条に一乗院の宝物に関する記載がみえる。

廿三日　曇、辰時発昌円寺、二里至一乗院。示尾上氏書、主僧相迎慇懃成歟。観珍襲物数品、皆古物也。

中将姫舎利ノ記、全一字三拝ノ経文、弘法大師ノ真跡自画数品、大師ノ自画ニハ甚妙ナルモノアリ。紀新太夫ノ太刀忠雲ノ寄附、近衛龍山公ノ遺書数品有。

後奈良帝　嵯峨天王御筆段々アリ。

清和天皇、弘法大師ヘ法印大和尚ノ位ヲ追贈シ玉フ勅書、古今ノ絶品、書ノ見事不可尽言語。貞観六年

十二月廿九日トアリ。
古蜀江ノ錦アリ。奇品也。貴久公ノ御硯アリ。咸陽宮ノ瓦也ト云。
水晶蝋石ノ念珠、聖徳太子ノ自画、其他古物等外数々。
（以下略）　（『薩遊紀行』享和元年五月二十三日条）

この記事からも、一乗院の寺僧が旅人を歓迎し、宝物を順に見せながら、それぞれ解説を加えている様子が看取できよう。宝物の内容が先の『薩隅日三州経歴之記事』とは多少の異なっているのは、一乗院の経蔵に収められた品がいかに多様であったかを示唆する事実にほかならない。ここにも渡来品としての宝物が含まれていることにも注意しておこう。

（三）上原尚賢がみた一乗院宝物

文政元年（一八一八）十一月、鹿児島城下から知覧を歴て南薩地域を旅した上原尚賢が著した紀行文『南游録《なんゆうろく》』（東京大学史料編纂所蔵島津家本）[20]にも、一乗院を訪ねた折の記事がみえる。上原は、海路、双剣石のそばを抜けるなどしていわゆる坊津八景を楽しんだのちに坊津に到着、上陸するとただちに一乗院に向かった。そして、寺僧に請うて「宝蔵古物」を拝観したのである。

……石磴数百級、高低曲折、至寺門。顔以金剛峯。即一乗院也。其地層峯環列、樹石蒼翠錯落、真西南霊地也。…（中略）…庭有鐘楼・粉庫、正殿廊廡諸舎具備矣。寺僧好客、迎於方丈、進酒食。乃請観所宝蔵古物。列　公所蔵書・硯・刀剣、拝慕不已。其他、仏歯・仏舎利・弘法大師水晶念珠及親組其考妣髪毛所造梵字、其余丸丸諸物、歴覧可厭。日将夕、懇辞寺僧。……
（『南游録』文政元年十一月十九日条）

傍線部がそのときに実見した「宝蔵古物」の内容である。先に取りあげた二件の記事で示されていたのと重なる宝物があることを確認しておこう。

（四）宝物の由緒を語る歴史

以上の三件は、いずれも十九世紀に入ってからの一乗院の風景である。ただし、そこで扱われている宝物類の多くは、寛延四年（一七五一）十月の成立かと考えられる快宝著「当山宝物案内記上下」や、十八世紀後半頃に編纂されたと思しき「坊津旧跡記」（『坊津拾遺誌』所引）などで、その存在と付随する由緒の内容を確認できる。

なかでも舎利については、一乗院では寛永十一年八月の時点ですでに、

(a) 一、金《カネ》ノ舎利殿一粒有
(b) 一、釈迦ノ御歯

(c)一、自然石ノ御舎利
(d)一、水精舎利塔　　一ツ（いずれも『一乗院経蔵記』）

という少なくとも四種類の舎利を所有していたことに注意したい。このうち、(c)・(d)は高木善助がみた「自然水晶中舎利」と同一のものとみてよかろう。また、一乗院では特別な由緒をもつ「仏牙舎利」を伝えていたこと（後述）を勘案すれば、(b)は上原尚賢のみた「仏歯」と対応する可能性がある。

一乗院の住僧たちは、おそらくは中世以来、長きにわたってこれら宝物群を前にしてその由緒を参詣者に語り続けてきたのであり、そうした機会において、各種の舎利の由緒語りは、その場を構成する重要な要素であったと考えられる。先の三例のいずれにおいても、舎利が他の宝物に先立つような順で扱われていたことをあらためて想起したい。

（五）仏舎利の由緒語り

では、これらの舎利について、具体的にどのような由緒が語られていたのであろうか。その要点を確認してみよう。

以二鳳凰鳥ノ羽根茎一為レ塔納レ之。天竺ニ作。金襴ノフクサニ包。中天竺国摩訶陀国ノ大王出家入道善無畏三蔵伝二持日域一ニ、附二聖武天皇一ニ、久在二皇家一。為二国家鎮護御本尊一云々。応永廿三年十一月十三日、先師頼俊上人云々。得二此等ノ附属一来。……

（快宝「当山宝物案内記上下」）

『経蔵記』の(b)「釈迦ノ御歯」にあたるかと思われる「一、仏牙御舎利」について、「宝物案内記上下」は右のように善無畏来朝説を踏まえた由緒を語っている。一乗院第四世住持であった頼俊上人のときに、一乗院に伝来したとされている。

同様の説は、「如意珠山宝物開帳述記」（『一乗院諸記』所引）に、より詳細な形で示されており、それによれば、この牙舎利は、「天竺善□□□（無畏三）蔵」が「養老二年戊午ニ来朝シ」た際に持参したもので、聖武天皇に献上されて「数代」のうちは「宮中」に「安置」されて「皇家鎮護ノ御本尊」とされていたが、「寛平太上天王」（宇多上皇）が「仁和寺開祖」となったときに「仁和寺ノ塔中」に納められた。そして「五百余年ノ序」を経たのち、

応永二十三年丙申十一月十三日、当寺□（先）師法印第四世頼俊上人随テ二仁和寺ノ智恵門院有海僧正一ニ、伝法之砌リ、被レ附属セ二仏牙ノ舎利一於頼俊上人。従レ尓安二置シ当寺一ニ、伝来ル也。

（「如意珠山宝物開帳述記」）

というかたちで、一乗院へのこの牙舎利の伝来過程が開示されている。これらの由緒説では、天竺からの渡来品であることを述べる点に重きがおかれていると考えられる。(21)

じつはこの牙舎利の由緒について、「如意珠山宝物開帳述

記」は、次のような異説を付記している。

〇又或一説ニ、此御舎利ハ坊津浦人、上古ニ悪風ニ被レ放、不ルニレ思ハ漂ニ着天竺国一ニ、持来テ奉ニ納スト一乗院ノ経蔵一申一説有レトモ、是誤也ト云。（同前）

「上古」の坊津の浦人が、悪風のために「天竺国」に漂着し、この牙舎利を入手してきたとある。ここには、〈天竺〉[22]との間を往還する坊津の人々の姿が織り込まれている。それは、見方をかえれば、海路によって〈天竺〉と坊津とが結ばれているという自己規定を基盤とした説といえよう。十七世紀以降も海上交通の要所であった坊津の地理的特性がそこには反映されている。引用末尾でこれは誤りだとされてはいるが、こうした語りもまた坊津で行われていたことに注目したい。

次に、これとは別の舎利についても見てみよう。

一、水精自然石御舎利　在ニ水精石塔ノ中一ニ。転ニ在シテ上ニ一不ニ下ニ居一玉ハ、フクサニ包不レ許ニ他人ノ手ニ取渡一スコトヲ

当山根本開山日羅聖者、推古二年甲寅、感ニ得シ此ヲ於金嶽《ミタケ》一ニ、興ニ隆ス仏法一ヲ矣。其数百年ノ後、陰没ス兮。明応七年戊午春正月元朝、感ニ得ス先師頼政上人此ヲ於閼伽井ノ辺一ニ也。寛永十一年甲戌秋、邦君家久公請レ之、為ニ護持ノ御本尊一ト也。尓シテ在ニテ武州江戸薩州　御館舎一、為ニ類火一焼失スト云。明暦二年丙申正月元旦、当寺門前鮫島大蔵之母、汲ニ若水ヲ於硯川一ニ。時群烏《ガラス》此ヲ落ニ入ル水器一ニ。即此ヲ奉ニ山主法印快意和尚一ニ。于此歴ニ廿余年一ヲ、再ヒ更ニ還ニ来於当寺一ニ。嘆美シ設ニ大法会一ヲ、奉ニ納于経蔵一ニ畢也。悉如ニ御照覧記一。（快宝「当山宝物案内記上下」）

一乗院の開基とされた百済僧日羅ゆかりの舎利品とされ、水晶の石塔に入れて大切に保管していたことがわかる。「如意珠山宝物開帳述記」もほぼ同文といえる記事をもつ。傍線部にみえる家久の命による召し上げは、まさに『一乗院経蔵記』が作成されたそのときの出来事にあたるから、『経蔵記』の(c)「自然石ノ御舎利」と(d)「水精舎利塔」は、この「水精自然石御舎利」に該当するとみてよいだろう。度重なる奇瑞を示しながら伝えられてきたことが語られているが、その根本では、開基以来の一乗院の歴史をまとうかたちで、日羅という百済僧との関係が重視されているといえよう。と同時に、こうした宝物が、過去の歴史（家久代の召し上げ）を踏まえつつ新たに作り出され、併せて創出されたであろう由緒とともに喧伝されていく様相を生々しくものがたっている説としても興味深い。

(六) 中将姫舎利ノ記

ところで、先に引いた『薩遊紀行』で肥後藩士某がみた「中将姫舎利ノ記、仝一字三拝ノ経文」についても、「当山宝物案内記上下」や「如意珠山宝物開帳述記」に関連記事を見い

だすことができる。まず、後者は次の品に該当すると思われる。

一、一紙一部法華経

右当麻之中将姫法尼公筆。薫レ香ヲ一字一礼ニシテ拝書スト焉。

（「当山宝物案内記上下」）

当麻寺の中将姫説話を踏まえた品とされていたことがわかる。(23)

一方、前者については、「如意珠山宝物開帳述記」が次のように記しており、こちらの中将姫は、当麻寺の中将姫とは別人として理解されていた節がある。

一、中将姫ノ舎利ノ伝記　一巻

此中将姫ハ不レ知二何レノ公卿ノ御女一ト云フヲ。不レ有二当麻ノ中将姫如尼公一ニハ也。其故伊呂波ノ仮名ハ延暦十五年ヨリ至ルマテ二同二十二年一ニ、弘法大師為レ求ンカ二大日経一ヲ依二涅槃経ノ四□文一ニ製二作シ玉フ此伊呂波一ヲ也。法如尼公ハ天平十九年御誕生、宝亀六年ニ薨御也。其数十年ノ後ニ此伊呂波御製作也。仍可レ不レ有ラ二当麻ノ中将一ニハ也。

（「如意珠山宝物開帳述記」）

弘法大師による仮名文字の誕生と当麻の中将姫の生存期との齟齬をふまえた疑義となっている。ただし、『薩遊紀行』の「中将姫舎利ノ記、仝一字三拝ノ経文」という書きぶりによれば、このときの説明では、同じ中将姫として説明を受けたものらしい。現場での寺僧たちの語りが流動的な、その場に応じたものであったことをうかがわせる。

なお、右の引用記事のあとには、漢字平仮名交じり文の「如来の歯の舎利之流記」(24)が引かれている。そこでは、「右舎利ハ南天の□うけん国のぢやうめうそん皇の持たる処なり」と始まって、天竺由来の舎利が「漢土」に渡り、やがて日本に伝えられた過程が語られている。中将姫と結びつけられたこの舎利もまた、天竺に発する個性的な伝来譚を伴っていたことに注目しておきたい。

（七）宝物としての渡来品

以上のように、一乗院では、宝物とされていた複数の舎利を用いて、それが〈天竺〉からの渡来品であること、あるいは渡来僧ゆかりの品であることをくり返し語り続けていたことが見通せる。そこには、海外諸地域とのつながりのなかで寺史を刻んできたという点において、一乗院の歴史と権威を彩ろうとする志向を読み取ることができよう。仏舎利をめぐる語りは、広い意味での仏伝語りの一部といってよい。ただし、一乗院でのそれは、海上の道を介した天竺・震旦・朝鮮の地との結びつきを確認することをこそ要点としたものとなっていた。それは明らかに、涅槃図に基づく絵解きとは位相を異にする語りといえよう。そこには、坊津の地域的特性とそれを踏まえた生活実態が投影されているのであり、こうした語りも行われていたところに、文化の発信拠点としての一乗院が備えていた多面性がよくあらわれているのである。

おわりに——坊津を通過した文物の流通・伝播

もはや具体例を示す紙幅の余裕はないが、一乗院には、本稿で取りあげたもの以外にも、海外との関係をものがたる由緒をもつ品々が宝物として受け継がれていた。こうした話題を育み、受け継いできた感性は、坊津という地域が、近世に入ってもなお興善寺に清代に製作された涅槃図が伝わってくるような環境であったことに下支えされていたと考えられる。中世以来、坊津を経て日本の内外へと流通・伝播していった文物の多方向的な動きを、『一乗院経蔵記』などを糸口としてさらに追究することを、引き続き課題としたい。

注

（1） 橋口亘「中世港湾坊津小考」（橋本久和・市村高男編『中世西日本の流通と交易』高志書院、二〇〇四年）、鹿児島大学附属図書館編（企画展図録）『海を駆ける——東アジア世界の海域交流、その光と陰〈薩摩、琉球、明・清〉』（同館、二〇一〇年）等参照。

（2） 坊津町郷土誌編纂委員会編『坊津郷土誌　下巻』（坊津町、一九七二年）。

（3） 鈴木彰a「「佚文」の生命力と再生する物語——薩摩・島津家の文化環境との関わりから」（『中世文学』五七、二〇一二年）、同b「『一乗院経蔵記』にみる坊津一乗院と中世文芸——地域社会における文芸環境」（『立教大学日本文学』一一一、二〇一四年）。以下、拙稿a、bと略称。本稿でいう「別稿」とはこれらをさす。後者には『一乗院経蔵記』の全文を掲出した。『一乗院経蔵記』については、五味克夫「坊津一乗院跡と一乗院関係史料」（『坊津町埋蔵文化財発掘調査報告書（1）一乗院跡』鹿児島県川辺郡坊津町教育委員会、一九八二年）が、つとにその内容に注目している。近時、高橋秀城「坊津一乗院における〈中央〉と〈地方〉」（『調査研究報告』三六、二〇一六年）が、『一乗院経蔵記』『一乗院諸記』等をもとに、一乗院と根来寺等の諸寺院間の真言僧と文物の交流に光を当てている。なお、氏は同誌に「東京大学史料編纂所蔵『一乗院諸記』翻刻」も公表している。

（4） 藩内寺院の門主の順位としては、南泉院・福昌寺・平等王院・大乗院・浄光明寺に次ぐ第六位とされていた（『島津家歴代制度』巻之二十三・一二八六「門主順之次第」）。

（5） 覚山は正保四年（一六四七）から明暦二年（一六五六）まで、一乗院の住持であった。延宝二年正月に没する直前に、この縁起を記したことになる。

（6） 藤田明良「中世後期の坊津と東アジアの海域交流——『一乗院来由記』所載の海外交流記事を中心に」（九州史学研究会編『境界からみた内と外　『九州史学』創刊五〇周年記念論文集下』岩田書院、二〇〇八年）。引用は同論文の翻刻による。

（7） 柳原敏昭「中世前期南九州の港と宋人居留地に関する一試論」（『日本史研究』四四八、一九九九年）、栗林文夫「坊津一乗院の成立について」（『黎明館調査研究報告』一八、二〇〇五年）等参照。

（8）栗林文夫「島津斉興の密教受法について――玉里島津家資料の「御仏間御道具」について」（黎明館企画特別展図録『甦る島津の遺宝～かごしまの美とこころ～』鹿児島県歴史資料センター黎明館、二〇一〇年）、鈴木彰「島津斉宣と斉興、その藩主としての祈り――〈重豪の時代〉の再定位に向けて」（黎明館開館30周年記念企画特別展図録『島津重豪――薩摩を変えた博物大名』鹿児島県歴史資料センター黎明館、二〇一三年）、同「硫黄島の安徳天皇伝承と薩摩藩・島津斉興――文政十年の「宝鏡」召し上げをめぐって」（井上泰至編『近世日本の歴史叙述と対外意識』勉誠出版、二〇一六年）等。

（9）前掲注3五味論文、前掲注7栗林論文、同「根来寺と坊津一乗院について」（『和歌山地方史研究』四九、二〇〇五年）、同「南さつま市坊津歴史資料センター輝津館所蔵の「日本図」について」（鹿児島県・鹿児島県歴史資料センター黎明館編（企画特別展図録）『祈りのかたち～中世南九州の仏と神～』「祈りのかたち」実行委員会、二〇〇六年）、野田泰三「〝坊津一乗院聖教類等〟所収「日本図」について」（藤井讓治・杉山正明・金田章裕編『大地の肖像　絵図・地図が語る世界』京都大学学術出版会、二〇〇七年）、福島金治「密教聖教の伝授・集積と隔地間交流――「坊津一乗院聖教類等」の検討を通して」（『九州史学』一六〇、二〇一一年）、同「「坊津一乗院聖教類等」解題」（『坊津一乗院聖教類等目録』坊津歴史資料センター輝津館、二〇一五年三月）、前掲注3高橋論文など。

（10）「島津家文書」45―73。袋綴一冊。縦二五・〇センチメートル、横一七・八センチメートル。柿色表紙。全九丁。外題「一乗院経蔵記　全」。

（11）前掲注3拙稿a・b。

（12）前掲注3拙稿b。

（13）図版は前掲注9『祈りのかたち～中世南九州の仏と神～』等に収録される。以下の記述は、同図録の資料解説も参考とした。

（14）龍巌寺は明治時代に創建された浄土真宗の寺院で、真言宗寺院であった龍巌寺一乗院とは法系を異にする寺院である。橋口亘「「坊津」と「龍巌寺」の名称についての一考察」（『南日本文化財研究』三、二〇〇六年）。なお、前掲注9掲載『祈りのかたち』の資料解説に従い、本資料を「八相涅槃変相図」と呼ぶこととした。また、以下の記述に際して、同資料解説を参考とした。

（15）『薩藩名勝志』は、覚山跋『一乗院来由記』の内容と照らし合わせて、これを疑問視している。状況からみて、鳥羽上皇との関係を押し出そうとする動きの中心にあったのは、快宝その人であったかしれない。

（16）福岡市博物館編『平成二年度収集　収蔵品目録8』（同館、一九九三年）および同館HPの情報による。図版は同目録とHPで確認できる。

（17）著者森吉兵衛は坊津出身の商人。嘉永二年（一八四九）生まれ、明治二十四年（一八九一）没。『坊津拾遺誌』は森が、明治十六年十一月から十二月にかけて、坊津各地の古文書類を書写し集成したもの。本書に採録されたA「大龍権現来由記」、B「当山宝物案内記上下」、C「旧一乗院住僧歴代記」、D「右宝物案内記〈抜粋〉追加」が、廃仏毀釈により失われた一乗院の伝来品の情報を記す。鹿児島の廃仏毀釈後の動向を伝える資料としても貴重。B・Dは『一乗院経蔵記』『一乗院諸記』と内容上関連する。

（18）「坊津旧跡記」（『坊津拾遺誌』所引）によれば、興善寺は「一名松山寺」で、かつて「唐人の建立」とされる「堂舎一宇」があったが、「享保年間」に解体されたという。また、それに続けて「今一乗院の二王の二《ママ》王門、時の番匠是をうつし侍ると申伝也」とあるのは、一乗院の仁王門が解体された興善寺から移されたものとする言い伝えがあるという内容と考えられる。両寺の関係をものがたる話題として興味深い。

(19) 小野まさ子・漢那敬子・田口恵・冨田千夏「〔史料紹介〕岸秋正文庫「薩遊紀行」」（『史料編集室紀要』三一、二〇〇六年）で解題が付されて翻刻されている。

(20) ミュージアム知覧（文責坂元恒太）「上原尚賢南游録に記された近世知覧紀行」（『ミュージアム知覧紀要・年報』一一、二〇一〇年）で、その一部が訓読・紹介されている。

(21) もちろん、一面では仁和寺と一乗院の関係を示すという意味も持っていよう。

(22) 実体としての天竺ではなく、あくまでも観念的な理解を示す語として受け止めるべきであろう。

(23) ちなみに、「如意珠山宝物開帳述記」の当該記事には、関連して、「鳥子紙一枚ニテ書玉フ。故ニ曰二一紙一部一ト。」「於二当麻寺ノ閑室一ニ一字一礼書玉フト云」「宝亀五年甲寅秋」といった情報も付加されている。なお、すでに『一乗院経蔵記』の時点で「一中将姫ノ法華経　一部一巻」の存在を確認できる。「一当麻《タエマ》曼荼羅　一幅」が所蔵されていたこともこれと関連しよう。

(24) 正安二年（一三〇〇）十二月六日付。この年号が付されていること自体、当麻寺の中将姫と結びつけることに無理があることを示している。

引用本文

『武備志』……早稲田大学図書館蔵本、『海東諸国紀』……岩波文庫、『島津家歴代制度』……『鹿児島県史料　薩摩藩法令史料集二』（鹿児島県、二〇〇五年）、『三国名勝図会』……原口虎雄監修『三国名勝図会　全五巻』（青潮社、一九八二年）、『一乗院経蔵記』……島津家文書、『三藐院記』……史料纂集、黎明館蔵「絹本著色涅槃図」箱書……原資料、「当山宝物案内記上下」……坊津歴史資料センター輝津館蔵『坊津拾遺誌』、『薩藩名勝志』……鹿児島県史料集、『薩隅日三州経歴之記事』……『日本庶民生活史料集成第二巻　探検・紀行・地誌（西国篇）』（三一書房、一九六九年）、『薩遊紀行』……沖縄県公文書館蔵岸秋正文庫本マイクロフィルム、『南游録』……『上原尚賢南游録』（東京大学史料編纂所蔵島津家本）、「如意珠山宝物開帳述記」……『一乗院諸記』（東京大学史料編纂所蔵島津家本）。

引用に際して、適宜句読点・ルビ等を付したり、表記を改めたりしたところがある。

附記

貴重な資料の調査をご許可下さった鹿児島県歴史資料センター黎明館、坊津歴史資料センター輝津館他の関係者各位に心より御礼申し上げます。

本稿は二〇一四年十月二十六日に中国人民大学で開催された「仏教と文学――日本金剛寺仏教典籍調査研究成果報告国際学術シンポジウム」における口頭発表「文化拠点としての坊津一乗院――中世文芸と地域社会」の内容の一部を踏まえている。貴重な機会を与えてくださった関係各位に、また折々にご助言くださったみなさまに、心より御礼申し上げます。

本稿は二〇一五・二〇一六年度ＪＳＰＳ科研費基盤研究（C）（課題番号25370236）による成果の一部である。

あとがき

なんとか本書掲載の全編が揃ったある日のこと。配列を整えながら、巻頭の後藤昭雄論文に読みふけった。『源氏物語』紅葉賀巻・青海波試楽の場面に始まるこの論は、光源氏のあでやかな舞の描写に「詠」の見事さもあわせ叙されること、輪台が序、青海波が破として組みを成す舞曲であることを確認しつつ、輪台の詠を発掘し、六言詩という形式の保持を読み解く。

詠は、一〇〇〇年以上の時を経て、ようやく全き意味の連なりを回復した。そしていつしか、遠くシルクロードのいにしえへと読者を誘う。そもそも「輪台」という、一見何の変哲もない漢語は、じつはウルムチに近接する西域の地名であった。論述は、作者・小野篁《たかむら》とその時代における辺塞詩の所在と好尚を証し、「蒲桃美酒」（ワインのことだ）という詞や地名に潜むエキゾチズムの内在を示唆して閉じられる。

ところで輪台の詠には、「三郎」という語が見える。後藤論文によれば、玄宗皇帝を指すらしい。「三郎」＝玄宗が笛を、「玉奴」＝楊貴妃が琵琶を善くすることを対として詠む唐詩がある。以前の小考を思い出した。紅葉賀の青海波試楽には、玄宗・楊貴妃・安禄山の関係を諷諭した白居易の新楽府「胡旋女」のイメージが揺曳することを論じたものだ（『かくして『源氏物語』が誕生する』参照）。白居易詩に描かれる胡旋舞は、安禄山の出自とも関わり、サマルカンドのソグド人に遡源する舞踏である。輪台は、青海波試楽への換喩もしくはコノテーションとして、重要な傍証を提供する。秘かに、我が意を得たりと悦んだ。

同じく「I　西域のひびき」に載る藤岡穣論文は、鎌倉時代の仏像様式に宋風がいかに影響したか、その様相を測定する、興味深い比較文化論だ。起点には、東西の文化交流に大きな役割を果たしたソグディアナという地と、そこから生まれ出た一人の画家への着眼がある。ふたたび編輯の手が止まる。例示される図様の中に、唐代の胡旋舞を描いたレリーフの拓本を見つけたからだ。三年ほど前、近本謙介から、ウズベキスタンでの発表を慫慂された。サマルカンドブルーを夢想して胸躍らせ、さっそく手帳を繰ってみたが、動かし難い公務があり、ついに参加は叶わなかった。後藤・藤岡両論文はその折の発表に由来する。あらためて、当時の無念を噛みしめた。

＊

本書の企画と由来そして各論文の位置づけについては、近本の序文に詳しいが、その起源は、ウズベキスタンの学術会議と、李銘敬がコーディネートした中国での研究集会という、二つの学会の成果にある。本来それは、別々の企画とコンテクストを担い、悠かに離れた二国の首都を舞台に開催した独自の学術交流であったが、参加者の報告を並べてみると、底流する問題意識の共有に気付く。それならばと双方の企画者が集い、テーマを再設定して寄稿者を内外に募り、論集としてまとめることになったのである。

北京とタシケントというトポスを結びつけて生まれたこの試みは、それ故に、日本と東アジアを基軸に、ユーラシアという空間と時間の拡がりを俯瞰し、西域という場をリアルに捉え、シルクロードという歴史的動脈の中で議論することを可能にした。たとえば日本、朝鮮半島、中国、インド、そして中央アジアからヨーロッパをうかがい、文学、仏教、キリスト教、宗教史、美術、歴史、地域、民俗・伝承、さらには漢字文化を捉えまた相対化する言語文化論など、多様な世界観とその混淆をあぶり出す。いずれも文献学に立脚し、広い意味でのフィールドワークの網の目を張り巡らせた論考ばかりである。通読すると、〈宇宙〉と評したくなるような時空の投影と表象に包まれる。その輝きで、青の都をめぐる私の名残りは、癒えるどころか、燻る余焔を烈しく煽られるばかりである。

＊

寄稿した十六名の論者が活動する領域や研究基盤は、多く本質的なグローバリゼーションの中に在る。国をいくつも跨いで研究を続けるのが、それぞれのスタンスである。そのために、本書の編輯には、想像を超える時間と〈プロセス〉を要した。だが、一書と成って手を離れようとする今、それはごく微細な停滞に過ぎなかった気もする。もっとも、書物を世に問うときはいつも気の抜けるような終わりへの安息があるものだが、それはおおむね油断である。本当は、新しい学問の大海と、批正の荒波へと漕ぎ出す、畏怖すべき始まりに他ならない。そのことを肝に銘じた上で、本書が「アジア遊学」の一冊として、文字通り以上の働きをなすことを祈念し、贅言多い後記を閉じたい。

二〇一七年四月　遅い桜を面影に

荒木　浩

執筆者一覧（掲載順）

後藤昭雄　河野貴美子　藤岡　穣　劉　暁峰
ソディコフ・コシムジョン　ハルミルザエヴァ・サイダ
張　龍妹　井上章一　小峯和明　内田澪子
高　陽　本井牧子　鈴木　彰

【アジア遊学208】

ひと・もの・知《ち》の往来《おうらい》
シルクロードの文化学

2017年5月22日　初版発行

編　者　荒木浩《あらきひろし》・近本謙介《ちかもとけんすけ》・李銘敬《りめいけい》
発行者　池嶋洋次
発行所　勉誠出版株式会社
〒101-0051　東京都千代田区神田神保町3-10-2
TEL：(03)5215-9021(代)　FAX：(03)5215-9025
〈出版詳細情報〉http://bensei.jp/

編　集　吉田祐輔・根岸直史
営　業　山田智久・坂田　亮

印刷・製本　太平印刷社
装丁　水橋真奈美（ヒロ工房）

ISBN978-4-585-22674-1　C1314

東アジアの宗廟　井上智勝
中国仏教と祖先祭祀　荒見泰史
日本中世の位牌と葬礼・追善　原田正俊
近世大名墓から読み解く祖先祭祀　松原典明

Ⅱ　儒教儀礼の伝播と変容

日本古代の殯と中国の喪葬儀礼　西本昌弘
日本近世における儒教葬祭儀礼—儒者たちの挑戦　吾妻重二
『応酬彙選』の中の『朱子家礼』　三浦國雄

Ⅲ　追善・鎮魂儀礼と造形

道教・民間信仰で描く地獄　二階堂善弘
南宋時代の水陸会と水陸画—史氏一族の水陸会と儀礼的背景　高志　緑
旧竹林寺地蔵菩薩立像の結縁交名について　長谷洋一

Ⅳ　王権の正統化と宗教儀礼

唐代長安における仏教儀礼　中田美絵
北宋真宗の泰山・汾陰行幸—天地祭祀・多国間関係・蕃客　向　正樹
皇恩度僧の展開—宋～元代の普度を中心に　藤原崇人
法皇院政とその出家儀礼の確立—白河院と鳥羽院の出家　真木隆行

207 東アジアの女性と仏教と文学

張龍妹・小峯和明　編

序文—「東アジアの女性と仏教と文学」に寄せて　張龍妹・小峯和明

Ⅰ　女性と仏教の文学世界

女文字の仏教　今西祐一郎
女性が男性を論破する大乗経典—日本の女性文学への影響　石井公成
『参天台五臺山記』にみる「女性と仏教」　勝浦令子
〈仏伝文学〉と女人—物語の原点として　小峯和明
【コラム】女性たちの転生と「謫生」—説話と物語のありよう　丁莉
【コラム】后と聖人—女犯の顚末　高陽

Ⅱ　女人の道心と修行

女性仏道修行者の出家と焼身—東アジア仏教最初期の一考察　何衛紅
紫式部の道心について　張龍妹
手紙を書く女たち—儒教と仏教を媒介に　李愛淑
【コラム】釈教歌と女性　平野多恵
【コラム】暗喩としての〈仏教〉—『更級日記』の〈物詣〉　中村文
『とはずがたり』における後深草院二条の信仰心—西行の受容を中心に　邱春泉

Ⅲ　『法華経』と女人の形象

『冥報記』における女性『法華経』信仰説話の伝承考　李銘敬
鎮源撰『本朝法華験記』独自の女性像—表現の出典と発想の和化を手掛かりに　馬駿
「平家納経」と女性の仏教実践　阿部龍一
『八幡愚童訓』の一側面—神功皇后像と故事としての仏伝　鈴木彰

Ⅳ　東アジアへの視界

宋代の女性詩人と仏教—朱淑真を例として　陳燕
朝鮮の宮廷女流文学における宗教思想　金鍾徳
【コラム】朝鮮時代における仏伝とハングル小説—耶輸陀羅の物語　趙恩馤
【コラム】朝鮮時代の女性と仏教—比丘尼礼順の仏法修行を中心に　金英順
【コラム】ベトナムの女性と仏教　川口健一

Ⅴ　近世・近代文学の女性と宗教

上田秋成の仏教観と「宮木が塚」における権力・智略と信仰　岳遠坤
【コラム】近世における女の巡礼　周以量
二十世紀の和泉式部伝説—『かさぶた式部考』における「救済」について　樋口大祐
初期平塚らいてうの女性解放の思想と禅　王雪
芥川龍之介『南京の基督』論—金花の〈奇蹟〉物語の深層心理　曲莉
核時代における現代人の信仰の問題について—大江健三郎の『燃えあがる緑の木』を中心に　王麗華

205 戦時上海グレーゾーン

206 宗教と儀礼の東アジア

アジア遊学既刊紹介